ストリートファッション論
日本のファッションの可能性を考える

渡辺 明日香 著

産業能率大学出版部

はじめに

　原宿や渋谷、元町、心斎橋など、都市の主要な繁華街を歩くと、若者たちが思い思いのファッションでおしゃれを楽しむ光景がみられる。ストリートファッションは、ひとことでいえば、主に若者たちが集う街から生まれる「いま・ここ」のファッションのことであり、ラグジュアリーブランドやアパレルメーカーによる、組織的に提案されるファッションと異なり、人々と街がおりなすダイナミズムから展開されるという特徴がある。

　本書では、ストリートファッションの魅力や醍醐味を理解していただくために、衣服の起源やファッションの記号的な役割、なぜファッションが生じるか、ファッションの循環性など、ファッションの根源的な性質を概説した上で、ストリートファッションの歴史、街やメディアとの関係について言及している。

　本書の構成は、プロローグと7つの章からなっている。冒頭では、人はなぜ衣服を着るのか、衣服の起源説について概観し、続く第1章では、衣服における社会的記号性と役割、ファッションはなぜ起こるのか、ファッションのトリクル・ダウン理論を考察した。

　第2章では、コレクションにおける循環説を検証した上で、ストリートファッションにおける循環について分析している。

　第3章では、ファッションの発信者側であるアパレル産業の歴史を概観した。他方、ファッションの受信者側に視座を移し、世代とファッションの関連をまとめた。また、細分化が顕著に現れた1990年代以降のストリートファッションをクラスターに分類し、その特徴を考察した。

　第4章では、戦後から現在までのストリートファッションに関して、時代ごとのファッションを辿りつつ、その変容を取り上げている。

　第5章では、ファッションを伝達するメディアとして、影響力の大きなファッション雑誌と、より迅速に情報の受け取りが可能で、自らが情報の発信者になり得る携帯やウェブについてまとめた。

　第6章では、東京都内の主要なファッションストリートである原宿、渋谷、銀座、代官山、新宿、青山において、ファッションとストリートの相互関係に着目して、エリアごとのランドマークや商業施設等の建物、足を運ぶ若者の属

性、エリアから生まれたファッションについて、その変遷を辿った。

　最後の第7章では、グローバル化が進む現在のファッションが直面している問題について、そして今後のファッションの可能性について言及した。

　1994年に卒業論文のテーマとしてはじめたストリートファッションの定点観測は、2024年現在で30年に及ぶ。この間、1990年代後半には、渋谷のギャルの登場、裏原宿エリアの隆盛、ストスナ（ストリートスナップ）ブームなどがあり、ストリートファッションに大きな注目が集まった。そして2000年代に入ると、高級海外ブランドのブームや神戸エレガンス系ファッションなどの上品なファッションが台頭し、ムードが一転した。2010年代には、ファストファッションのブランドをはじめとするカジュアルでリーズナブルなスタイルが浸透し、「東京ガールズコレクション」に見られる、新たなファッションの発信源が注目を集め、2020年代には、Instagramをはじめとする SNSから発信されるファッションが大きな影響を与えている。今後もまた、人々の価値観や社会の動向、経済状況などと呼応して、時には時代を先回りする形でファッションは変わっていくだろう。

　現代のファッションを考える上で、読者のみなさんにお願いしたいことが2つある。ひとつは、私たちに最も身近なファッションを考えるのと同時に、そのファッションを生み出した社会や時代や人々の価値観といった背景に思いを馳せ、ファッションと社会の相即不離な関係に着目して欲しいことである。
　2つめは、現代のファッションは、過去の歴史の上に存在するという点であり、変化するファッションを読み解くためには、過去にどのようなファッションが展開されてきたのかの理解が不可欠ということである。この認識に立って、過去のファッションをふまえつつ、私たち一人ひとりの装いの営みが、新たな歴史を創っているという思いでファッションを捉えていただきたい。

　本書を執筆するにあたって、たくさんの方々のご助力や励ましをいただきま

した。格別のご指導を賜わりました城一夫先生には、深く感謝いたします。また、本書執筆の機会を与えてくださった産業能率大学出版部の皆様に心より御礼申し上げます。さらに、常に新鮮なファッションと、新たな気づきとヒントを与えてくれる街の皆さんにもこの場でお礼を述べさせていただきます。

　本書を手にとってくださった皆さんが、ご自身のファッションをよりよいものにしたり、ファッションの観点から現代を考察してくださる一助としていただければ、これほど嬉しいことはありません。

渡辺　明日香

「ストリートファッション論」もくじ

はじめに

プロローグ　人はなぜ衣服を着るのか？──衣服の起源説と装う行為を考える … 1
　（1）人間にとって不可欠な衣服 ……………………………………………… 1
　（2）衣服の起源説 …………………………………………………………… 1

第1章　ファッションの特質──ファッションとは何か？── ……………… 7
1. 衣服における社会的記号性と役割 ……………………………………… 8
　（1）民族を表す記号 ………………………………………………………… 9
　（2）性別、年齢を表す記号 ………………………………………………… 9
　（3）職業・地位・階級を表す記号 ………………………………………… 10
　（4）帰属集団を表す記号 …………………………………………………… 11
2. ファッションはなぜ起こるのか、その登場から現在 ………………… 12
　（1）ファッションの語源 …………………………………………………… 12
　（2）ファッションの誕生 …………………………………………………… 14
　（3）近代化の到来とファッションの確立 ………………………………… 15

第2章　ファッションにおける循環性 ……………………………………… 21
1. ファッションの周期説に関する研究 …………………………………… 22
2. コレクションにおける20年周期説の検証 ……………………………… 23
3. ストリートファッションにおける循環性の考察 ……………………… 24
　（1）1930年代・1950年代のストリートファッションの資料的検証 … 25
　（2）1940年代・1960年代のストリートファッションの資料的検証 … 26
　（3）1970年代と1990年代のストリートファッションの共通点 …… 27
　（4）1980年代と2000年代のストリートファッションの共通点 …… 29
　（5）ストリートファッションにおける周期説のダイナミズム ………… 33
4. ファッションが循環する理由 …………………………………………… 34
　（1）世代の交代によるファッションの変化 ……………………………… 34

（2）「新しさ」と「古さ」の振り子現象 ……………………………………… 35
　　（3）経済的・社会的背景に起因するファッションの変化 ………………… 36
　5.「新しさ」と「古さ」が行き交うファッション ……………………………… 39

第3章　ファッションビジネスのしくみと変容 ……………………………… 41
　1. ファッションビジネスのしくみ ……………………………………………… 42
　　（1）1950年代のファッション産業 ………………………………………… 42
　　（2）1960年代のファッション産業 ………………………………………… 44
　　（3）1970年代のファッション産業 ………………………………………… 49
　　（4）1980年代のファッション産業 ………………………………………… 53
　　（5）1990年代のファッション産業 ………………………………………… 55
　　（6）2000年代のファッション産業 ………………………………………… 59
　2. 世代とファッションの関係 …………………………………………………… 61
　　（1）ファッションと世代との結びつき …………………………………… 62
　　（2）1990年代以降の若者世代の特徴 ……………………………………… 63
　　（3）団塊ジュニア世代の親・団塊世代の特徴～高い横並び意識 ……… 64
　　（4）プリクラ・携帯世代の親世代・シラケ世代の特徴
　　　　　　～差別化・差異化の始まり ………………………………………… 65
　　（5）団塊ジュニア世代の特徴～堅実で自己充足的。差別化・細分化 … 66
　　（6）団塊ジュニア世代の定番・カジュアル志向 ………………………… 66
　　（7）団塊ジュニア世代とエリアの細分化 ………………………………… 68
　　（8）プリクラ・携帯世代の特徴～極端な浮遊性と刹那的な感覚 ……… 68
　　（9）プリクラ・携帯世代の浮遊的なファッション行動 ………………… 69
　　（10）プリクラ・携帯世代が享受したレトロファッション ……………… 69
　　（11）コミュニケーションのためのファッション ………………………… 70
　　（12）プリクラ・携帯世代が関心を寄せる皮膚ファッション …………… 71
　　（13）世代間の反発・継承により生じるファッションのスパイラル …… 72
　3. ストリートファッションの登場 ……………………………………………… 73
　　（1）ストリートファッションの定義 ……………………………………… 73
　4. ストリートファッションにおけるクラスターの細分化 …………………… 74

（1）ストリートファッションにおけるファッション・クラスター …… 75
　　（2）クラスター分類の流動性 ……………………………………… 78

第4章　現代ファッションの流れ―戦後から現在までのファッション― …… 79
　1．50年代ファッション ……………………………………………… 80
　　（1）映画とスタイルブックによるアメリカンスタイルの流行 ………… 80
　　（2）アメリカンスタイルからパリ・オートクチュールへの転換 ……… 81
　　（3）ファッションを左右したシネモードによる新しい流行 ………… 82
　　（4）等身大の若者ファッションを描いた映画 ……………………… 83
　　（5）ティーン・エイジャーと音楽の発展 …………………………… 84
　　（6）テレビ、雑誌メディアの進化と発展 …………………………… 85
　　（7）テレビが伝えた50年代ファッション …………………………… 86
　　（8）1950年代の流行の構図 …………………………………… 86
　2．60年代ファッション ……………………………………………… 88
　　（1）若者文化の台頭の証としてのミニとアイビー ………………… 88
　　（2）VANによるアイビールックの流行 ……………………………… 89
　　（3）『平凡パンチ』と『ハイファッション』などのファッション誌の創刊 … 90
　　（4）みゆき族の出現と銀座からの追放 …………………………… 90
　　（5）銀座から原宿への変転 ………………………………………… 92
　　（6）1960年代の流行の構図 …………………………………… 92
　3．70年代ファッション ……………………………………………… 94
　　（1）節約は美徳の時代を迎えたファッション ……………………… 94
　　（2）プレタポルテの隆盛と自然発生的ファッションの胎動 ………… 94
　　（3）ヒッピー族によるファッションでの自己表現 …………………… 95
　　（4）質素革命とジーンズ …………………………………………… 96
　　（5）若者の街、ファッションの発信地としての原宿 ………………… 97
　　（6）原宿のランドマーク・ラフォーレ原宿のオープン ……………… 98
　　（7）雑誌の影響力の増大〜『an・an』、『non-no』 ………………… 98
　　（8）女子大生のバイブル『JJ』の創刊 ……………………………… 99
　　（9）カラーテレビの普及とドラマ・ファッションの浸透 ……………… 99

（10）1970年代の流行の構図 ……………………………… 100
4. 80年代ファッション ……………………………………………… 103
　　（1）分衆の時代、ファッションの多様化 ………………… 103
　　（2）ファッションの原点返りとしてのトラッドの流行 ………… 104
　　（3）「カラス族」によるブラック・ファッション …………… 105
　　（4）カラフルなボディ・コンシャスのファッション ………… 106
　　（5）渋カジ・ファッションの登場 ……………………… 106
　　（6）ファッションの低年齢化とカジュアル化 …………… 107
　　（7）「竹の子族」、「カラス族」、「渋カジ」など、さまざまなクラスターの登場 … 108
　　（8）団塊ジュニア世代への交代とファッションの細分化 ……… 109
　　（9）読者層の細分化と「Olive少女」と「Hanako世代」の出現 …… 109
　　（10）ファッション雑誌の創刊ラッシュ ………………… 110
　　（11）1980年代のファッション・エリアとしての原宿と渋谷 … 110
　　（12）1980年代の流行の構図 ……………………………… 111
5. 90年代のファッション …………………………………………… 114
　　（1）ストリートファッションのルーツである渋カジの台頭 …… 114
　　（2）カジュアル・ファッションのスタンダード化 ………… 115
　　（3）新しいファッション・リーダー、「ギャル」の出現 …… 116
　　（4）渋谷109のリニューアル …………………………… 118
　　（5）汚い、古いがおしゃれという新しい価値観の創出 ……… 118
　　（6）古着ファッションへの関心 ………………………… 119
　　（7）海外高級ブランドのストリートファッション化 ……… 121
　　（8）裏原宿発ファッションとボーイズスタイルの登場 ……… 121
　　（9）ボーイズ系女子の登場 ……………………………… 123
　　（10）トレンドリーダーとしてのガングロ・ヤマンバ ……… 123
　　（11）ゴスロリ、サイバー、デコラなどのコミュニケーション系スタイルの進展 … 125
　　（12）1990年代の流行の構造 ……………………………… 125
6. 2000年代のファッション ………………………………………… 127
　　（1）1980年代リバイバル、ファッションの原点返り ……… 127
　　（2）人気漫画『NANA』とパンク・ブーム ……………… 128

（3）等身大のファッション・リーダーセレブからマイセレブへの転換 … 129
　　　（4）セレブがストリートを模倣する逆転現象 ……………………… 130
　　　（5）レイヤードというストリート発の着こなしの発見 …………… 130
　　　（6）アシンメトリーなファッション ………………………………… 132
　　　（7）ジュニア・ファッションのマーケットの拡大 ………………… 132
　　　（8）ファッションの身体化〜ヘアや皮膚ファッションのトリクル・アップ現象 … 133
　7. 2010年代のファッション ……………………………………………… 136
　　　（1）震災がもたらせたスポーツスタイル …………………………… 136
　　　（2）量産型ファッションとその可能性 ……………………………… 136
　8. 2020年代のファッション ……………………………………………… 137
　　　（1）コロナ禍とファッション ………………………………………… 137

第5章　ファッションを伝達するメディア …………………………… 139
　1. 雑誌とファッション …………………………………………………… 140
　　　（1）スタイルブックの登場 …………………………………………… 140
　　　（2）女性グラビア週刊誌の登場 ……………………………………… 141
　　　（3）メンズ・ファッションと『平凡パンチ』 ……………………… 142
　　　（4）アンノン族の誕生 ………………………………………………… 142
　　　（5）女子大生のバイブル『JJ』 ……………………………………… 143
　　　（6）Hanako世代の誕生 ……………………………………………… 144
　　　（7）女性誌の創刊ラッシュとターゲットの絞り込み ……………… 144
　　　（8）ギャルの登場とギャル系雑誌の創刊 …………………………… 146
　　　（9）ストリート系雑誌とストリートファッションの拡大 ………… 147
　　　（10）ジュニア・ファッション雑誌の登場 …………………………… 148
　　　（11）皮膚のファッション化に伴うヘア・コスメ雑誌の隆盛 ……… 148
　　　（12）ファッション雑誌の現在 ………………………………………… 149
　2. 携帯、ウェブとファッション ………………………………………… 152
　　　（1）ポケベル・携帯電話の登場と口コミ・ファッションの波及 … 152
　　　（2）インターネットの台頭とファッション伝播の変化 …………… 153
　　　（3）ファッション情報におけるトリクル・アップ化とトリクル・アクロス化 … 159

（4）トリクル・アクロス化の帰結としてのガールズコレクション … 159
　3. SNSから生まれるファッション ……………………………………… 160

第6章　街とファッションを考える ……………………………… 163
　1. 街とファッションの関係 ………………………………………………… 164
　　（1）トリクル・アクロス化する東京のファッションストリート …… 164
　　（2）ファッションストリートの拡大と共鳴 …………………………… 164
　2. 代表的な東京の繁華街の変遷 ………………………………………… 165
　　❶ 原宿 ……………………………………………………………………… 165
　　❷ 渋谷 ……………………………………………………………………… 182
　　❸ 銀座 ……………………………………………………………………… 192
　　❹ 代官山 …………………………………………………………………… 202
　　❺ 新宿 ……………………………………………………………………… 210
　　❻ 青山 ……………………………………………………………………… 219

第7章　これからのファッションを考える ……………………… 227
　1. 現代ファッションが直面する問題 …………………………………… 228
　　（1）ファストファッションがもたらしたファッション革命 ………… 228
　　（2）ファストファッションをめぐるファッションのグローバル化 … 228
　　（3）ファッションのグローバル化は必然の流れなのか …………… 229
　　（4）グローバル化をやわらかく回避するストリートファッションの可能性 … 230
　2. 日本のファッションの可能性 ………………………………………… 231
　　（1）「かわいい」という美意識 ………………………………………… 232
　　（2）自由なレイヤードによる新しい着こなし ……………………… 233
　　（3）リアルクローズが与えた影響 …………………………………… 233
　　（4）ストリートファッション観測の意味 …………………………… 235

【参考文献】 ………………………………………………………………… 237
【さくいん】 ………………………………………………………………… 241

プロローグ
人はなぜ衣服を着るのか？──衣服の起源説と装う行為を考える

　人間はいつ頃、そしてなぜ、衣服を着るようになったのだろう。その結果、人に何が生じたのだろうか。まずはじめに、衣服の起源説を概観し、人が衣服を着ることにより、精神的に性的な関心が高まったこと、衣服によって肉体の補正、誇張、強調を試みるようになったことを考えてみる。

（1）人間にとって不可欠な衣服
　私たちは、入浴や誰の目にも留まらないときを除いて、誰でも、いつでも、どこでも、衣服を身につけなければならない。朝、満員電車のなかで、突然、乗車中の人々の衣服が一瞬のうちにはぎ取られたら、大パニックになる。それだけでなく、人々の社会的地位や、財産、趣味なども、一切不問になり、会社や学校に行けずに、人のいないところに待避するだろう。経済活動にも大きなダメージを与えてしまうに違いない。衣服そのものに尊厳は内在しないが、人間の尊厳を与えるのに、衣服は極めて重要な役割を果たしている。
　人は常に衣服を着ることで、社会における自身の位置づけを確かなものにしたり、逆にカモフラージュすることもできる。衣服も、特定の人間が着ることによって、その意味が現れる。かように、人間と衣服は両者が組み合わせられてはじめて存在意義のあるものになる。

（2）衣服の起源説
　私たちが衣服を着る理由を考えてみると、寒暖などの気候の変化に応じて身体を保護したり、身体を傷つけないように守るために衣服を纏うなど、保護や防衛の目的がある。また他方では、自分をより美しく見せる、自分を権威づけて見せるなど、自己実現や自己の優位性を高める目的もある。その他に、流行の衣服を着ることで、時代に遅れていないことを示すこともある。さらには、宗教的・儀礼的な目的からある種の衣服を選ぶこともある。
　しかし、そもそも、なぜ人間だけが、衣服を着るようになったのだろうか。

ここでは、人間と動物との端的な違いでもある衣服について、その起源における諸説について考察してみる。従来、被服学の立場から、衣服の起源について、諸説が議論されてきた。おおよそ、次のようなものが列挙できる。

① 羞恥起源説

　これは、聖書『創世記』に記された、最初の人類とされるアダムとイブがエデンの園を追放される原罪に基づくものである。あるとき、主なる神が食べるのを禁じた智恵の木の実を、イブは蛇に唆されて食べてしまう。アダムもイブに従い木の実を食べた。すると、2人は突然裸でいることが恥ずかしくなり、イチジクの葉を身にまとった。主なる神はこれに驚き、永遠の命を奪い、アダムには労働の苦悩を、イブには出産の苦痛を与え、エデンの園から追放した、という話である。禁断の実を食べたことで、智恵が備わり、相手と自分の性の違いに自覚し、羞恥の感覚が引き起こされたというのは、羞恥心を持つことで、人間が他の動物たちとは異なる存在になったことを象徴している。

　もっと身近な例で考えてみても、小さい子供は、人前で裸のまま駆け回っても恥ずかしさを感じないのに、成長とともに羞恥の感覚が着実に芽生えていく。発達心理学者のヘレン・B・ルイスは、羞恥心について、「恐怖や不安などは人が生まれつき備えている感情であるのに対して、羞恥は人が自分の存在を認識できるようになって初めて覚える情緒（self-conscious emotion）」と指摘している。裸体を覆った人類最初のイチジクの葉という衣服は、羞恥心の現れであると同時に、自分を自分と認識すること、他者を他者と認識すること、その効力をより強固なものにするために、衣服が重要な役割を担うということを象徴していたのかもしれない。

② 装飾本能説

　人間は本来、美しいものを好み、身体を飾る本能的な要求から衣服を求めたという考え方である。原始より、人は身体に土や鉱物を塗って彩色したり、皮膚に傷をつけて肌を隆起させたり入れ墨をしたり、石の玉、骨、羽根、貝などで、耳飾り、首飾り、その他の装身具でもって身体を装飾してきた。これには他の動物と違い、つるっとした皮膚への恐怖感や不完全感を抱いていたのかも

しれない。

　鏡のなかった時代に、他人の身体は確認できても、自分の身体、特に顔を捉えることはできない。この自分の身体でありながら、いちばん不確かな自身の、曖昧さを埋めるために、身体装飾という行為が発達したとも考えられる。

　人間が本能的に身体装飾を行うにあたって、何をお手本にしたのかを考えることで、衣服の起源の理由の一端を見ることもできる。例えば、インドネシアのダニ族の男性は、豚を畏敬し、豚の脂を身体にすり込み、乾燥させた性器を腕輪にし、尻尾に似せた葉でできた尾っぽを臀部に付けていた。また、アフリカのホッテントット族では、ダチョウに似た臀部の身体加工を施していた。こうして、強くて美しい動物を模倣し、自分の姿を重ね合わせたことから身体装飾にこぎ出していったと考えることもできる。

③身体保護説

　人が衣服を着る理由の主要な説としてあげられるものに、身体保護説がある。気温、風雨、虫害、外傷などのさまざまな環境から身を守るために衣服を着用するという、機能的な働きに注目したものである。エスキモー人の毛皮は寒冷から身体を保護し、体温を保持するために必要であったし、原始的な腰布は熱から身体を保護する役割を担っていた。

　人間の体温は平均36.5℃程度であるが、体温を保持し、快適に過ごすために衣服は重要な役割を果たす。肌と衣服のすき間を「衣服内気候」というが、衣服内気候は、温度が31～33℃、湿度は40～60%、気流は1秒間に10～40cm程度であると快適とされている。このために高温な熱帯や夏には通気性、吸汗性のある生地や仕立てが必要とされ、冬は気温が低いので保温力の強い衣服が用いられる。

　ただし、実際に、私たちが身につけている衣服を考えてみると、ネクタイやハイヒール、スカートのフリルなど、機能性では説明できないものも多い。また、衣服が身体を保護する一方、ピアスや入れ墨など、痛みを伴ってまで施す装飾があることに矛盾がある。裸族たちの美しく頑強な身体に比べ、エアコンの効いた会社で終日デスクワークに励むサラリーマンとでは、どちらが丈夫だろうか。身体を保護すればするほど、ますますひ弱な身体になっていくではないか。

かつて、最適者は生き残るという自然淘汰説で生物進化を説明したダーウィンが、人が裸であるのは装飾のためと唱えた。このダーウィン説ないし、ダーウィニズムに対して、島泰三は『はだかの起原』において、人類が他の動物と違って裸になったのは、適応的形質ではなく、裸と言葉という不利益を補う偶然が重なったために、結果として例外的に成功を収めることになったとし、「裸に利点はない。しかし、裸化した人間が成功した理由は、裸化にある」と述べる。人間は、装うことができる身体を、偶然にせよ、必然にせよ、獲得できたことで、身体を保護しながらも、創意工夫や社会的な誇示を施す部分を拡大しえたというのである。私たちが装いとかファッションと呼ぶものには機能性ということだけでは説明がつかない要素が多く存在している。

④権威象徴説
　エジプトのファラオ（王）を示すための付けひげ、インドのマハラジャの豪華な宝石のアクセサリー、平安時代の貴族が着用した衣冠束帯と呼ばれる衣装など、ある集落や社会から自分の身分を主張するために、特定の装飾を施した衣服や、貴重な染料を用いた衣服を身につけることがなされてきた。現在でも、高級な腕時計やブランドのドレスやバッグ、iPhoneなどのデジタルツールなどを所持することで、ステータスを表すことがよくある。
　衣服が身分や階級、権威を象徴しているという説に異論を唱える人はいないが、次のような事例もある。紀元前500年〜紀元1000年、メキシコ南部のオアハカ盆地に栄えたサポテク文明では、自身の地位や権威を証明するために先祖の大腿骨が利用されていたことが、遺跡の石製のレリーフの発掘により立証されている。先祖の大腿骨を所持することで、地位や財産の世襲を周囲に示していたことがうかがえる。このように、権威を象徴するために衣服が必ずしも不可欠ではないことからも、衣服着用の最も根源的な動機が、権威の象徴のためだったかどうかは、検証するのは困難であろう。

⑤性器呪術説
　未開の種族のなかに人類文化の源泉を見ようとした民族学者や人類学者たちは、服装の起源を呪術的な理由から生じたと考えた。

プロローグ　人はなぜ衣服を着るのか？―衣服の起源説と装う行為を考える

　城一夫は『ファッションの原風景』(P.31)において、衣服の起源が性器呪術に起因するという考え方はあまり一般的ではないとした上で、それでも、衣服の起源として衣服のもたらす呪術的な作用の有用性について、次のように述べている。

　　聖書の記述にあるように、最初の衣服は腰部にまきつけた腰布であったと思われる。(略)腰布は腰を保護するものではなく、その腰部の中心点―性器―を保護したり、装飾したりする役目をもったものである。世界各地に男根信仰、女陰信仰があることで分かるように、古代人にとって性器は豊穣、多産、幸福を約束する信仰の対象であった。ヒトにとって人生での一番の懐疑はヒトの生死の問題である。ヒトはなぜ生まれ、なぜ死ぬのか。現代人にとって重要な問題は、同時に古代人にとっては一層神秘的で呪術的問題であったにちがいない。(略)古代人はこの生の誕生の直接的な機能を担う性器を畏敬し、崇拝し、その局部とその周辺を直接的、または間接的に装飾行為を行ったと思われる。

　人間と他の動物との決定的な違いは、本能だけでなく、理性を働かせることで、生と死をただやり過ごすのではなく、その意味を問い、畏怖し敬う対象とした点にあるだろう。動物は服を着用しないのと同様に、つがいや子が死んでも、その死を悼むことはあれど埋葬はしない。他方、人間は、命の生まれる一番の根源の箇所に、纏うという行為を加え敬い、死者となった亡骸には、そこから新たな生命は生まれてこないという証に、身体の部分をすべて纏うように地中に埋葬し、死と向き合ったのではないだろうか。

第1章

ファッションの特質
―ファッションとは何か？―

1. 衣服における社会的記号性と役割

　衣服は民族性、宗教、性別、所属団体、社会的地位など、さまざまな記号を発信している。人は他人の衣服を見ながら、知らず知らずのうちに、衣服をひとつの記号的情報として受け取り、認識や評価を下している。ここでは、衣服の社会的記号性や、衣服の象徴性について概説する。

　記号とは、一定の事象や内容を指し示す知覚可能な対象である。狭義には、矢印や絵表示などのマーク、しるし、標識などを指すが、広義には言語や文字、職業を示す制服、時代を象徴するファッションなども含まれる。『大辞林』によれば、「事象との結びつきが雨と黒雲のように事実的・因果的なものを自然的記号、職業と制服のように規約的なものを人為的記号と呼び、事象との結びつきが一義的・直接的なものをサインまたはシグナル、多義的・間接的であるものをシンボルとする分類もある。交通信号や道路標識は前者の、言語や儀礼は後者の代表である」とされる。
　ここで、衣服の記号的な役割を考える前に、身体（裸体）が発する情報を考えてみよう。その体つきから、性別、年齢、人種、体型などのある程度の判別はできる。また、顔の表情やしぐさにより感情も推し測ることができる。しかし、裸体が示す情報は、衣服が示すことのできる情報に比べ、はるかに乏しい。仮に裸体に対する羞恥心がなかったとしても、私たちが社会のなかで生活を営むためには、衣服の力を借りることなしには生きていけないだろう。
　衣服が社会的な自己を位置づけするためのシンボルであることは、衣服に目に見える差異があるからに他ならない。衣服の素材、デザイン、色柄、飾り、着こなしなどによって、それを着用している人が、どんな属性なのか判別することができる。制服やスポーツのユニフォームはその典型であり、職業や経済状況、価値観などを示す区別の印はもちろん、ブランド品を身につけてステータスを誇るなど、権威のシンボルにもなる。
　以下に、衣服が果たす社会的な記号について考えてみたい。

（1）民族を表す記号

　民族衣装とは、人種・言語・宗教など自然ないし文化的同質性をもつ集団の人々が着用する衣装であり、長い歴史に培われて固有の衣装が発展・継承されてきたものである。近代社会の到来、欧米化、グローバル化を背景とし、民族衣装の慣習は消えつつあるが、日本の和服、韓国のチマ・チョゴリ、中国の漢服や袍（パオ）やチャイナ・ドレス、ベトナムのアオザイ、インドのサリー、スコットランドのキルト・スカートやタータンチェック、ロシアのルパシカ、中南米・メキシコのポンチョ、アフガニスタンのチャドル、タヒチ島のパレオなど、自らの民族を示す衣服が存在する。

　民族衣装は、その地域の人々の共同体の形成の証として、他の集団との差異化のシンボルとして登場し、国家の成立とともに、国民意識を自覚するためにも貢献したと考えられる。1960年代から1970年代にかけて、イヴ・サンローランがアフリカや中近東、ロシアなどをモチーフに、フォークロア調を取り上げたり、高田賢三のルーマニアルックやペザントルック、中国ルックなど、世界中の民族衣装をモードとして提案したことで、限られた集団の衣服から、ファッションのアイデア・ソースの一つとなった。

（2）性別、年齢を表す記号

　生物学的な身体の性（sex）の違いは、裸体を見れば一目瞭然である。ところが、自分で意識している自分の性が、生物学的な性と一致しないこともある。このときに衣服は、自身の心のありようを表出するのに極めて重要な役割を果たすことになる。自分で認識している性別をジェンダー・アイデンティティー（Gender Identity）といい、身体的性別とジェンダー・アイデンティティーが一致しないことが明らかであれば、性同一性障害と診断されることがある。

　2010年、自分の性に強い違和感を抱く鹿児島県内の中学1年の女子生徒が、男子が着る学生服での登校を認めるという事例があった。その女子生徒は、3歳頃から自分を「僕」と呼び、スカートなどの服装を極度に嫌がっており、中学入学後はセーラー服を着るだけで具合が悪くなり、体操服姿で登校していたという。学校は「前例がなく、他の生徒への精神的ショックが大きい」として、男子用の学生服着用は認めなかったが、生徒の訴えや専門家の診断で着用

を認め、学級名簿での性別も変更することになったという。

　さらに年齢に関しても、裸体により観察される肌のハリや皮膚のシワ、しぐさ、姿勢、身体の肉付きなどから、おおよその年齢を知ることはできる。ただし、中学校の制服、大学生らしいカジュアルな衣服などを着ることにより、年齢をさらに特定することができるようになる。他方では、「アンチエイジング」に対する意識の高まりを背景に、40代、50代の女性のなかにも、若々しく美しい人が増えて、20代、30代の着るようなファッションに身を包み、実年齢と見た目年齢が合致しない場合も増えている。

(3) 職業・地位・階級を表す記号

　衣服が果たす記号的な役割において、最も有用かつ、日常的になじみ深いものは、職業や地位を表す機能であろう。このことは、社会が近代化し、分業化、分権化が進むにつれ重要視されてくる。つまり、小さな共同体の中の営みであれば、あの人は医者、あの人はパン職人と、人々が互いにわかり合える範囲であり、衣服による区別は必要がなかったはずだ。ところが、近代化し、都市化が進み、見知らぬ人々が流入するにつれ、衣服による峻別化、記号化が進展し、逆に衣服の記号化が社会の分業、分権化に貢献するようになった。

　なかでも制服の記号的な意味が顕著であり、警官、医者、看護士、サーファー、アスリート、画家、僧侶、聖職者、コック、バーテンダーなど、職業と密接な制服を着用している。警察官が制服を着ていたり、消防士が消防服を着ていれば、周囲の人は素早くその事実を認識して行動を取りやすく、被害を最小限にくい止めるために制服が役立つことがある。また、制服を着ることで、組織外の者と自分たちを明確に区別し、また人々に対してどのような業務を提供できるか、どのような役割を担っているかを明示することに繋がり、職務に対する責任感が強まる効用がある。

　詰め襟の学生服は、19世紀後半、ナポレオン3世時代のフランス陸軍の下士官用の制服を明治時代に取り入れたものといわれているが、この制服や、そのルーツである軍服には、装着される徽章や袖のライン、デザインなどによって、所属部署や階級序列、専門分野が明示される。もし仮に、戦争中に兵士の全ての衣服がはぎ取られたならば、敵と味方の区別ができずに、戦争は成立し

ないように、逆に考えれば、軍服を着ることで戦意が高揚され、任務により忠実になりえたと考えることもできる。このように、社会的制度としての制服の役割は不可欠なものであるが、この慣例が時として、規律を浸透させ、一人の個人としてのアイデンティティーの尊重を妨げることもあり得る。

鷲田清一は『ちぐはぐな身体〜ファッションって何？』(P.79) のなかで「僕らは制服を着ることでも、いかがわしい存在になることができる。制服のなかに隠れることができるからだ」といい、次のように理由を述べている。

　制服を着ると、ひとの存在がその(社会的な)《属性》に還元されてしまう。そうすることで、ひとは「だれ」として現われなくてもすむ。人格としての固有性をゆるめることのできる服とは、そのなかに隠れることができる服である。そう考えると、現在の制服も、人びとによって、人格の拘束とか画一化などといった視点からではなく、むしろ制服こそが"自然体"という感覚で受けとめられだしているのかもしれない。

制服を着る年齢を過ぎても、「なんちゃって制服」と呼ばれる制服に似た衣服を身につけている女性がいたり、制服コスプレを趣味にする人がいる。これも、本来の制服のもつ記号的な意味を逆手にとって、人格としての固有性から解放されるために、あえて制服を着ているのかもしれない。

(4) 帰属集団を表す記号

スポーツチーム、各種のサークル、ミュージシャンたちのバンド、50年代の太陽族や80年代のカラス族など、ある帰属集団の一員であることを示すために、類似の衣服を着用することがある。政治、宗教、軍隊、企業、学校の指導者たちは、自らのアイデンティティーの確認、帰属集団への忠誠心を維持するために、衣服を有効に利用してきた。他方、被支配者側にたてば、制服を着用することは集団への帰属、服従を意味し、自発性や個性の尊重は縮減される。就職活動中の学生たちは、没個性的なリクルートスーツの着用を、企業から求められる前から自主的に行う。これは、人と違った服装で目立つのを忌避するのと同時に、企業の方針や労働条件に服従しますという予告のようでもある。

2. ファッションはなぜ起こるのか、その登場から現在

　衣服の流行がなぜファッションといわれ、その特徴はどのようなものなのか。ファッションは常に新しさと古さを行きつ戻りつし、新しいファッションがトリクル・ダウン（滴下）して波及するというメカニズムを有する。19世紀後半のオートクチュール以降、プレタポルテ、そしてストリートへと、ファッションが生じる源が変容し、常に新しさを求めるファッションの実相を考える。

(1) ファッションの語源
　ファッションとは、流行、はやりのこと。特に服装や髪型、化粧、アクセサリーについての流行を指す。単に「服装」の意味としても用いられる。ファッションの言葉の由来は、「仕方」「流儀」「流行」を意味する英語「fashion」からの外来語である。fashionは、ものごとをつくりだしたり生み出したりすること、またその仕方や方法を意味するラテン語「factio」を語源とし、古期フランス語の「faceon」を経由して「fashion」となった。
　『オックスフォード・カラー英和大辞典』では、ファッションを「1.方法、流儀、やり方　2.作り、でき、見掛け、形式、型　3.（服装などの）流行、はやり、流行の習慣　4.現代ふう、流行の人」と定義している。これでは物足りないので、『ファッション辞典』（P.214）での定義を紹介しよう。

　　流行、はやり。はやりの服装。ある時代またはある集団の習慣や作法、服装、音楽、スポーツ、娯楽など行動様式の特徴をいう。もともとは上流社会の風習やマナーなどを意味した。狭義では、服装の流行をさす。また、流行の衣服や服飾品そのものを意味したり、単に服装という意味で＜リゾート・ファッション＞などと使われる場合もある。ファッションは自己表現であると同時に時代との一体感を表現するメディアであり、文化の最も基礎的な現象の一つである。かつてファッションは「外見的なものにすぎない」として文化の他分野に比べ軽視されてきたが、1960年代半ば以降、主要なカウンター・カルチャーの一つとして認知されるようになり、昨今では学術的研究対象としても注目されるようになっている。ファッション

とモードはほぼ同義だが、モードをよりクリエーティブなハイ・ファッション寄りのものとし、ファッションをやや大衆化したものとしてつかい分ける場合もある。類語はほかに、スタイル、ヴォーグ、ファド、クレーズなどがある。

ファッションの類義語として日常使われている言葉は多数あり、それらが指示する事象の空間的広がりや発達の速度やテンポにおいて、微妙な意味の差を含みながらも、ファッションと相互互換的に使われている。主なものとその意味を以下に示しておこう。

①モード（mode）
　はやり、流行のスタイル、風俗、風潮。また生活様式や服装などの習慣、様式などの意味もある。ファッションとほぼ同義であるが、モードをハイ・ファッション寄りのものとして使い分ける場合もある。

②ヴォーグ（vogue）
　流行、はやり、人気。ある様式の一時的流行をいう。波を意味する中世ドイツ語のヴォーグ（woge）が語源。

③トレンド（trend）
　傾向、時代の風潮、その時々の流行の型などの意味。主に最新流行の動向のこと、時代の好み・売れ筋のことを指す。

④ブーム（boom）
　急展開、にわか景気、急激な人気上昇、爆発的流行のこと。ファッションの流行よりもビジネス関係などを中心に使われる。もともと、＜雷や大砲などのドーンととどろく音、虫などのブーンという音＞などの意味から派生した言葉。

⑤ファド（fad）
　非常に短い期間の流行や、特定のグループの人たちの間で熱中する流行など、気まぐれ的な流行。

⑥レイジ（rage）
　＜憤怒、憤激＞が語源であり、急に怒りを爆発させて切れた状態のことを

意味する。そこから急激な流行、大流行している状態に対して使われる。
⑦ルック（look）
　　＜様子、容貌＞などの意味で、ファッションでは特定のイメージや型を表すのに＜〜風、〜にみえる＞の意味で使われる。ある定まった様式のもの、イメージに似通っている場合や模倣している場合に使う。スタイルという語も似たような意味で使われるが、ルックは、より外見的イメージ、あるいは一時的流行に関して使われる。

　ファッションという言葉は、その語源からいって、「ものごと」や「ことがら」のあり方を、本来は意味している。このことをふまえると、ファッションやトレンド、モードとしてさまざまな事象が登場し、語られることを通じて、それ自体は可視化できない、社会や文化、人々の価値観や心理を照射しうる現象である。土屋淳二による『モードの社会学』によれば、「ファッションとは、目に見えるものを映し出すことではなく、見えざるものを見えるようにし、見えるものを通じて見えざるものを変えていく企て、といってよいだろう。可視的な変化は、不可視的な価値観や生き方の変化とつねに共鳴しあっている」と述べられている。

（２）ファッションの誕生
　衣服は、身分や職業、経済状況など、その見た目によってさまざまな情報を与える記号として機能してきた。衣服が権威者や被支配者の序列を区分するために大いに寄与し、軍服と同様、その衣服を纏うことで権威者としての威厳が保たれるようにもなった。やがて、ファッションは17世紀、ヨーロッパの宮廷において出現し、とりわけルイ14世治下のフランス宮廷において、商業資本主義の勃興とともに発展した衣服の生産と編成のために生み出されたシステムとして理解されている。こうした衣服の権威性が、より汎用性の高いものになったのは、18世紀のフランス・ブルボン王朝であり、王侯貴族の間に新しい衣服を着て権威や裕福さを誇示するものと、それを模倣する関係が成立するようになった。なかでも、ルイ16世王妃であったマリー・アントワネットの衣服は、宮廷の貴婦人ばかりでなく、地方の宮廷にまで普及し、あるいはより

下の階級にトリクル・ダウンしたことを契機として、ファッションが誕生したとされる。

　このファッションの仕掛け人となったのは、マリー・アントワネット付きの宮廷デザイナーであった、ローズ・ベルタンであるとされる。ローズ・ベルタンは、本名をマリー・ジャンヌ・ローランといい、パリの帽子店で働いたのち、1772年、マリー・アントワネットのお抱えデザイナーとなり、外国王室や外交官夫人の帽子やドレスも製作した。王妃が発注したドレスやアクセサリーは際限なく国費を濫費し、フランス革命の誘因ともなった。野心家の彼女は王妃の愛顧に応えて献身的に仕えたが、王妃の刑死後、イギリスに亡命した。フランス・デザイナーの祖といわれ、流行への影響力がきわめて大きかったので、"ファッション大臣"という異名もつけられたほどであった。

（3）近代化の到来とファッションの確立

　上流階級の衣服がより下層の衣服に波及していくというしくみが、1789年に起きたフランス革命によって根底から覆される。それまで貴族たちは自身の帰属階級の証であるキュロットを穿き、市民たちはズボン（サン・キュロット＝キュロットではないという意味）を着用していたため、市民階級は競ってキュロット着用者を逮捕してギロチンにかけた。その結果、貴族たちは、キュロットを脱ぎ、ズボンに着替えて逃亡し、市民階級への偽装を図ったのであった。このことについて、城一夫は『ファッションの原風景』（P.158）のなかで、次のように述べている。

　　このことは従来、上層から下層へ流れていた衣服の構造が、初めて逆に下層から上層へと流れ出したことを意味している。貴族が貴族の象徴である衣服－つまり衣服のメタファーを自ら放棄して、市民の衣服－つまり市民のメタファーである衣服－に変容し、貴族から市民に偽装し、市民に変身したことを意味したのである。権力を背景にした封建的な支配者体制の視覚言語であった衣服は、いわばフランス革命に続く市民社会の形成とともに、権力の象徴としての記号的意味性を消失し、市民の衣服－新しい生命を獲得する。

こうした逆転現象を経て、従来のような階級制が崩壊し、新興のブルジョワ層が登場することにより、階級がよりなだらかになったことで、身分による衣服の差がなくなっていく。かつての封建時代の固定化された社会階級では、ファッションの波及の範囲は限定されていたが、固定されていた衣服が流動的になり、衣服の新規性、流動性を利用して、ファッションのメカニズムが始動していったのである。さらに、18世紀後半から訪れる産業革命によって、大量生産システムが確立すると、比較的安価な商品が大量に出回り、ファッションの代謝に拍車がかかるようになった。

ジョアン・エントウィルスは、『ファッションと身体』のなかで、ベルやジンメル、ヴェブレンらの主張をふまえた上で、「ブルジョワ階級が出現し資本主義社会へ移行する過程で、ファッションは社会的地位をめぐる闘争のための道具として発展した」と述べ、「ファッションとは新興資本家階級が貴族的権力や地位に挑戦するために用いた手段のひとつ」であるとし、「地位と差別化を維持するためにファッションに適応し、時代遅れにならないように懸命に努めた」からこそファッションの発展があったとしている。

①オートクチュールの登場

オートクチュール（haute couture）とは、"高級な仕立て"の意味である。haute（オート）は「高い」「高級」を意味する形容詞 haut（オー）の女性形、couture（クチュール。女性名詞）は「縫製」「仕立て服」および、その業者を意味する。20世紀初頭まで、パリには高級仕立て店が多数あり、オートクチュールの規格もあいまいであった。そこで、1868年にシャルル・フレデリック・ウォルトは、「フランス・クチュール組合」を創設する。

イギリス人のウォルトは、1838年にロンドンの布地店でのキャリアをスタートさせる。当時ヨーロッパのファッションは、紳士服ではイギリスが先行していたものの、婦人服ではパリに遅れていたため、婦人服での挑戦を目指したウォルトはパリに渡った。やがて高級な絹物を取り扱う「ガシュラン」で職を得、婦人服仕立部門をつくり、生きたマヌカンに服を着せて顧客やバイヤーに披露・販売する方法を始めた。これがモデルという職業のはじまりにもなった。その後、1858年にクチュール店「ワース・エ・ホベルク」を創設、布地

の仕入れ、アトリエ、専属マヌカン、年4回の衣装の発表会など、経営と創作を統合するシステムをつくり、効率化を図り、オートクチュールのシステムの基礎を築いた。やがて、ポール・ポワレによって1911年に改組され今日に至る。パリのオートクチュールとは、この組合に加入しているメゾンのことをいい、従来の衣裳店は顧客の注文に応じて服を製作していたが、ウォルトはあらかじめ創作的な衣服を作り出し、それを顧客に見せて注文をとるという能動的な方式を生み出した。

　加盟店はメゾン（maison：家・住宅・商店・会社の意味）と呼ばれ、生地の選定から縫製まで一貫して行うためのアトリエを持っている。コルセットなど特別の部分を除いてはフル・ハンドメイド、つまり、お針子が一刺し一刺し手縫いをして完成させる。

　顧客は上流階級に限られるが、市場範囲に限定はない。これにより、従来の仕立屋と異なる大規模な経営が可能となった。ただし、1970年代以降に、プレタポルテが台頭し、現在では影響力が縮小、オートクチュールのみの経営では赤字のメゾンがほとんどとなっている。

　2010年現在で、フランスの4メゾン（Coco Chanel、Christian Dior、GIVENCHY、Jean-Paul GAULTIER）、パリ・オートクチュール協会からの招待ブランド（フランス以外のブランド）2つ（Giorgio Armani Prive、VALENTINO）、さらに、パリ・オートクチュール・コレクションへのゲスト参加4ブランド（ALEXIS MABILLE、ANNE VALERIE HASH、ELIE SAAB、Josephus Thimister）からなっており、減少の一途を辿っている。

②プレタポルテの登場

　プレタポルテ（prêt-à-porter）とは、端的には「既製服」の意味。フランス語でprêt（プレ）は「用意ができている」、porter（ポルテ）は「着る」という意味であり、à（ア）は不定詞を導く前置詞である。英語に直訳するとready to wear、あるいは、ready to carry にあたり、「そのまま着られる」「そのまま持ち帰られる」と訳せる。オートクチュールのデザイナーによる既製服を大衆的な既製服と区別するために呼ばれた名称で、「高級既製服」と訳される。プレタポルテ以前の既製服は、既製品という意味を持つコンフェクションやレ

ディ・メイドと呼ばれていたが、これらの言葉が大量生産された粗悪な安物という意味合いを持っていたため、それと区別するためにプレタポルテという言葉が生まれた。そのため、日本語ではプレタポルテをそのまま「既製服」と訳さず、高級既製服と訳すことが多い。

　1960年代までモードの主体だったオートクチュールに代わり、1970年代からプレタポルテが主体的地位を得るようになる。その先駆けは、60年代中頃にイヴ・サンローランやソニア・リキエル等のパリ・オートクチュールのデザイナーがプレタポルテの発表をするようになり、70年代には高田賢三、三宅一生、クロード・モンタナら、オートクチュールでの発表は行わない、プレタポルテ専門のデザイナーが登場するようになると、プレタポルテのほうが影響力を及ぼすようになり、1980年代には隆盛期を迎えることとなった。

　春夏と秋冬の年2回のタイミングで発表されるプレタポルテ・コレクションは、多くのジャーナリストやバイヤーたちによって世界中に広まり、新しいトレンドが波及するしくみになっている。現在では、パリ、ミラノ、ニューヨーク、ロンドン、東京で開催される五大コレクションの他、バルセロナやソウルなどでも開催されている。

③プレタポルテからストリートファッションの時代へ

　プレタポルテのしくみは、約半世紀にわたり維持され今日に至っている。コレクションの会期が早まったり、デザイナーを交代させたり、プレゼンテーションの方法が多様化するなどのことはあるが、年に2回のコレクションのしくみそのものは、プレタポルテが始まって約半世紀を経過した現在も、基本的には変化していない。オートクチュールが半世紀で形骸化したように、現在のコレクションを頂点としたファッション・ヒエラルキーの存続そのものが問われるときにさしかかっている。実際、プレタポルテ・コレクションを開催できるメゾンは、バッグ、コスメ、香水やライセンス商品など、コレクション本来以外のビジネスで利益を得ているところがほとんどであり、コレクションだけではビジネスモデルを構築できていないのが実情である。

　これに代わり、1989年の渋カジ・ファッション以降、ファッションのイニシアチブが変化し、ストリートファッションから発信されるファッションが影

響を及ぼしはじめている。
　このことはつまり、コレクションのイニシアチブをとっているメゾンそのものが、現在では、消費者のニーズなしには存在できないしくみに変容していることを示している。新しいファッションの提案は、デザイナーの感性やインスピレーションによってトリクル・ダウン的になされるのではなく、消費者の求めるファッションをいかに具現化できるかに手腕が求められるように大きく変化し、消費者の意見に耳を澄ますことができないブランドはあっけなく淘汰されてしまう。こうして、新しいファッションは下から上へ昇華し、そして新しいファッションに具現化されて、ふたたび消費者に到着するようなトリクル・アクロス的なリレーションシップによって生み出されているのである。

第2章

ファッションにおける循環性

「流行は繰り返す」とよくいわれる。そこで本章ではまず、モード論におけるファッションの周期説など、先行の研究を取り上げ、ファッションにおける循環性がいかなるアプローチで研究されてきたかをまとめる。次に、具体的に写真資料などをたよりに、1920年代から2000年代までのストリートファッションの特徴について調べ、ファッションにおける循環性が確かなものであるかどうかまとめてみたい。

1. ファッションの周期説に関する研究

　フランスの社会学者ヴァルター・ベンヤミンの、『パサージュ論』の「モード」の項に、「モードは、極端なものだけから成り立っている。しかしモードはその本性からして極端を求めているので、ある特定の形式を捨てるとそのちょうど反対に身を任せるほかにしようがないのである。」とあるように、ファッションは循環する性質を持っていると考えられている。ここでは、ファッションの循環説に関するこれまでの調査・研究について少し列挙してみる。

　具体的な服装を例示して循環説を考察した研究として、例えば、南静の『パリ・モードの200年』では、ヴァンサン・リカールの説をあげて、1900年代のパリ・モードの変遷から20年周期説を提唱している。ここでは、ヴァンサン・リカールがまとめた1905年のポワレによるコルセットの解放、1925年のシャネルの着やすいカジュアルスーツの登場、1947年のディオールのニュールック、1965年のクレージュのミニスカートの例に加え、南によって1987年のラクロワのバロック調ドレスを補記しながら、革新的なファッションがおよそ20年周期で登場すると述べている。

　これらの所論は言うまでもなく流行の本質を捉えた卓見であるが、ただし、流行現象を定量的に考察したものではなく、観念的、思考的な論述に留まっており、現代の流行現象のデータに基づく流行論とは言いがたいものがある。

　一方、統計データによって数量的な点から循環周期を求めた研究として、『カラートレンドを探る－女性服装色30年の変遷－』のなかで、リチャードソンとクローバーによる1787年から1936年までの150年間にわたるスカート

丈やスカート幅の時系列分析の結果、スカート丈は35年周期、スカートの幅は100年のサイクルで循環するという説が紹介されている。

　また、菅原健二の『2001年　流行の法則「だから、こうなる！」』によれば、パンツの流行が裾広がりになったり裾しぼりになったりする例をはじめ、服のシルエットや、靴底の厚み、ヘアスタイルなどさまざまな項目について検証を行い、ファッションのシルエットは28年周期で繰り返されると提唱されている。

　さらに、宮本悦也は、『外来パラダイムからの脱出』および、別冊『私蔵版・流行サイクル時刻表』のなかで、ミニスカートとパンツ、色、ディテール、プリントの流行をはじめ、文化や思想などの多種多様な例を細かく列挙して、流行には40年のサイクルが存在することを示している。

　以上のように、循環周期の期間をどこでとるかには諸説あるものの、ファッションには循環性が存在するとする多くの調査・研究がある。

2. コレクションにおける20年周期説の検証

　それでは、コレクションのトレンドには周期があるのだろうか。ここでは、コレクションでシーズンごとに発表されるファッションについての周期説を取り上げる。

　"コレクション"とはもともと、"収集、収集物、所蔵品"を意味するが、ファッション業界では、デザイナーがシーズンに先駆けて開催するショーや展示会、またはその作品群のことを指す。今では、パリとローマで開催されるオートクチュール・コレクションと、ニューヨーク・ロンドン・ミラノ・パリ・東京で開催されるプレタポルテ・コレクションが知られている。

　現在では、春先と秋の年2回のしかもわずかな期間に、多数のデザイナーのショーが一挙に行われ、ショーで提案されたファッションは各種のメディアを通じ、類似のスタイルが模倣され消費者に流通するという一貫したシステムが構築されている。すなわち、コレクションは流行の発信地として機能している。

　これらの歴代のファッション・デザイナーたちが発表してきたトップ・

ファッションの循環性に関する規則性や共通項の分析に関して、城一夫は『ファッションの原風景』－流行循環によるファッション現象－において、1910年代から1990年代までのトップ・ファッションのデザイン的な特徴の変遷を時系列で抽出し、ファッション・トレンドのベース・コンセプトは、20年周期で同じようなトレンドが復活し循環するという仮説を立てて、デザイン的な特徴であるファッション・アイテムやシルエット、スタイリング、ルック、コーディネートなどについて具体的に検証し、ファッションのトレンドには周期性があることを導き出している。

第3章で詳述するように、1940年代、1960年代、1980年代の偶数年代には機能的、活動的、シンプルでマニッシュなファッションが主流を占めるのに対して、1950年代、1970年代、1990年代の奇数年代には装飾的でドレッシーな、女性的なファッションが主流となっており、これら相反するスタイルがおよそ10年ごとに交互に循環していることが明示されている。

3. ストリートファッションにおける循環性の考察

筆者は1994年より原宿・渋谷・銀座・代官山において、毎月定点観測を実施し、主に若い女性を対象にストリートファッションの写真撮影を行っている。そのなかで実感することのひとつが、1970年代と1990年代、および1980年代と2000年代のストリートファッションとの間に類似点や共通点が多数存在していることである。1990年代の半ば以降のストリートで流行したロングスカートやベルボトムジーンズ、プラットフォームシューズなどを筆頭に、1970年代に流行したといわれるアイテムやデザイン、ディテールを目にすることが多かった。さらに、2000年代に80年代的な要素を含んだファッションが流行したように、過去のスタイルが循環して現れていることが実感として感じられる。

そこで、城によるファッションの20年周期説に倣い、日本のストリートファッションにおいてもファッション・デザイナーが創造するトップ・ファッションと同様、20年周期でファッションのトレンドが循環するのではないかとの仮説を立て、1930年代と1950年代、1940年代と1960年代、

第2章　ファッションにおける循環性

1970年代と1990年代、1980年代と2000年代のそれぞれの時代において、街頭で撮影したストリートファッションの写真をもとに、シルエットや丈、デザイン等について比較検討し、ファッションの循環性がどのようになされているのかを考察することとした。

1990年代以降の写真は筆者の撮った写真を対象としたが、それ以前の写真資料に関しては、70年代のものは箱守廣コレクションより、80年代のものはFICの写真資料に当たった。また、『アサヒグラフ』（朝日新聞社）、『毎日新聞』（毎日新聞社）、『ストリートファッション』（パルコ出版）、『ファッション・アイ』（繊研新聞社）などの雑誌、書籍等に掲載されている写真等も参照し、分析を行った。

結論からいえば、コレクションと同様、ストリートファッションにおいても循環が認められた。すなわち、1920・1940・1960・1980・2000年代における偶数年代での類似性と、1930・1950・1970・1990年代における類似性である。

それでは、年代順に検証をしてみよう。

（1）1930年代・1950年代のストリートファッションの資料的検証

①スリムでロングなシルエットが特徴のフェミニンな30年代スタイル（1935年）【毎日新聞社】

1970年代と1990年代において実感されうるファッションの循環性について、1970年代以前にも同様のサイクルが存在していたかどうかを検討するために、1970年代を20年さかのぼった1950年代、さらに20年さかのぼった1930年代のファッションに関して、当時の写真資料、新聞記事、雑誌記事等をもとに、ファッション・トレンドの20年周期説を資料的に検証してみた。

当然ながら、当時は、現在ほど衣環境が整っておらず、特に1930年代では着物の着用が圧倒的だったものの、細身のロン

グコートやフェミニンなワンピーススタイル、フレアスカートなど、アイテムやシルエットにおいてフェミニン調のファッションが共通して登場している。

　また、スカートやワンピースにリュックサック姿なども、1930年代は戦時下での買い出しが目的の実用的なリュック姿であり、ファッションでリュックを背負っている現代とは異なっているものの、ミスマッチ感覚の組み合わせという点で共通している。

②水玉模様のワンピースは、フィット＆フレアの落下傘スタイルのもの（1955年）【毎日新聞社】

（2）1940年代・1960年代のストリートファッションの資料的検証

　1980年代と2000年代において見られたファッションの循環性について、1980年代を20年さかのぼる1960年代、さらに1960年代を20年さかのぼった1940年代がどのようなファッションであったか、当時の新聞や雑誌などを調べてみると、やはり共通する特徴が浮かびあがる。

　1940年代は戦時下にあり、物資が乏しくファッションに配慮することは経済的・社会的、そして精神的にも許されない時代だったが、肩パットのしっかり入ったいかり型のジャケットなどのマニッシュなミリタリー・スタイルが、機能性だけでなくファッションとして登場していた。また、足さばきの良い活動的な膝丈のショートスカートが必然的に選ばれたりもした。

　1960年代には、ロンドンのデザイナーの「マリー・クワント」が提唱したのを発端にミニスカートが全世界的に流行した。日本も例外に漏れず、ヤングのみならずミ

③かっちりとしたスーツは、スカート丈が短めで活動的なシルエット（1948年）【毎日新聞社】

第2章　ファッションにおける循環性

セス層までミニスカートが流行した。さらに、「みゆき族」に代表されるトラッド・ファッションが流行したり、「イヴ・サンローラン」の手がけた1968年のサファリ・ルックに代表されるマニッシュで活動的なスタイルが当時の流行であった。

　具体的な例をあげればきりがないが、1940年代と1960年代のファッションにおいて、ミニスカートやマニッシュ・ファッション、ミリタリー・スタイルなど、両時代に共通して登場しているファッションが存在していた。

④ミニスカートが流行した60年代。60年代末にはパンタロンも登場した（1969年）【毎日新聞社】

（3）1970年代と1990年代のストリートファッションの共通点

　1970年代と1990年代のストリートファッションの共通点を抽出してみると、かなりの部分で類似のスタイルやアイテムが登場している。

　まず、主なファッションコンセプトとして、フォークロアやレイヤード・スタイル、エスニックなど、アイテムやコーディネート方法に共通点が見られる。なかには、ヒッピー・スタイルのように、1970年代のアングラムードのヒッピー・スタイルに対して、1990年代のネオ・ヒッピー・スタイルは、スポーティーなパーカやスニーカーなどを加えてリミックスしたコーディネートが見られるなど、多少の違いが見られるものもあるが、基本的には単品のアイテムを重ね着によって着回すスタイル主導である点が類似している。

　主なアウターでは、ロングコートをはじめ、フォークロア調のティアード・ロングスカートやインド更紗のギャザースカートのような、ロング丈のアイテムが多数登場している。また、ヒップハンガーのベルボトム・パンツなどのジーンズ・ファッションが共通して見られることも特徴的である。

　この他にも、タイダイのワンピースのような絞り染めのアイテムが流行したり、小物では、プラットフォームやウェッジソールのサンダルが好んで用いられたりと、ファッションのコンセプトやアイテム、シルエット、デザイン、コー

⑤フィット＆ロングのシルエットが流行した70年代。マキシ丈のエスカルゴスカート（1973年）【箱守廣】

⑥70年代のリバイバルファッションが流行った90年代。レトロなプリントのマキシスカート（1999年）

ディネート方法などにいくつもの類似点を見出すことができる。

　両年代を比較すると、1990年代のファッションは、全体的に多様化、カジュアル化の傾向がうかがえるものの、ロングドレスやマキシ丈のコートなどのアイテムなど、1970年代に流行したフェミニンでロマンティックなアイテムやディテールが復活している。

　一方、若者の間では、シャツやカットソーにジーパンなどの単品のアイテムを重ね着したレイヤード・スタイルや、テイストの異なるアイテムをコーディネートさせるミスマッチ・ファッションが流行ったり、ユニセックス感覚の服装が多くなっているなど、1970年代のヤング・ファッションのトレンドと同様の傾向が見られる。また、トップではなくボトムにコーディネートのポイントを置いた、ボトム・ファッションが主流であるということも1970年代と共通している。

　これらのことから、1970年代と1990年代のストリートファッションにおいては、循環が成立しているということができるであろう。

　図表2-2（P.32）のなかに、1970年代と1990年代のそれぞれに登場してきた主なファッションのアイテムなどをまとめている。このなかには、1991年頃に流行したフレンチ・カジュアルなど、1970年代には登場していないアイテムもあるものの、おおむねで共通する点が見られることがわかる。

⑦スタジアム・ジャンパーとプリーツミニを合わせた80年代のスポーツ・スタイル（1982年）【箱守廣】

⑧2000年代には、80年代リバイバルが見られ、ミニスカートやブーツが流行した（2000年）

（4）1980年代と2000年代のストリートファッションの共通点

　それでは、1980年代と2000年代の循環性についても同様のことが検証できるであろうか。2000年代のストリートファッションの観察結果から、明らかに1990年代に流行っていたファッションとは異なるスタイルに変化したことが伺える。

　一例をあげると、これまでのエスニックやフォークロアなどのスタイルから一転して、2000年の秋頃から、テーラードジャケットが流行し、ニュートラやコンサバティブなテイストのスタイルが台頭してきた。あるいは、「ルイ・ヴィトン」や「グッチ」などの海外の伝統のある高級ブランドのバッグや靴のように、由緒正しい小物が流行ったりと、正統派のトラッド・ファッション、あるいはスポーツ・スタイルなど、どちらかといえば、あまりあれこれとレイヤードをしてアレンジするというのではなく、高感度な、言わば服らしい服を素直にファッションに取り入れる若者が増加したのである。

　さらに、ウエストにリブの入ったバッドウィング袖のカットソーや、ウエストをベルトで絞めたスタイルがこぞって取り入れられ、ウエスト・マークファッションも非常に流行した。1990年代のストリートファッションにはほとんど登場していなかった小物であるベルトが大復活したのは記憶に新しい。さらに、カモフラージュ柄のシャツ、パッチ・ポケットや

肩章のついたシャツなどのミリタリー感覚のファッションの流行も見られ、特に2002年の秋冬以降、女性、男性双方でジーパンに代わる勢いでカーゴパンツが大人気となった。

　スポーツ・スタイルは、1990年代以降のストリートファッションには絶えず登場しており、もはや流行を超えた、普遍のスタイルのようにも思われるが、そのスポーツ・スタイルのなかでも、1980年代にヒップホップ・スタイルの若者たちに大人気だったブランド「アディダス」が山本耀司とコラボレートしたスニーカーが話題となったことを契機に、アディダス・ブームが生まれたり、1980年代のエアロビ・スタイルで若い女性が履いていた「リーボック」のスニーカーが再びクローズアップしたりと、スポーツ・スタイルのなかでの1980年代調のリバイバルが、確実に現れている。

　これらの流行はみな1980年代にも同じように若者の間で好んで取り入れられてきたものである。1980年代当時、1970年代のアンチ・ファッションが行き着くところまで行った最後に、ファッションが原点返りをしたように、2000年代のファッションもまた、1990年代のファッションと対照的なスタイルが求められたと考えられる。

　図表2-1、図表2-2は、1920年代から2000年代までの時代のファッションを偶数年代である20、40、60、80、2000年代と、奇数年代である30、50、70、90、2010年代とに分けて、主なファッションのスタイルやアイテム、色・柄・素材等をまとめたものである。これを見ると、偶数年代に共通している特徴と、奇数年代に共通している特徴は、それぞれ対照的な関係にあり、相反するトレンドが10年で交互し、約20年周期で循環していることがわかる。

第2章　ファッションにおける循環性

図表2-1　年代別のファッション【偶数年代】

偶数年代		20年代	40年代	60年代	80年代	2000年代
共通要素		ショート丈　ウエストルーズ　マニッシュ　カジュアル　アクティブ				
	スタイル	大半は和装　和装折衷　ギャルソンヌルック　筒型シルエット	国民服・標準服　ボールドルック　パンパンスタイル（一部）	ミリタリールック　サイケデリックファッション　アイビー　GSファッション	DCファッション　スポーツスタイル　ハマトラ・ニュートラ　キャリアルック　ボディコンシャス	ミリタリールック　80年代リバイバル　ボーイズスタイル　コンサバ＆セレブ
	アイテム	アップバッグ　ローウエストのショートスカート	もんぺ・防空頭巾　標準服　更正服　ショートスカート	ミニスカート　ミニワンピース　パンタロン　ボタンダウンシャツ　アイビーセーター	ミニスカート　キャリアスーツ　ソフトスーツ　ブランドロゴ入りアイテム　スポーツアイテム	ミニスカート　Tシャツ、コンビネゾン　ジーンズ、トレンチコート　テーラードジャケット　スポーツアイテム
	色・柄	白、ベージュ、紺	国防色　紺、グレー	サイケデリックカラー　トリコロール　千鳥格子　オブアート柄	黒×白モノトーン　ボーダー柄　花柄、豹柄　ビビッドな原色	エミリオプッチ柄　豹柄、ボーダー柄　カモフラージュ柄　黒、白、ベージュ
	素材	モスリン、ウール	木綿代わりのスフ　合成繊維　プラスチックや金属などの非繊維	ニット　合成繊維	ストレッチ素材　ニット、ファー　エナメル　スエット	デニム　ストレッチ素材　ニット、ファー　レザー
	小物	クロッシェ帽	ショルダーバッグ　ブーツ	トンボメガネ　ウィッグ　キャスケット帽　ロングブーツ	ロングブーツ　幅広ベルト　ハイカットスニーカー　ブランドのバッグ	ロングブーツ　ベルト　サングラス　ブランドのバッグ
	ヘアメイク	女性の断髪　洋風化粧	一部の女性の間で口紅、パーマネントなどアメリカ風のアイメイクの誇張　ヘアカラー	細眉　アイメイクの誇張　アイメイクの誇張　カールヘア　ボディメイク	ワンレングスのロングヘア　リバージュパーマ　太眉、赤い口紅　ポイントメイク　刈り上げ	ナチュラルメイク　エクステンション　細眉　チーク使い

31

図表2-2 年代別のファッション [奇数年代]

奇数年代		30年代	50年代	70年代	90年代	2010年代
共通要素 ロング丈 フィット&フレア フェミニン ドレッシー	スタイル	大半は和装 フェミニンスタイル 流線型シルエット	洋装の定着 シネモードスタイル 落下傘スタイル カリプソスタイル	ヒッピー、フォークロア ヘビーデューティー ビッグルック、ミスマッチ ユニセックス(女性の男性化) レイヤードルック	渋カジ、フレンチ、イタカジ、キレカジ 70年代リバイバル レイヤードルック ヒッピー、フォークロア	森ガール、山ガール フォークロア アメカジ レイヤードルック ユニセックス(男性の女性化)
	アイテム	着物にスロース ロングスカート バイアスカットのワンピース	ロングフレアスカート ボートネック マンボパンツ サブリナパンツ アロハシャツ	Tシャツビジーンズ マキシ丈スカートやコート ビッグシルエットのコート サロペット マウンテンパーカ	紺のブレザー Tシャツビジーンズ ボロシャツ、Gジャン サブリナパンツ Pコート、ロングスカート	ジーンズのバリエーション コットンのロングスカート ワンピース Pコート、ダッフルコート トレンチコート
	色・柄	水玉柄	水玉柄 ストライプ、マリン柄 花柄	アースカラー ナチュラルカラー デニムのブルー エスニック柄、タイダイ マドラスチェック、花柄	デニムのブルー チェック、幾何柄 花柄、タイダイ エスニック柄 ビタミンカラー	デニムのブルー 白、ベージュ、紺、灰 水玉柄、チェック ボーダー柄
	素材	シルクシフォン ジョーゼット	コットン、レザー	デニム、コットン 麻、ニット スエード、ムートン	デニム、コットン ストレッチ素材 フェイクレザー	デニム、コットン メルトン、ダウン フェイクのファー、ボア、レザー、ムートン類
	小物	狐の襟巻き オシェット	白のショール(真知子巻き) サングラス	厚底シューズ サングラス、ブーケン袋 スポーツバッグ	厚底シューズ シルバーアクセサリー ブランドのバッグ スニーカー	帽子(ボーラー、ベレー、カンカン帽) ショール、ストール類 ファーのマフラー
	ヘアメイク	パーマヘア かつらの流行	ヘップバーンカット ポニーテイル アメリカンメイクの普及	男性の長髪 レイヤードヘア ナチュラルメイク	エクステンション 金髪 ガングロ・ヤマンバメイク	ナチュラルメイク ナチュラルウェーブヘア

（5）ストリートファッションにおける周期説のダイナミズム

　これらの流れを眺めると、ストリートファッションにおいて、人々に支持され流行するファッションのスタイルやアイテム、シルエットなどの諸要素が、おおよそ一定の周期、循環をもって繰り返し登場していることが示唆される。すなわち、1920年代の筒型のワンピースなどのギャルソンヌ・スタイルに見られるマニッシュ・ファッション、その反動として、1930年代のロングドレスのフェミニン・スタイル、さらに1940年代は、再びミリタリー・ルックにショートスカートのアクティブ・ファッションに変化するなど、ほぼ、同一のコンセプトに基づいたスタイルは、登場から波及、そしてその時代の代表的なファッションとなり、やがては衰退し次のスタイルに移るのに、おおよそ約10年間をかけて推移していることがわかる。そして、そのスタイルは、大きく、マニッシュなスタイルと、フェミニンなスタイルと、相反するファッションが交互に循環し、変遷を繰り返してきたのである。

　第二次世界大戦の間のファッションの断絶時代を経て、日本のストリートファッションが本格的に根づいたのは終戦を迎えた1945年以降となる。それ以降は、各年代の半ば頃がトレンドの移り変わりのターニングポイントとなるような循環傾向が窺える。

　つまり、1945年以降のビッグショルダーのミリタリー・ルックなどのアメリカン・スタイルに見られるマニッシュなファッションが約10年間続き、その反動として、1950年代半ばからウエストをマークした落下傘スタイルの流行、1960年代前半のロングスカートのみゆき族に繋がるフェミニンなファッションの10年間となる。

　やがて、1960年代半ばからのミニスカートの大流行により、トレンドが一掃され、以後、1970年代前半まで活動的なミニ主流が続く。

　さらに、1970年代半ばから1980年代初頭までは、ヒッピー・アングラの流れを汲んだフォークロア・スタイルが主流となり、ビッグ・ルック、ロングスカート、ジーンズ・ファッションなどのレイヤード・ルックが台頭し、全体的にフェミニン調のムードが継続する。

　1980年代半ばになると、ニューヨークのカルバン・クラインやダナ・キャランなど、機能性とファッション性を兼ね備えたキャリア・ファッションが日

本でも大流行する。さらに、アメリカの西海岸から広まったサーファー・ファッションやエアロビ人気による、エクササイズ・ファッションなど、スポーティーな感覚のスタイルが流行り、1970年代のフェミニンな感覚のファッションを一掃した。また、DCブランド・ブームによる、色を否定した黒のデザイナーズ・スーツの流行や、ボディ・コンシャスなミニ丈のワンピースなど、構築的なシルエットや、1960年代を彷彿させるミニ丈が浮上していることなどから、やはり、トレンドが循環していることが示唆できる。

　1980年代後半から続くカジュアルなファッションの流れは、1990年代を一貫してトレンドの根底にあり、2000年代には、これにスポーツ・スタイルが加わった。ただし、その一方で、1990年代最後に1970年代のトレンドだったロングスカートやAライン、ローブ・ウスのシルエット、そしてジーンズの流行にレイヤード・ルックなどのリバイバル・ファッションが注目されたり、再び1960年代のミニドレスやサイケデリックなファッションが登場していることは見てきた通りである。その周期の厳密性は別として、流行は繰り返すという説は、ストリートファッションにおいても立証されたと考えられる。

4. ファッションが循環する理由

　そもそも、なぜファッションは循環するのだろう。具体的な検証をふまえて、ここでは、以下の3つの視点からファッションの循環説の理由を考えてみたい。

(1) 世代の交代によるファッションの変化

　1990年代の若者たちが1970年代ファッションに共感し、2000年代の若者たちが1980年代のファッションをよしとして取り入れるのか、第一には、1970年代と1990年代、ならびに1980年代と2000年代の時代背景に共通する点があるということがあげられる。

　まず、1970年代と1990年代の時代背景の共通点について調べてみると、第3章2で論じるように戦後直後に生まれ、圧倒的に人口が多い団塊世代と同様、その子供である団塊ジュニア世代は他の世代と比較して若者たちの人口分布が多くなり、世代間の競争が激しく、他者との差異化、自己主張が強くなる

という特徴を持っている。1960年代の後半から1970年代に登場した団塊の世代が作り出したヒッピー・サイケ、アングラ族、そして渋カジにはじまる団塊ジュニア世代の作り出したファッションなどは、世代の人口的な広がりが一つのパワーとなって登場した結果と思われる。つまり、若者人口の多い世代にあっては、大人文化に対するアンチテーゼとしての若者文化のパワーが強くなるという点で、両世代的には構造的にも類似している。

さらに、高度経済成長を経験し、テレビや雑誌、ラジオ等のメディアの影響を大きく受けて、ファッションに取り入れてきた1970年代に若者だった団塊の世代と、現在の情報化社会の渦中にあり、ストリートファッションの担い手でもある団塊世代の子供たちである団塊ジュニア、ないしはその下のポスト団塊ジュニア世代とでは、世代に共通する嗜好性が関与していると考えられる。親が若い時に着ていたファッションを子供が直接見ることはないが、親子に共通したファッション感覚が存在するということは経験的にもうなづける。

あるいは、現在の団塊世代が若かった頃の1970年代ファッションの流行が過ぎて、1980年代のファッションが全盛となる頃、団塊ジュニア世代が幼少期を迎え、やがて自分たちのファッションを選択する時になると、当時の1980年代のスタイルとは相反するファッション、つまり1970年代調のスタイルが再び登場するという循環を繰り返していると考えることもできる。

(2)「新しさ」と「古さ」の振り子現象

第二に、ファッションは常に新規性が求められるものである。ところが、この「新しさ」は時間を経ることで新鮮みが失われて「古く」なるとともに、かつて「古かった」ファッションが「新しい」ファッションとして認識される。つまり、「新しさ」と「古さ」は、いつも相関的な関係にある。ここでファッションは、人と同じでいたいという同化欲求と、人と違っていたいという異化欲求の異なる心理状況のなかで揺れながらも、次の新しいファッションを選択する。やがてこの新しかったファッションも古くなり魅力を失う頃、最も古かったファッションが新しく提示される…。時間の推移のなかで、あるときはミニスカートが新しいファッションとなり、それを見てミニに飽きていた次の世代にとってはロングスカートこそが新しいと感じるように、ファッションは「新

規性」を追求して「同化」「差異化」を続け、シルエットやデザイン上の振幅運動をしながら、世代の交代にともなって変化をしていくのである。

（3）経済的・社会的背景に起因するファッションの変化

　第三には、経済的な要因や時代の雰囲気とファッションとの相関性があげられる。1930年代・1950年代・1970年代・1990年代は経済的には停滞期を迎えていたが、このような不況の時代は男性上位の時代であり、女性の社会進出は拒まれ、養われる対象として、ファッションもまた女性らしさを強調したものが求められ、ロングドレスやフレアスカートなどのフェミニン・ファッションが主流となっている。

　また、これらの時代では、デザイン自体の新しさや、革新的な発展性は見られないものの、レイヤードの新しいルールが生まれたり、着こなしの変化が見られたり、既存のアイテムにフリルやギャザーをつけて装飾性をもたらしたアイテムが登場したりといった傾向があることも特徴といえる。

　1929年の世界大恐慌の波及による不況下のもと、1930年代では、着物が主流ではあったが、ロングスカートにハイヒールなどのフェミニンなラインが好まれていた。その一方、軍国ムードの深まりから、ワンピースにリュック姿のようなミスマッチ・ファッションが登場している例もあった。

　1950年代は戦後の混乱期であり、一方でファッションの復興期であった。ディオールのニュールックにはじまる落下傘スタイルやイラストレーターの中原淳一が提案したフレア・ワンピースなどの中原淳一ファッション、ボートネック・ブラウスにサーキュラースカートを合わせた太陽族など、ウエストをマークしてボリュームのあるスカートを合わせるファッションが流行した。

　1970年代に入ると、1971年のドル・ショック、1973年のオイル・ショックなど経済的に停滞した時期を迎え、ロングコートやマキシ丈のスカートなどのビッグ・ファッションやアンノン族、竹の子族のように民族衣装をアイデア・ソースにしたフォークロア・ファッションが流行した。また、若者を中心としてヒッピー・アングラスタイル、ジーンズ・ファッションの定番化など、脱ファッション化の傾向が見られるようになった。

　1990年代では、ボディ・コンシャス、ブランド・ブームなどを促した

1980年代の円高景気が泡に消えたバブル崩壊後、再びロング丈のスカートやドレス・ファッションが登場してきた。また、フォークロリックなスタイルやネオ・ヒッピーなどの70年代ファッションがリバイバルして流行した。

　一方の1940年代・1960年代・1980年代・2000年代の時代背景を見てみると、戦中・戦後の1940年代を除き、1920年代、1960年代、1980年代は比較的好況の時代であり、平和な時代には女性上位になり、女性にも活動的・機能的なファッションが流行する。ミニスカートや肩のしっかりとしたジャケット、ウエストをマークしたボディ・コンシャスなラインなど、マニッシュで構築的なファッション、そして機能的でヘルシーなスポーツ・ファッションが主流となる。

　1960年代には、テクノロジーの発展が目覚しい時代となり、さまざまな化学繊維や合成繊維が開発されたことにより、ナイロンのストッキングやポリエステルの衣服など、これまでになかった新しい服が登場した。また、アンドレ・クレージュやピエール・カルダンなどの当時のデザイナーにより、宇宙服にインスパイアされた未来的な衣服が作られた。1964年の東京オリンピックの影響を受けた、スポーティーなスタイルも流行した。

　1980年代には、川久保玲や山本耀司などの優れた日本人デザイナーが、従来の西洋の服の概念を覆す新しい服を作り広く海外で評価された。すでに1970年代に高田賢三や三宅一生は、日本の着物や各国の民族衣装の発想を服に取り入れてヨーロッパで高い評価を受けていたが、1980年代に入り、いよいよジャパニーズ・デザイナーの影響力が高まった。さらに、1986年に男女雇用機会均等法が施行され、女性の社会進出が進むと、キャリアウーマン風のかっちりとしたスーツ・スタイルの流行が見られた。当時、人気の高かった、ラルフ・ローレンやカルバン・クライン、ダナ・キャランなどの、ニューヨーク系のキャリア・ファッションのブランドのスーツや、これらを模した活動的なキャリア・スーツが日本でも、仕事をもった女性たちを中心に支持された。時代の雰囲気が前に前に進んでいたように、ファッションの上でも新しい服が誕生し、また、活動的でマニッシュなものが好まれていたのである。

図表2-3 ストリートファッション20年周期マップ

流行因子	1920 (大正9年)	1930 (昭和5年)	1940 (昭和15年)	1950 (昭和25年)	1960 (昭和35年)	1970 (昭和45年)	1980 (昭和55年)	1990 (平成2年)	2000 (平成12年)	2010 (平成22年)
	ロマンチック・デカダンス		オートクチュール		コーディネート		ボディー・フリーク		ニュー・エレガンス	
ドレスアップ										
フェミニン（クラシック）	モボ・モガ 洋装増加			真知子巻き			ボディコン、お嬢様ルック		コンサバ・エレガンス 神戸エレガンス、名古屋嬢	ワンピース
Aライン				落下傘型スタイル	ビッグファッション	Aライン、50'Sルック				
ウエスト・フィット		ロングドレス	ヘップバーンスタイル	ミディ、マキシンスカート		アイビー、みゆき族、アンノン族		バハルスタイル、ネオDC	エピちゃん、もえちゃん
ロング丈				アメリカンスタイル ボニーデースタイル		クリスタル族 竹の子族、カラス族 暴走族 DCファッション	エスニック・フォークロア		森ガール
ドレス	ウエーブ、カーリーヘア			カリプソスタイル		ニュートラ、ハマトラ、JJガール	ギャルガン、イタカン、デルカジセグシー系	レイヤード	山ガール
					キャリアカーマンルック		女子高生スタイル、厚底サンダル 80年代リバイバル		ファスト・ファッション	
セパレーツ		ビジネスガール						ギャル	ヘビーデューティ	
ショート&ミニ丈	フラッパー	国民服	マンボスタイル	ヒッピー、アングラ、サイケデリック		ブレッピー		スポーティー・カジュアル	マリンルック	
ウエスト・ルーズ・ボディ	断髪・ボブ	ミリタリールック	太陽族、カミナリ族 ミニの流行				(LAスタイル)		ライダース	
Hライン			モンペ・ズボン	サックドレス、リトルガールルック	ジーンズルック		スケーターファッション	ワークミリタリー		
マニッシュ	ギャルソンス・スタイル				ツイストスタイル		グランジ モノトン	ボーイズ・スタイル	モッズ	
ドレス・ダウン（アバンギャルド）	スポーツファッション									
	ファンクショナル	アクティブ・ファッション		プレタポルテ		アンチ・クチュール		ニュー・ミレニアム		ファスト・ファッション

5.「新しさ」と「古さ」が行き交うファッション

　ファッションは、時代の感性の表象化、記号化であると同時に、受け手であるファッション・リーダーたちの感性、イメージとの出会い、交錯によって、華麗に織り出される現象である。19世紀には、ファッションの循環には約100年（19世紀初頭のアンピールスタイルから20世紀初頭のポール・ポワレのギリシャ風ドレス、マリアーノ・フォルチュニのデルフォスまで）の長い年月を要したが、20世紀には時代の流れの速さを反映して、約20年という短サイクルで循環しているということができる。

　ジャン・ボードリヤールの『象徴交換と死』によれば、「モードは常にレトロ〔懐古趣味的〕なのだが、それは過去の廃絶に基づいたレトロ、つまりフォルムの死とその亡霊的復活の過程なのだ」と述べている。だが、ファッションの「新しさ」と「古さ」は常に相対的なものである。「新しさ」は出現した瞬間から「古く」なり、「古さ」は忘却された瞬間から「新しさ」として再生する可能性を秘めている。いわば現代のファッションは、時代の雰囲気、感性の目まぐるしい交錯を背景とし、過去の亡霊的ファッションであるという「古さ」を知らない世代の交替を契機として、「新しさ」と「古さ」が、まるでメリーゴーランドのように、くるくると際限なく循環する記号であると考えられる。

第3章

ファッションビジネスの
しくみと変容

1. ファッションビジネスのしくみ

　ファッションの発信者側であるファッションビジネスは、素材・合繊メーカーなどの産業から、企画・生産・販売をするアパレル、さらに百貨店・専門店・量販店・小売店などの流通分野などの広範囲に及び、衣服以外のライフスタイル産業にも進出している。本章では、アパレル産業の歴史を概観し、SPA、セレクトショップ、ブランド、海外ブランドのコングロマリット化など、第二次世界大戦後、1950年代から現在までのファッションビジネスについて概観する。

(1) 1950年代のファッション産業
①繊維産業の復興と発展

　1946年、GHQ（連合国最高司令官総司令部）より、日本経済の自立と復興のための基礎産業として、綿紡設備の復元が認可された。ただし、生産される綿製品の6割は輸出が義務づけられていたため、国内の民間衣料の需給が間に合わなくなり、これを解消する目的からレーヨン・スフ産業についても1947年に生産の再開が許可された。

　1950年に朝鮮戦争が勃発する。この朝鮮戦争をきっかけに戦争特需が急激な経済発展の契機となり、輸出が拡大し、日本経済は本格的に復興への道を歩み始めた。特に繊維・機械金属工業の活況は目覚しく、糸へん景気・金へん景気とも呼ばれた。織物を織る機屋の織機がガチャンと音をたてれば数万円が儲かるところから、俗に「ガチャ万時代」といわれた時代になる。1953年には、GHQにより戦前の衣料品の統制が完全に解除され、自由競争によって、繊維業界は目覚しい発展を遂げ、衣料品は活況を呈し始めた。戦後の繊維業界は鐘紡、東洋紡、大日本紡、呉羽紡、日清紡、富士紡、大和紡、日東紡、敷島紡、倉敷紡などの十大紡績をはじめ、大同毛織、御幸毛織、東亜紡織などの毛紡績業を中心に回復への道を確実に歩み始めた。

②ナイロンをはじめとする合成繊維の開発

　一方、戦前にスフ、人絹などの化繊を生産していた東洋レーヨン、帝国人造

絹糸、東邦レーヨン、三菱レイヨン、日本ベンベルグ絹糸などの化繊メーカーは、1950年のナイロン、ビニロンに始まり、1957年にアクリル、1958年にポリエステルの特許を取得し、合繊メーカーへと生産体制を整えた。なかでも、1951年に登場したナイロン・ストッキングは人気を集め、「鋼鉄よりも強く、クモの糸より細く、絹よりも美しい」というキャッチフレーズのもとに広まった。この年、「戦後強くなったのは女性とナイロン・ストッキング」という流行語が生まれるほど、ナイロンの普及は目覚ましかった。同年、東洋レーヨンはナイロン・ブラウスを発表し、ナイロンがファッション素材として十分に有効であることを証明して見せた。

このような繊維産業のシステムのなかで、原糸の大量生産を前提とする装置産業である化合繊メーカーや紡績は、自社の原糸販売先を確保するため、川上から川下までの生産ルートの系列化、流通・販売ルートなどの垂直的系列化を図りだした。元来、わが国の繊維産業の構造は、川上に強大な原糸・紡績メーカーが存在し、川中の糸メーカー、一次製品卸、織布メーカー、染色整理、二次製品卸や縫製メーカーなどの実際の生産機能を担う産地メーカーは零細であり、設備的にも、資金的にも、商品企画力においても脆弱なところが少なくなかった。それに加え、川下の百貨店は、強大資本であるという特殊な構造をもっていた。そこで原糸メーカーは、製品ごとに糸メーカー、生地問屋、染色整理業者、二次製品問屋、縫製業などの川上、川中を統合して、垂直的生産系列を編成し、巨額な資本力によって資金、技術、販売促進などの援助を行い、自社ブランドの販売ルートの確立を試みたのである。

以上、1950年代は、朝鮮戦争の動乱による好景気により、戦後に疲弊していた紡績や化繊メーカーが立ち直り、衣料の統制解除にも後押しされて、綿、毛、絹を中心に原糸の供給体制が整備されたときであった。その上、化繊メーカーがナイロン、ビニロンの販売を開始して、その原糸の販売促進として、織布、縫製、販売に至るまでの垂直型系列化と、原糸の販売促進を図った。しかし、わが国では二次製品（洋服）縫製の体制が整っておらず、多くは織布として百貨店や洋裁店、布地屋へ流通していく段階であった。

（2）1960年代のファッション産業
①原糸メーカー主導のキャンペーン・ブーム

　1951年の東洋レーヨンによるナイロン発売に続き、1958年には帝人がポリエステル（製品名：テトロン）を発売、続いて旭化成（カシミロン）、鐘紡（カネカロン）、三菱レイヨン（ボンネル）、東洋紡（エクスラン）などのアクリル繊維が発売され、1960年代には、後発メーカーも続々参入し、合成繊維が大量に生産された。1961年の帝人による「ホンコンシャツ」の大流行を端緒として、東洋レーヨンからは「セミスリーブシャツ」が発売されるなど、合繊メーカー主導による衣料品に人気が集まった。

　ナイロン、ポリエステル、アクリルという三大合成繊維を生産する合繊メーカーは巨大産業であり、資金力はもちろん、企画、宣伝、情報収集力、消費者への知名度、人材などで圧倒的な優位に立っていた。さらに1960年代前半の原糸メーカーは、自社にデザイン室や企画室を作り、いち早く海外ファッション情報を入手して、川中、川下の企業に対して先行するシーズンのマテリアル、カラー、スタイリング情報などを提案し、商品企画のサポートを行った。さらに、商品の販売促進として、画期的なファッション・キャンペーンを行い、関連メーカーや百貨店などとのコンビナート・キャンペーンを提案し、ファッションの発信を積極的に行った。消費者に一番遠いところにある川上メーカーが、垂直的系列化のもとに、より消費者に近い、織布メーカーやアパレル、小売店に対して、商品企画や販売促進を牽引するという体制であった。また原糸メーカー以外では、商社や大手の生地問屋が、布地を販売するために、当時は商品企画力が脆弱であったアパレルのため、最終商品の洋服の生地、色、スタイリングを予測したり、企画を代行することが常態であった。

②日本流行色協会の発足とカラーキャンペーンのスタート

　1953年には（社）日本流行色協会（JAFCA）が発足し、婦人服、紳士服などの次シーズンの流行色を発表するとともに、その普及も兼ねて、業種を超えた企業合同のカラー・コンビナート・キャンペーンが展開された。1958年、アメリカ映画「初恋」の公開に先立ち、JAFCA、ワーナー映画、レナウン商事、NDC（日本デザイナークラブ）が中心となり、映画の主人公であるモーニン

グスターが着用していた衣服の緑みの青を、「モーニングスターブルー」と命名し、カラー・キャンペーンを展開し大ヒットの流行色となった。1962年には、(社) 日本流行色協会の発表色「シャーベットトーン」に連動するかたちで、原糸メーカーの東洋レーヨンが中心になり、高島屋、西武、伊勢丹などの百貨店、資生堂、不二家、東芝などの異業種メーカーが協力し、「シャーベットトーン」と称する初の企業間合同のコンビナート・キャンペーンが行われた。このシャーベットトーン・キャンペーンは、『東京プレタポルテ50年史』によれば、東京での知名度96.7％という大成功を収めたという。

　この他にも、1961年に帝人が日本の夏のビジネス・ウエアとして半袖のワイシャツ「ホンコンシャツ」を発表したが、これはアイビールックを提案したVANの創設者・石津謙介によるネーミングによるものであった。さらに石津謙介は「T.P.O.」という言葉を提唱、Time＝時、Place＝場所、Occasion＝場合を考えて、ふさわしい洋服を着ようと提案を行い、1963年に日本メンズ・ファッション協会が石津の提案を採用してキャンペーンに乗り出した。同年、東洋レーヨンが提唱した「バカンス・ルック」から「バカンス（休暇）」が流行語になるなど、合繊メーカーによる大々的なキャンペーンが展開された。

③オーダーメイドから既製服への移行

　1960年代は、世界的なベビーブーマーの時代となり、従来の洋装店のデザイナーを中心としたオーダーメイドから既製服への移行が進み始めた。当時は一部の二次製品製造卸（後のアパレル）を除き、まだ全体的に未成熟であったため、原糸メーカー、専門店、百貨店などを中心として、既製服の販売促進を意図して数々のキャンペーンが提唱され、既製服の販売拡大が進んだ。例えば、1962年に東洋レーヨンがパリ・プレタポルテのデザイナー、イヴ・サンローランとデザイン契約を結び、プレタポルテのキャンペーンを展開したり、1965年には鐘紡がクリスチャン・ディオールとのプレタポルテの生産契約を行った。これらの主な販路は百貨店が担うこととなり、当時の既製品には、素材メーカーの商標タグが一種のブランド機能を果たし、消費者の品質判断の基準になっていた。

　加えて1967年には、東洋レーヨン、帝人がカラーシャツキャンペーンを行

い、メンズウエアのカラフル化を促す契機となった。こうした結果、消費者の既製服に対する意識が変化し、需要が大きく伸びた。さらに原糸メーカーは、イヴ・サンローラン、クリスチャン・ディオール、アンドレ・クレージュなどのプレタポルテ・デザイナーを日本に招いて作品ショーを主催したり、アーノルド・パーマー、ジャック・ニクラウスなどのプロゴルファーを招いてファッション・パブリシティーの確立に努めた。また鐘紡は、日本ではじめて新人デザイナーの登竜門となる「日本大賞」を設けるなど、流行情報の発信源としての地位を確固なものにした。このように、1950年代から1960年代まで、流行のイニシアチブを担っていたのは川上の紡績・原糸メーカーであった。

④百貨店主導のファッション・キャンペーン

　1950年代半ばまでは、百貨店での衣服販売といえば、生地とデザインを選び、仕立てによって作るオーダー受注がほとんどであった。ところが、西武百貨店の新しい試みによって、日本にもプレタポルテ（prêt-à-porte＝高級既製服）という新しいファッションがもたらされた。当時、老舗の百貨店が顧客の信用を得て好業績を誇るなか、西武百貨店では、これまでの百貨店になかった、新しいアイデアを取り入れて話題性を高め、新規顧客の獲得を試みたのである。そのひとつがプレタポルテの導入であり、1959年にフランスのデザイナー、ルイ・フェローを招聘し、婦人服展示会を開催した。これまでの百貨店ではフランス人モデルによるフランス製品の販売に限られており、オーダー受注による高価な婦人服の販売にとどまっていた。ところが西武百貨店では、ルイ・フェローのデザインを日本製の布地で制作して、日本女性のためのデザインを発表する新しい販売戦略を試みて話題を集めた。

　さらに西武百貨店では、パリに駐在所を置き、ヨーロッパ商品の買い付けに力を入れはじめ、1960年代には国内の他の百貨店に先駆けて、パリにアトリエを開設し、プレタポルテという注文既製服として制作・販売することに着手し、1963年には国内で初めてのプレタポルテのショーを開催し、プレタポルテの導入に努めた。こうして西武百貨店はパリ発のプレタポルテを紹介し、高級でファッション性の高い既製服という認識を消費者にアピールした。

　やがて1970年代には、三越、高島屋、伊勢丹の各デパートが、婦人服のオー

ダーコーナーの一部に、パリ・オートクチュールのデザイナーと提携、一貫生産をしたプレタポルテ製品の販売を開始した。伊勢丹(「ピエール・バルマン」)、小田急(「ジャック・エイム」)、西武(「イヴ・サンローラン」、「テッド・ラピドス」)、高島屋(「ピエール・カルダン」)、大丸(「クリスチャン・ディオール」)、東急(「ジャック・グリフ」)、阪急(「ジャンヌ・ランバン」)、松坂屋(「ニナ・リッチ」)、三越(「アンドレ・クレージュ」、「ギ・ラロッシュ」)など、数多くの海外ブランドのプレタポルテが百貨店で扱われた。

　一方、色彩に関しても、1960年には百貨店によるカラー・キャンペーンがスタートした。1960年にはイタリアングリーン(伊勢丹)、ハワイアンブルー(東急)、アメリカンイエロー(三越)、1961年にはブルーパレード(高島屋)、イタリアンブルー(伊勢丹)、フロスティ・トーン(松坂屋)、1963年には、くだものの色(伊勢丹・西武・東洋レーヨン)、サニーカラー(三越)、フルーツカラー(東洋レーヨン・資生堂)などが提案され、商品訴求の差別化において、カラーの重要性が高まる契機を与えた。

⑤既製服の登場と専門店がファッションをリードするマーケットの創出

　既製服の転換期に進出したのが専門店である。マーケット開拓に積極的な新興アパレルが既製服を製造卸するだけでなく、専門店を開業してマーケットへ進出を図るようになり、老舗の専門店であった「鈴屋」(1909年創業)や「三愛」(1945年創業)などの専門店が意図的にヤングキャリア層をターゲットに新しい店舗を作り、若い女性の支持を集めるようになった。「鈴屋」は、当時台頭してきたマンションメーカーから斬新な服を仕入れたり、パリやロンドンの最新情報を入手したり、顧客のモニター制度を導入して商品開発を行った。これにより、おしゃれに敏感な若い女性たちに親しまれ、ニットやワンピースなど、鈴屋オリジナルのデザインがヒットし、1960年代後半には、鈴屋デザインの黄金時代と呼ばれるまでになった。

　一方、「三愛」は1961年に高田賢三、松田光弘が三愛の企画室に入社するなど、若手デザイナーの起用に熱心であり、1963年に銀座4丁目の交差点に「三愛ドリームセンター」をオープンさせ、銀座のランドマークとなった。1968年にはドリームセンター前で日本初の屋外水着ショーが開催され、雑誌

や新聞に取り上げられるなど、ファッションの情報発信地として高い話題性を提供した。

「三愛」や「鈴屋」の成功に続き、名古屋が本拠地の「鈴丹」は、銀座などの一等地よりはむしろ利便性の良い駅ビルや郊外のショッピングセンターなどに出店を行うなど、チェーン展開を積極的に行った。こうして、ベビーブーム世代のヤング人口の増加を後ろ盾として、婦人服専門店が急成長を遂げたのであった。

以上、1960年代には、巨大な装置産業である原糸メーカーや紡績による、川中、川下企業に対する系列化が進み、単に原糸の販売だけではなく、マテリアル、カラー、スタイリングに至るまでのサポートを積極的に行った。原糸メーカーは、豊富な資金力により、単独または川下企業と共同で、テレビ、新聞、雑誌などのあらゆるメディアを通じて宣伝した。特にカラーが消費者への訴求力が強いところから、さまざまなカラー・キャンペーンが展開された。また既製服時代のさきがけとして、半袖のホンコンシャツやセミスリーブシャツの大々的なキャンペーンも展開された。

一方、消費者に近い大型小売店である百貨店でも、既製服時代の到来に対応して、原糸メーカーや商社ともタイアップして、海外プレタポルテのデザイナーと契約を結び、多くのメディアを使いながら、プレタポルテの浸透に努めた。

①銀座のファッションのメッカとなった「三愛ドリームセンター」(1964年)【毎日新聞社】

（3）1970年代のファッション産業
①アパレル産業の急成長

　わが国の戦後の繊維産業は、巨大な原糸メーカーや紡績を頂点とし、商社、中規模の一次製品問屋（生地問屋）、小規模な二次製品問屋（既製品製造卸）が連なる流通構造であり、その周辺に織布、ニット、縫製などの零細メーカーが存在するという複雑なしくみになっていた。ところが、1970年代に入り、ファッション産業の中核にアパレルメーカーが台頭してくる。アパレルメーカーという言葉自体、当時は新しく、縫製業者とか、メリヤス業者、衣服製造卸、あるいは「つぶし屋」と呼ばれ、ファッションビジネスの舵を取りうる企業は皆無であった。当時、既製品といえば、ブラウス、スカート、セーター、レインコートくらいに限られ、「つるし」と称され、注文服より低くみなされてきた。

　しかし、生活様式の変化にともなって既製品の需要が急激に拡大し、1960年代後半には婦人既製服は完全に注文服を逆転し、既製品時代を迎えることとなり、わが国も既製服を製造卸するアパレル企業が急成長してくる。

　戦前からメリヤス企業として存在していた佐々木営業部（現・レナウン）、メリヤス企業の内外編物（現・ナイガイ）、布帛問屋であった樫山商店（現・オンワード樫山）などは、洋服を製造・販売する大手総合アパレルとしての体制を確立していった。

②アパレルの提案する流行

　アパレル産業からの流行の提案力が増してきたのもこの頃からであり、レナウンの「イエイエ」に代表されるキャンペーンが登場し、さらに「VAN」、「JUN」など、新興のアパレルも参入して雑誌やテレビに広告を出して、先進的なファッションとして、既製服のイメージを高揚させた。

　以上のように、ファッションをリードしていく企業が、原糸メーカーから、アパレルメーカーにシフトしたことがわかる。こうしたアパレルの台頭により、既製服でも大量生産・大量消費の市場が確立し、人々は新しいファッション、より変化の早いファッションへと、関心を向けるようになっていった。

③マンションメーカーの出現と既製服の個性化の始まり

　既製服が優位となった1960年代末以降、原宿・青山界隈を中心にして多数のマンションメーカーが生まれた。この背景には、ヤング・ファッションの全盛時代となり、消費パターンが量から質へと転換し、より小回りの効いた、消費者の多様なニーズに対応する商品が求められるようになったことがある。

　この頃、原宿や青山、六本木などの山の手のマンションの一室を借りて、アパレルメーカーや問屋から独立した人々が、従業員5〜6人で商品を2週間サイクルで企画し、それを専門店などへタイミングよく供給するアパレルが出現した。婦人服の専門店は、小回りがよく、個性的な商品をタイムリーにタイミングよく実需期に商品を販売できるという機動性をもったメーカーを求めていたからである。これらの小規模アパレルは、従来の大きなアパレル企業が提案するマス・ファッションとは異なる多品種少量生産や、市場のニーズに合った迅速性と機動性が特徴であり、既製服の個性化に対応する業態だった。

　こうして、既製服の個性化が始まったのである。「鈴屋」、「三愛」などの専門店チェーンを筆頭に、中堅婦人服やブラウスメーカー、ニット・アパレルも台頭した。こうした小規模メーカーは、俗にマンションメーカーといわれたが、そのなかから、新しい感性をもった最先端のファッションを提案するメーカーが出現し、DC（デザイナー・アンド・キャラクター）ブランドの基盤を作った「ニコル」（1971年）、「ワイズ」（1972年）、「コムデギャルソン」（1973年）などの設立が相次いだ。

④東京コレクションの発足

　1974年に松田光弘の提案によって、松田光弘、菊池武夫、山本寛斉、コシノジュンコ、金子功、花井幸子の6人のメンバーによって、東京コレクションの礎となるトップ・デザイナー・シックス（TD6）を結成、日本で初めてのプレタポルテのデザイナーのグループとなった。その後、1981年にはTD6を核にしてメンバーを増やし、「東京コレクション」へと発展する。この組織は、パリやニューヨークのコレクションと同様に、一定期間中にメンバーのそれぞれが東京の各所でコレクションを開き、世界からバイヤーやジャーナリストたちを集めようと意図したものであった。1982年春のメンバーは、鳥居ユ

キ、コシノジュンコ、花井幸子、菊池武夫、コシノヒロコ、松田光弘、池田貴雄、山本耀司、川久保玲、金子功、吉田ヒロミ、稲葉賀恵の12人が名を連ね、1982年秋には山本、川久保が脱会、入江末男、ヨーガンレール、嶋田順子の3人が加わるが、1983年6月に発展的解消の形をとり解散となる。

1985年4月に「東京プレタポルテ・コレクション」が大々的に開催され、イベントに参加したデザイナーたちを中心として、同年「東京ファッション・デザイナーズ協議会」(TDK)が設立され東京コレクションの基盤となった。

これらDCブランドは、ファッション・ショーの開催、テレビ番組やファッション雑誌への衣装提供などを通じ、積極的に情報発信を行い、一方で地方都市や駅ビルに直営店を出店させて急速な企業拡大を遂げて、中堅企業に成長したメーカーもある。「キャングループ」、「ポップ・インターナショナル」、「コーザノストラ」、「ビギ」などがその代表例である。

1970年に大楠祐二はデザイナーの菊池武夫と組んで「ビギ」を設立し、稲葉賀恵などを招いてデザイナーズ集団を作り業績を伸ばした。ビギグループからは、「ビギ」、「メルローズ」、「ディグレース」、「メンズビギ」など、多数のブランドが生まれ、女子大生やOL、サラリーマンなどから絶大な支持を集めた。また、ブティックやプレスルームに建築家の安藤忠雄を起用したり、札幌に稲葉賀恵プロデュースによる「ロテル・ド・ロテル」というデザインホテルをオープンさせるなど、ライフスタイル全般にわたった提案を進めた。

その他にも、「JUN」、「ワールド」、「アルファ・キュービック」、「バツ」などのように、食分野（レストラン、カフェ、洋菓子店、パン屋など）、住分野（マンション、アパート経営、インテリア、内装会社）、スポーツ・レジャー施設（ゴルフ場、ホテル、エアロビクス、テニスクラブ、リゾート施設）、美容院や広告代理業、ディベロッパー、不動産業などの経営の多角化を推進したところも少なくなかった。

⑤新業態の専門店「パルコ」による斬新な提案

こうしたクリエーター系のDCブランドの販路として多くの若者を惹きつけたのが「西武」や「パルコ」、そして新宿や渋谷の「丸井」であり、これらはともにDCブランド・ブームの流行を生み出したインキュベーターであった。

先がけとなったのは、1968年オープンの「渋谷西武」であり、A館の中2階フロアに「カプセル」という売場が誕生し、デビューして間もない山本寛斎や菊池武夫らの商品を百貨店のなかで販売し始めた画期的なコーナーとなった。
　さらに、西武セゾングループの一つであった「パルコ」は、1969年の「池袋パルコ」の開業に続き、1973年に渋谷に「パルコ」（のちのパルコpart1）をオープンする。「ファッションと文化の館」という店舗イメージを追求し、出店する専門店のオーガナイズからキャンペーンに至るまでを指揮し、新しい小売業態と販売空間を創造した。特に宣伝戦略に力を入れ、斬新なテレビ・コマーシャル、革命的なイメージのポスターなどは、その後の広告界に大きな影響を与えた。"すれちがう人が美しい－渋谷＝公園通り"等のコピー、山口はるみ、粟津潔らのイラストレーターを起用したポスターや店頭グラフィック、田中一光による斬新な「西武劇場」の宣伝ポスター等は、「パルコ」および、提供する商品の魅力を一層増幅した。その後、1975年に「パルコPart2」、1981年には「パルコpart3」、1985年にはアンテナ・レストランの「ザ・プライムガーデン」がオープン、1986年にはデザイナーズ系の先端ブランドを揃えた「シード」（現「モヴィーダ館」）がオープンし、公園通りにフルライン構成のショッピング・ゾーンを形成した。
　"ヤングの丸井"、"駅のソバの丸井"のキャッチフレーズで知られる「丸井」は、1931年の中野店の創業に続き、1948年新宿に「丸井」をオープンする。早くから月賦販売を取り入れ、1960年には日本初のクレジットカード「赤いカード」を発行するなどの取り組みを行った。1962年には「丸井新宿店」を開設し、1974年には「ニュー新宿店」をオープンさせ、この頃からヤングをターゲットにファッション性の高い商品を扱うようになり、月賦販売店のイメージからの脱皮を図った。「丸井」がDCを扱いはじめたのは1974年頃からであり、新宿店に始まり、1981年には渋谷店でも扱いを開始して本格化し、1987年にはおよそ8,500億円といわれたDC市場の約1割以上のシェアを「丸井」が占めた。
　婦人服では、「ペイトンプレイス」、「コムサデモード」、「メルローズ」、「ビバユー」、「アトリエサブ」、「マダムニコル」、「J&R」、「ロペ」、紳士服では「ジュンメン」、「メンズビギ」、「ドモン」、「パッチーノ」などのブランドに人気が集

まった。特に年に2回開催の"スパークリングセール"では、中高生、大学生といった若者たちが開店前から行列を作る光景もめずらしくなかった。

（4）1980年代のファッション産業
①分衆の時代のDCブランド志向

　1981年のパリ・コレクションに登場した日本人デザイナーの川久保玲（「コムデギャルソン」）、山本耀司（「ワイズ」）が発表した全作品、真っ黒のファッションは、ミステリアス・ブラック、オリエンタル・ブラックといわれ、ファッション界の革命として、全世界に衝撃を与え、黒のファッションのさきがけとなった。続いて川久保玲は、黒のボロルックを発表し、西洋の衣服の価値観を否定する挑戦を行った。これらについて、パリのファッション・ジャーナリズムは、ファッションを破壊する行為と否定的な見解を示したが、パリコレで川久保や山本と肩を並べる若手デザイナーや、世界の若者たちの圧倒的な支持を受け、DCブランドが受け入れられていった。また、こうしたデザイナーズ・ブランドのブティックの販売員たちは、ハウスマヌカンと呼ばれ、最新のデザイナーズ・ブランドのファッションに身を包んでおり、ファッション・リーダーとして若者たちの憧れの存在であった。

　これを契機に、従来のレナウン、オンワード樫山などの大手総合アパレルやサンディカ・グループなどの中堅アパレル以外に、東京デザイナー協議会（TDF）のデザイナーズ・ブランドやアパレルのブランドなどを中心にして、DCブランド時代が到来し、これまでの1メーカー1ブランドから、1つのメーカーが複数のブランドを展開するようになり、ブランドの細分化が進んだのである。

　アパレルやリテイル（小売店）のブランド化は、いわば「分衆の時代」に対応し、消費者のライフスタイル、感性、テイスト、感性で細分化した生き残り戦略であった。こうした多ブランド展開によって、アパレルメーカーの規模も拡大していく。山口・小宮らの報告によれば、代表的なアパレルメーカーの1975年度と1985年度の売上高の推移を見てみると、オンワードで818億円から1,760億円、レナウンでは、1,282億円から2,202億円、三陽商会では280億円から892億円、ナイガイでは200億円から912億円と、わずか

10年間のうちに2倍から4倍にまで売上高を伸ばしていることがわかる。

②SPAの台頭と繊維業態の効率化

　消費者ニーズの多様化、個性化、差別化が進むに従って、アパレルにとっては、自社の商品の販路が、従来の百貨店や量販店、専門店に委ねられていては、顧客のダイレクトなニーズを把握するのに不十分と考えるようになり、そこでアパレルは、自らが直接に小売店を経営し始めた。いわゆるSPAである。

　SPA（Specialty Store Retailer Of Private Level Apparel）は、アメリカのカジュアル衣料を手がけるGAP社が1980年代の後半に、自社形態を定義したことから業界に定着したといわれており、日本では「製造小売業」と訳されている。

　SPAは、1.アパレルが直接経営する小売店であるため、流通経費等の中間マージンが削減でき、商品を安価に提供できること、2.ファッション商品の企画から製造、販売までの機能を垂直統合することにより、商品のクイック・レスポンスや在庫調節、そして何よりも細分化した消費者のニーズを、少ロット化で対応するなど、消費者に一番近い、適確な商品を供給できる、という利点があった。

　各SPAはプライベートブランドに合う生地を作るため、素材メーカー（テキスタイル）と共同で適切な生地を開発し、それを消費者の好みに合った二次製品のアパレルに仕上げ、それを効率的な物流システムで店頭に早く陳列するというシステムを採用することとなった。

　従来、日本で採用されてきたSPAビジネスモデルは、小売業者が製造、企画を担当するものが多かった。その理由は、小売業者の方がPOS（販売時点情報管理：Point of sale system）分析や購入者分析、店舗開発などによる販売のノウハウを多く所有しており、効率的にSPAモデルを推進できたからである。ファーストリテイリングの「ユニクロ」や良品計画の「無印良品」などは、小売業が起点となっている日本のSPA企業の代表である。

　一方、アパレル企業でSPAに参入したところでは、ファイブフォックスの「コムサイズム」、サンエー・インターナショナルの「ナチュラルビューティー」、ワールドの「オゾック」などがあり、特にこれまで1980年代にDCブランド・

ブームで大躍進を遂げたファイブフォックスがSPAの手法を取り入れたことで、アパレル企業によるSPA参入が相次いだ。このことは、それまでの「ファッションの流行はデザイナーが創出する」という概念から、消費者が流行を決めるという考え方への移行を促し、やがて1990年代に入って訪れるストリート系ファッションや裏原系と呼ばれる独自のファッションが誕生する橋渡しとなった。

しかし前述のレナウンの例と違わず、SPA業態もまた、各アパレルが多ブランド化し、それに対応するブランドごとにSPAをオープンしたため、類似のショップが多数登場するようになり差別化ができなくなった。また、各業態があまりに細分化の方向に行き過ぎたため、逆に効率が悪くなり、一部のSPA業態を除けば、低迷のスパイラルに陥り、1990年代のセレクトショップの台頭を招くことになった。

（5）1990年代のファッション産業

1990年以降、アパレルの生産体制の海外シフト、国内生産の空洞化などを契機にして、製造販売を一貫して行うSPA型のアパレルや専門店が主導権を取るようになり、ファッションの流通構造に大きな変化が起きた。一方、ラグジュアリーブランドの日本市場への参入が活発化し、海外の大型路面店がストリートを席捲する状態をもたらせた。その結果、百貨店、専門店の売上げは低迷し、空洞化が促されるようになった。

こうして、ファッションを発信する業態は川上から、川中、さらに川下へと降下し、川下のなかでも、従来の百貨店や専門店に代わって、若者の新しいニーズを汲み取り、新しいファッションを提案することのできる、消費者に最も近いセレクトショップがファッションの発信源となった。

①1990年以降のセレクトショップの隆盛とファッションの変化との関連性

セレクトショップという業態が注目され始めたのは1990年代に入ってからであり、1990年の8月26日付の読売新聞に「さまざまな品物が買えるセレクトショップ（品ぞろえ店）が注目を集める。洋服だけでなく、食器や家具、おもちゃなどさまざまな生活用品が楽しめる」とあり、セレクトショップの呼

称はこの頃から使われるようになったようだ。

　セレクトショップが台頭してきた背景には、1980年代後半の円高で、海外製品を輸入しやすくなったことがあげられるが、それ以上に、消費者ニーズの多様化、個性化、差別化がさらに進んだことと密接に関連している。1980年代後半に渋カジ・ファッションが登場し、ファッションのカジュアル化、低年齢化、加速化、ファッション志向の多様化が進み、従来の代表的な小売店である百貨店や専門店が提案してきたマス的、均一的なトレンドには満足できない若者が増えた。こうした結果、消費者の多様なニーズに適合したセレクトショップが求められるようになったと考えられる。

　日本におけるセレクトショップの発生は、大別すると2つの流れがあり、ひとつは上野のアメ横のマーケットを祖とした、アメリカの主にメンズのカジュアルウエアを販売するショップである。戦後に出現したアメ横は、1950年の朝鮮戦争勃発の影響で駐留米軍などからアメリカ物資が大量に市場に流れ込むようになり、1950年代後半には、米軍の放出品などを扱う業者が直接海外に買い付けに行き、輸入商店を営み始めたものである。「SHIPS」の前身「三浦商店」（1952年創業）、「B'2nd」、「ROYAL FLASH」、「L.H.P」など多数のセレクトショップを運営している「上野商会」（1947年創業）などが代表的な存在である。

　もうひとつの流れは、主にヨーロッパの輸入品を扱った専門店であり、「サヱグサ」の前身の「唐物屋・伊勢屋」（1869年創業）以後、「銀座田屋」（1905年創業）など、舶来生地、化粧品、靴、洋傘などの洋品を扱う店舗が登場した。戦後、「アオイ」（1950年創業）、「サンモトヤマ」（1955年創業）、「ザ・ギンザ」（1975年創業・2009年閉店）など、インポート・ブランドの火付け役となる店舗がオープンした。現在のような海外ブランド直営店のなかった1980年代までは、ヨーロッパの高級ブランドの入手先といえば、こうしたインポート・ショップに限られていた。

②既存専門店の変化とセレクトショップの登場

　1980年代には「鈴屋」、「三愛」、「鈴丹」などの品揃え型専門店が台頭し、ファッション業界を賑わせた。専門店の多くは対象顧客を絞り、顧客に相応し

い商品を販売することを使命とし商品を仕入れてきた。しかし、1990年代前半には、これらの有力専門店が相次いで多店舗化、拡大化、大型化すると、競争が激化した。目先の売上げ増大に走り、店の個性を失ったり、リスク回避のため、委託取引を仕入れ先のアパレルメーカーに強いたり、アパレルも自社の売上げ拡大のために専門店に委託取引をもちかけるなどして、本来の買取り制、返品なしの専門店本来の姿が崩れ、専門店としての独自性を失った。鈴屋は1997年に業績悪化のため和議申請し、アンテナショップにしていた「青山ベルコモンズ」を譲渡せざるを得ない事態となった（その後、企業再編により黒字転換）。

　一方、1980年前後から台頭してきた輸入品を主力とする専門店は、海外で買い付けた返品のできない商品を扱い、自社のコンセプトを守り、顧客のニーズを掴みながらビジネスを展開してきた。これらの専門店を「インポート・セレクトショップ」と呼んで区別したが、その後、自店のコンセプトに合致した商品ならば、国内外にかかわらずに仕入れを行うようになり、インポートという名が外れて、セレクトショップという呼称になった。

　さらに、「BEAMS」や「SHIPS」に商品を卸していた「トゥモローランド」、「ベイクルーズ」といった製造卸メーカーが、独自にセレクトショップを展開するようになるなど、小売業ではなく製造業からセレクトショップを運営するところも現れた。

　また1990年代の半ばには、原宿のメインストリートから離れた裏手にあることから裏原宿と呼ばれたエリアに、「UNDERCOVER」のデザイナー高橋盾と「A BATHING APE」のディレクターのNIGOが共同で、「NOWHERE（現BUSY WORKS）」を出店したことが契機となり、「HEAD PORTER」などの新しいセレクトショップが多数出店され、この地域は数多くのセレクトショップが集積する注目エリアとなった。

　以上のように、セレクトショップも品ぞろえ型専門店の一形態であるが、効率重視のこれまでの専門店と違い、均質的なトレンドとは異なる、個性的で感覚的な独自の編集方針でファッションを提案することで消費者の関心を集め、1990年以降のファッション産業のイニシアチブを担うようになった。

③セレクトショップの発展とセレクトショップ型リテールの登場

　1990年代後半に入り、セレクトショップの支持が高まると、ショップの拡充や他店舗の出店、別レーベルの創出などにより事業の拡大を図るところが増加した。規模が大きくなると、インポート中心では商品確保や納期が不安定なため、セレクトショップ自ら商品企画を行い、自社製品を発注し、安定収益を確保するようになった。

　現在では、大手セレクトショップの経常収益の80％近くまでが自社ブランドで販売利益を占めるとされ、扱いブランドに対するオリジナルの比率も40〜70％くらいにまで広がっている。その意味では、限りなくSPAに近いが、消費者のニーズに合う商品を提供するという、セレクトショップとしての立場は崩していない。むしろ、新ブランドを開拓したり、国内外の珍しい仕入れ商品を得るための負担を消費者に増大させないために、一方では、製造から販売までトータルに関与し、売れ筋商品や顧客の好みを把握し、製造現場にフィードバックできるオリジナル商品でリスクを低減させていると考えることもできる。

　セレクトショップが好況を呈するようになった2000年以降、アパレルメーカーが自社製品に加え、インポートの服や靴、小物等のセレクト商品を加えた店舗などにして、セレクトショップ的な販売を行うところが登場した。アパレルメーカーのJUNでは、「アダム・エ・ロペ」、「ロペ・ピクニック」、「VIS」など、複数のセレクト業態を作り、セレクトショップ的な販売方法を採り入れている。ワールドでも「アクアガール」、「ドレステリア」、「オペーク」、「アナトリエ」等の多数のセレクトショップを運営しており、業態開発が進行している。

　さらには、イトキンが手がける「MKサイト」のように、ワンブランドでなく、複数の自社SPAブランドを同じフロアに集積させて、セレクトショップ感覚の展開を行うところも増えている。

　また、百貨店のなかにも自前のバイヤーが国内外で商品を買い付け、ミックスして専用売り場をプロデュースする、いわゆる自主編集型のセレクトショップも増えている。さらに、ヨーロッパのアンティークやビンテージなど、希少価値の高い古着をセレクトしたショップや、高級ブランドやデザイナーズ・ブランドのコンディションの良い古着を扱ったユーズド・セレクトショップの台

頭も目覚ましい。加えて、「バーニーズ・ニューヨーク」、「キットソン」など、海外のセレクトショップの出店も相次ぎ、さまざまなセレクトショップが登場するようになった。

(6) 2000年代のファッション産業
①百貨店の低迷と海外ブランドの席捲

1999年「日本橋東急百貨店」閉店、2000年「そごう」倒産のニュースが象徴するように、百貨店の低迷が続いている一方、海外ブランドの進出が激化したのが2000年代の初頭であった。バブル崩壊による地価下落により、1990年代の半ばから2000年代にかけて、海外のラグジュアリーブランドの路面店が圧倒的に増加した。旗艦店のほか、百貨店はファサード部分を欧州のラグジュアリーブランドに埋め尽くされた。銀座、表参道、青山地区を中心に出店が相次ぎ、また、新丸ビル、六本木ヒルズなどの新しい商業集積が誕生したことで、こうしたブランドのショップが多数開発された。

②SPA型アパレルの業務の拡大とOEMの台頭

90年代に台頭したSPA型アパレルは、やがて、商品企画・生産管理・営業・店舗開発・接客販売という生産から販売までの非常に幅の広い業務を行うようになるところが一般的になった。また、コスト削減のために、中国をはじめとする海外生産が増加したが、そのことで価格競争の激化を招いた。その結果、経営効率のために生産管理を商社に移管し、商社から製品調達するという取引モデルに変わっていった。

それまでの、80年代以前のアパレル製造卸は、生地問屋（テキスタイルコンバーター）から生地を仕入れ、縫製工場に加工賃を払って、アパレル製品に加工し、それを小売店に販売するという形態であった。ところが、SPA型アパレルとなってからは、商社がテキスタイル企業から生地を仕入れ、縫製工場に加工賃を支払って加工し、製品をアパレルに販売することになった。こうしたなかで、生地問屋の存在意義が薄れ、生地問屋の淘汰が進んだ。

SPA型アパレルのなかには、生産管理を受託していた商社が傘下にもつ企画会社に製品の企画提案までを委託し、商社の提案サンプルから商品をセレク

トしてバイイングするアパレル企業も増えてきた。そこで登場してきたのが、OEMの業態である。OEMとは、Original Equipment Manufacturingの略で、オリジナルな商品を準備・生産する製造業者を指す。デザイナーやマーチャンダイザーが小売り業のブランドに対して、オリジナル商品の企画・提案を行い、生産まで請け負って納品する業態のことである。このような企画機能のアウトソーシングと過度の店頭売れ筋フォロー型のマーチャンダイジングが主流となったこともあって、素材やデザインの同質化が起こり、価格競争に陥るという悪循環も生じている。

③グローバル化を背景としたファストファッションの登場

　2000年代を前後して、「H&M」、「ZARA」、「FOREVER21」などの低価格で高感度なファッションをグローバルで供給販売するファストファッション企業が世界的に台頭している。そのなかで、日本の地方専門店から発展した「ユニクロ」の事例を取り上げる。地方専門店で低価格のカジュアル商品を販売していたユニクロは、1998年に初の都心店であるユニクロ原宿店をオープンした。フリースジャケット1,900円という圧倒的な価格競争力と、ベーシックなアイテム、高い品質や縫製、シンプルで買いやすいショップ構成、ネットや雑誌のメディアを巧みに使ったプロモーションなどにより、ユニクロ製品を持っていない人がいないほどのブームを引き起こした。

　ユニクロは、小売店で初めて、素材、紡績、機織、染色等にわたり計画生産によるマスマーチャンダイジングを実現した。他のアパレル企業が生地や製品のリスクヘッジを志向するなかで、ユニクロは計画的な大量生産を行い、合繊企業と直接連携し、オリジナルな差別化素材を次々開発している。また、中国等の縫製工場に日本人技術者を派遣して、技術指導を行うことで品質の高い商品を供給するなど、高品質のベーシック商品を格安で販売するというビジネスモデルを構築し、成功を収めた。現在は、中国、韓国、香港、イギリス、フランス、アメリカ等にも出店し、世界中の顧客から支持されるようになっている。

　スウェーデンに本社のある「H&M」は、トレンドのファッションをリーズナブルな価格で提供するブランドとして、衣料専門店としては世界1位の売上げ（2009年現在店舗数：1988店、売上：16,586百万ドル）で知られて

いるが、近年では、有名デザイナーとのコラボレーションによる新しい展開を図っている。「カール・ラガーフェルド」、「ステラ・マッカートニー」、「ヴィクター&ロルフ」、「ロベルト・カヴァッリ」、「コムデギャルソン」、「ジミー・チュウ」、「ランバン」など、一流のデザイナーとのコラボレーション製品を作成し、リーズナブルな価格でデザイナーのクリエーションが入手できるといった画期的な商品開発を行っている。ユニクロも、2009年からジル・サンダーとの協業による「＋J」を発表し、高感度でリーズナブルな価格の商品を打ち出している。

②ファストファッションの「FOREVER21」。オープン時には大行列ができた。（2009年）

2. 世代とファッションの関係

　世代とは、同時代に生まれ、共通した考え方や感じ方をもつ人々のことである。この節では、ファッションの受信者側である世代について、戦後の団塊世代以降、現在までの世代とファッションの関係を概括する。さらに、イニシアチブをとる世代の交替により、ファッションが様変わりする理由を検証する。

　現代のファッションの特徴のひとつに、ファッションの細分化があげられる。

現在の若者ファッションでは、渋カジ、ギャル、裏原系、レトロファッションのリバイバル、レイヤードなど、ファッション・ジャンルが多様化し、さまざまなファッションが現れては消え、また現れるといった加速化が続いている。

本項では、ファッションのイニシアチブを担う1990年代以降に若者となった世代的な特徴に焦点をあてて、彼らの価値観、ファッション意識と、ファッションとの関連性を整理しておく。ここでは、世代の特徴とファッションのクラスター分類の2つの考察により見ていきたい。

(1) ファッションと世代との結びつき

世代とは、有斐閣の『新社会学辞典』によれば、「出生時期を同じくし、同一の時代背景のもとで歴史的・社会的経験を共有することによって共通した意識形態や行動様式をもつようになった人々の集合体」である。

世代論について、その区分や、妥当性そのものを問う声も少なくなく、世代論で一括りにすることにより、個人のスタンスや多様性を無視するといった批判もなされている。その一方で、わが国は、階級や民族の違いが少なく、世代による階層が立ち現れやすいこと、さらには戦後の高度成長などを経た日本では、生活の基底をなすものの見え方、感じ方のレベルにおける世代間の違いが存在し、特に世代ごとのファッション意識や行動に顕著な違いがある。よって、ファッションを世代の特徴とともに概観してみる。

現在の日本の世代区分は、戦争体験の有無、戦後のベビーブームによる人口密集などによって、いくつかの区分がなされるのが一般的である。本稿では、伊藤忠ファッションシステムや博報堂生活総合研究所の定める世代区分を参考にしながら、ファッションでの区分を重視し、8つの世代区分を定めた（図表3-1参照）。

図表3-1　8つの世代区分表

伊藤忠ファッションシステム	博報堂生活総合研究所	本論での分類
キネマ世代 （1936-1945）	昭和フタケタ世代 （1935-1955）	
団塊世代 （1946-1951）	団塊/ベビーブーマー （1946-1955）	団塊世代 （1946-1953）
DC洗礼世代 （1952-1958）	テレビ世代・新人類 （1956-1965）	シラケ世代 （1954-1960）
Hanako世代 （1959-1964）		Hanako世代 （1960-1966）
ばなな世代 （1965-1970）	ネオヤング （1966-1970）	ネオヤング （1966-1970）
団塊ジュニア世代 （1971-1976）	団塊ジュニア世代・まさつ回避世代 （1971-1974）	団塊ジュニア世代 （1971-1976）
プリクラ世代 （1977-1983）	ポスト団塊ジュニア世代 （1975-1979）	プリクラ・携帯世代 （1977-1983）
ミニモニ族 （1984-1994）	ジェネレーションe （1980-1987）	ネット世代 （1984-1994）
団塊ジュニア・ジュニア世代 （1995-2000）		団塊Wジュニア世代 （1995-　）

（2）1990年代以降の若者世代の特徴

　1990年代〜2000年代には大きく分けて、2つの世代がファッション・リーダーとして存在した。1990年代初頭に10代の半ばを迎えた団塊ジュニア世代、そして、1990年代後半に若者の仲間入りをしたプリクラ・携帯世代の若者たちである。彼らの世代の特徴を述べる前に、彼らに大きな影響を及ぼしていると考えられる親世代の特徴を見てみよう。

　一つ上世代のファッションを幼い頃に見ていた彼らは、自分たちより目上の世代が好んだスタイルは見飽きてしまっており、いざ自分がファッションの主導権をもったときには、それと相反するファッションを希求する傾向が強い。新しいファッションというものの多くが、さらにそれ以前の世代が着ていた、

自分にとっては経験したことのない、古いファッションを新しいものとして認識し取り入れる傾向が見受けられる。「新しい」ものは出現すると同時に「古く」なり、「古い」ものは、しばらくすると「新しく」なる。それ以前の世代というのは、自分たちの親世代である。親世代の価値観や考え方やファッション感の継承は、図表3-2のような構図として捉えることができる。

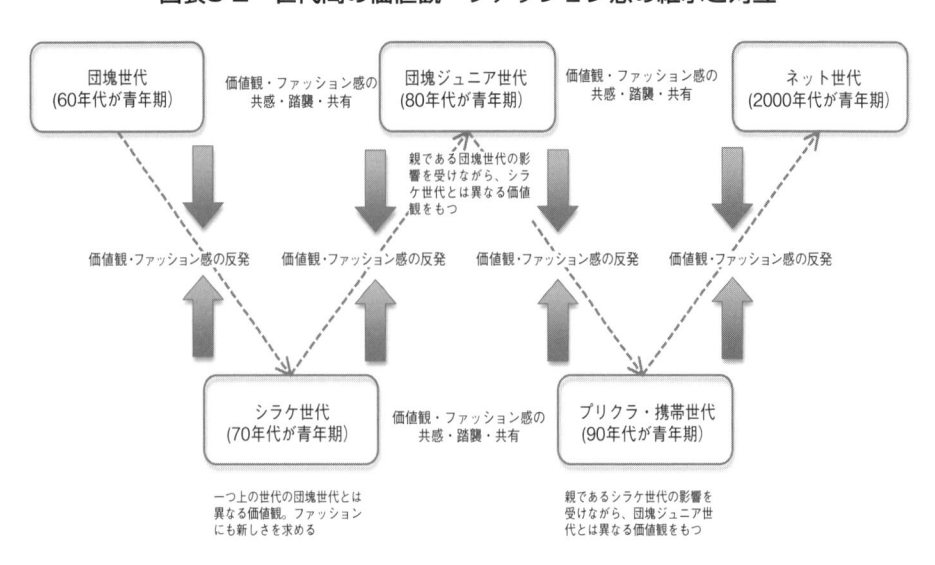

図表3-2　世代間の価値観・ファッション感の継承と対立

```
団塊世代          価値観・ファッション感の    団塊ジュニア世代      価値観・ファッション感の    ネット世代
(60年代が青年期)       共感・踏襲・共有       (80年代が青年期)         共感・踏襲・共有      (2000年代が青年期)
    ↓                                          ↓                                            ↑
                                       親である団塊世代の影
                                       響を受けながら、シラ
                                       ケ世代とは異なる価値
                                       観をもつ

 価値観・ファッション感の反発   価値観・ファッション感の反発   価値観・ファッション感の反発   価値観・ファッション感の反発

           シラケ世代          価値観・ファッション感の    プリクラ・携帯世代
         (70年代が青年期)          共感・踏襲・共有        (90年代が青年期)

         一つ上の世代の団塊世代とは              親であるシラケ世代の影響を
         異なる価値観。ファッション              受けながら、団塊ジュニア世
         にも新しさを求める                      代とは異なる価値観をもつ
```

（3）団塊ジュニア世代の親・団塊世代の特徴〜高い横並び意識

　総務省統計局の調査によれば、団塊ジュニア世代の親世代にあたる団塊世代のうち、正確なベビーブームは1947年〜1949年生まれの3年間であり、この3年間の出生数は、毎年270万人近く、1950年の230万人、1951年の210万人、1952年の200万人を大幅に上回っている。

　この団塊を中核にした大集団の2000万人にものぼる世代は、戦後っ子、全共闘世代、断絶の世代、ヒッピー族、ジーンズ世代、団塊の世代、ニューファミリーなどとライフステージに応じてさまざまな呼称がつけられ、その圧倒的な人口の多さから注目されてきた。

当時はいざなぎ景気が続き、経済大国入りを果たし、新三種の神器（3C＝クーラー・自動車・カラーテレビ）に代表されるように家電製品、自動車など、物質的な豊かさが享受できるようになり、中流意識が広まった。さらに、全国一斉学力調査や学校群制度、大学受験戦争、その後の就職難など、点数主義や競争社会を10代から経験し、厳しい競争を強いられ、いかに周囲から遅れずに歩調を合わせるかにエネルギーを注いできた世代である。したがって他世代に比べて、横並びで一斉に同じものを志向する意識が強い。

古い価値観に対する反発は、旧体制への反発という形で学生運動と独自の若者文化を作り出すエネルギーを生んだ。社会人になると、従来の価値観を否定し、家制度に縛られない、新しい家族像をイメージし、親と子による核家族を築いたのもこの世代である。

その一方、ジーンズやミニスカートといったファッションやフォークミュージック、映画などの分野で次々に新しいジャンルを築き若者文化を発展させた。質素革命によるジーンズ・ファッション、またはアイビー派の「VAN」、コンチ派（コンチネンタル）の「JUN」、高級なインポート・ブランドのブレザーやパンタロンにブランドのバッグや靴を合わせるニュートラ・ファッションが流行するなど、ファッションで同世代としての同化を図った。

（4）プリクラ・携帯世代の親世代・シラケ世代の特徴～差別化・差異化の始まり

1950年代半ば生まれのこの世代は、大学紛争や戦後の急成長が息詰まった社会状態をシラケることでやり過ごしてきたことから、シラケ世代と呼ばれている。団塊世代たちの抵抗する若者に対し、高度経済成長の達成後に育ち、モノによる個性の発揮と他人との差別化を重視した最初の世代である。

朝鮮戦争後、右肩上がりの成長社会のもと、カラーテレビや電話が普及しはじめる生活を体験した。高校生になる頃には、ファストフードのショップもあり、大学時代はスキーやテニスなどの同好会で享楽的なキャンパスライフを謳歌した。特にポリシーがなくても楽しく豊かな生活を送っていたことから、無気力・無責任・無関心の三無主義世代などとも呼ばれた。

横並び意識の強い団塊世代に比べ、同世代のなかで個性を表現しようとする、

ゆるやかな変化がみられた。それまでの大量生産・大量消費のシステムも一巡して、多様化・細分化が始まる過程にあったため、個性を表現するのには人と違ったファッションに興じることが可能になったからだ。

シラケ世代が大学生から社会人になった1970年代には、DCブランドのファッションの流行のさきがけの時代であり、「ビギ」、「ニコル」、「コムデギャルソン」などの、好きなブランドの服を求めたり、雑誌『JJ』が提案したニュートラ・ファッションのJJスタイルやハマトラ、サーファースタイルなど、流行のファッションでアピールすることで、人と違った自分を表現することが定着していった。

（5）団塊ジュニア世代の特徴〜堅実で自己充足的。差別化・細分化

1971年〜1976年生まれで、人口は約1,160万人と、戦後の第一次ベビーブーマーである団塊世代の子供たちであるがゆえに、この世代人口は団塊世代に次いで多く、早くから社会的にも注目を集めてきた。

団塊ジュニア世代が生まれたのは1970年代前半、日本が高度経済成長を達成し、2度のオイル・ショックを経験した頃のことで、時代は右肩上がりから、安定成長、成熟化社会へ向かう転換期にあった。世代人数が多いが、豊かな社会に生まれたため、競争意識はあまりなく、ほどほどの自己充足を望んでおり、ハングリー精神があまりない。

ファッションの面では、10代の後半で渋カジ・ファッションを生み出した中心層であり、世代人口が多いことから、彼らの生み出すファッションのパワーが渋カジ・ファッション以降、社会的な影響を与えるようになり、1990年代のファッション・トレンドの潮流を作ってきた。衣食住すべてに関して贅沢な生活を当たり前のように経験しているため、本物志向は強く、ブランド品に対する興味も強い。さらに、モノに溢れた生活を当然のように送っているため、自分が本当に好きなもの、自分を満足させるものへのこだわり意識が強く、趣味も細分化している。

（6）団塊ジュニア世代の定番・カジュアル志向

団塊ジュニア世代は、定番、カジュアル志向が強い。ちょうど団塊世代が質

素革命と呼ばれるジーンズ・ファッションを作り出したのと同様に、高校生時代にポロシャツにチノパンやジーンズといった渋カジという、カジュアルなスタイルを生み出した。Hanako世代によるDCブランドなどのフォーマルなファッションを見ていたため、その反動から、シンプルなアイテムを着回しで表現するスタイルを求めたのだった。1990年代の半ばには、「ユニクロ」や「GAP」を筆頭に、徹底したベーシック・カジュアルのファッションが流行するが、その主たる担い手は、団塊ジュニア世代が中心であった。

　団塊ジュニア世代の若者たちは、モノや情報に溢れた社会に生まれてきたため、常に多くの選択肢のなかから自分にふさわしいものを選ぶ行動を取っている。例えば、カジュアル・ファッションひとつとっても、差異化、細分化が進み、渋カジ以降、ストリートではイタカジ、フレカジ、キレカジなど、カジュアルなファッションにさまざまなバリエーションが登場した。

　ファッションの差異化のゲームはやがて、ファッション・マニア、ファッション・オタクという新しい若者を生んだ。1995年、ナイキのスニーカー「エアマックス」が若い男性に大人気となり、非常に高値で売買され、カシオの「Gショック」という腕時計が若い男性を中心に大流行し、新しいモデルが出るたびに話題となり、これらのコレクターが登場した。女性にも「ルイ・ヴィトン」や「エルメス」などの高級なインポート・ブランドの数量限定のバッグを購入したり、ブランドの歴史や商品の詳細を知り尽くした女性もいる。

　セレクトショップに人気が集まったのも1990年代のことである。日本初のセレクトショップは、団塊世代が若者だった1970年代、1976年に原宿にオープンした「BEAMS」がルーツである。1990年代には「ユナイテッドアローズ」、「SHIPS」、「ジャーナルスタンダード」、「イエナ」、「アメリカンラグシー」など、多数のセレクトショップが登場した。

　このセレクトショップの出現の理由は、団塊ジュニア世代のファッションの嗜好が島宇宙化（同世代人同士でも趣味が細分化し、コミュニケーションの共同体の範囲が狭くなり、互いに干渉することなく横並びになる状態）したからに他ならない。自分のライフスタイルや服の嗜好、トレンドの受容の度合いなど、感覚的な自分好みの"ものさし"に即した服や小物が揃う店で自分のファッションを選ぶことは、何よりの自己充足となる。

(7) 団塊ジュニア世代とエリアの細分化

　こうして、渋谷のギャル系のセクシーなファッションのグループ、裏原宿や代官山の八幡通りエリア付近にいるスポーティーなスエット・スタイルのエクストリーム系ファッションのグループ、銀座や表参道エリアで白シャツにタイトスカートの格好をしたコンサバティブなグループ、原宿のキャットストリートや渋谷の神南エリアにいる重ね着によるレイヤード・ファッションのグループと、それぞれのテイストを共有する若者が好きな街に足を運び、また彼らをターゲットとしたショップがそのエリアに増えるという相乗効果をもたらし、街のテイストの確立にも繋がったのである。

(8) プリクラ・携帯世代の特徴～極端な浮遊性と刹那的な感覚

　1977年～1983年生まれで、人口は約1,120万人。父母ともに戦後生まれという両親のもと、1970年代末から1980年代中盤に生まれ、世の中の景気がバブルに向けて盛り上がり始めた時期に育っている。幼い頃から商品や情報が氾濫し、何不自由なく育てられ、モノに溢れた時代に生まれた世代であり、小さな頃から、ブランド品や新しい服を着せ与えられ、成熟した消費経験につかり、少子化の影響で過保護な子供も多い。欲しいものを何としても入手するというどん欲な意志すら必要なく、さほど激しい競争もなく育ってきた。

　やがてバブルが崩壊し、比較的豊かな生活を送ってきたのが一転して、父親の急なリストラや両親の離婚で生活が大きく変わるなど、将来に対する予定調和的な感覚にゆらぎが生じる場面に出くわす。学校では、いじめ問題が深刻になり、いじめられることを避けるために友達には本心を明かさない稀薄な人間関係になる。こうした刹那的な感覚や、絶対的なものが存在しない根無し草的な浮遊感覚は、絶えずファッションを変化させる若者たちの行動に大きく結びついている。稀薄なコミュニケーションを表面だけでも回避するために、メール友達を作ったり、同じファッションで友情を確認するといった具合に、比較的ドライで客観的な目で自分を見ているようなところがある。これはこの親にあたるシラケ世代の特徴と類似している。

（9）プリクラ・携帯世代の浮遊的なファッション行動

　彼女たちのファッション行動を集約するならば、浮遊性という言葉が当てはまるだろう。バブル崩壊後の時代の影響を受けて、将来への漠然とした不安や不透明感を意識しながら、自由な時間とある程度の経済力をもっている彼女たちは、今しかできないファッションを強く意識し、流行のファッションをいち早く取り入れ、そしてすぐに次のファッションを求める絶え間ない行動を繰り返して、自分の居場所を探っているようでもある。その模索が、そのままファッションにも現れており、新しいファッションやメイクに高い関心を払い、かなりのスピードで次々にファッションを変化させる。一つのスタイル、スタンスを築くことで自己の存在感を表すのではなく、ファッションを絶えず変化させることが、自分を表現することに直結している。

　こうして、団塊ジュニア世代の若者のファッションが多様化・細分化し、同時期にいくつものテイストが異なるトレンドをもって共存するようになり、流行のタコツボ化を生んだとすれば、プリクラ・携帯世代は、さらにそれを発展させて、タコツボの種類がたくさんあるだけでなく、こっちのタコツボからあっちのタコツボへと、椅子取りゲーム感覚で短時間のうちに、くるくると好みのツボを変えていく、タコツボジプシーになっているといえる。

（10）プリクラ・携帯世代が享受したレトロファッション

　モノや情報に溢れたプリクラ・携帯世代の若者の間には流行は消費するものといった考えがあり、見たことのない新しいものにこそファッションとしての価値を感じている。ただし、本当に存在しなかった全く新しいファッションというものは実際はあまり例がないから、自分が生まれる前に流行っていた過去のファッションを新しいものとして取り入れ、必然的にレトロファッションを求めることになる。

　1990年代の初頭には古着感覚のつぎはぎジーンズなどを合わせたグランジ・スタイルが流行したが、これを発端に、ネオヒッピーやエスニック、フォークロアなど、1970年代ファッションのリバイバルが盛んとなった。やがて1990年代の後半には、世紀末的なムードを反映してか、過去のファッションが頻繁に現れた。1960年代のサイケデリックな色柄にミニスカート、1980

年代のミニスカートにロングブーツなどが次々に流行しては、ワンシーズンも維持しないくらいに短命に終わった。

　ファッションは循環するものであり、1970年代には1950年代ファッションが、1980年代には1960年代ファッションがリバイバルし、約20年周期でトレンドが循環していた。すなわち、自分の親が若かった頃のファッションを子供の世代が踏襲するというサイクルが一般的であった。ただし、1990年代後半のリバイバル現象をさかいに、20年周期のサイクルはより一層加速化し、スパンが短く変化している。レトロなファッションは、今ではファッションの新規性のためのひとつの記号へと変化している。

　プリクラ・携帯世代の若い女性の必需品といえば、プリクラ写真、携帯電話、2つ折りの卓上ミラーがある。これらの共通点は、必然的に自分を写真やプリクラのシール、あるいは鏡越しに客観的に見ることであり、街を歩く他の女の子たちを見るのと同じ視線で自分の姿をチェックする習慣がついている。ファッションにこだわったり、メイクやダイエットに神経を使うのは、こうしたツールのせいで、自分を自分以外の第三者的に客観視するシビアなまなざしが自然に備わっているからだろう。

(11) コミュニケーションのためのファッション

　自分を知ってもらう、あるいは他人を知るための有効なツールのひとつがファッションであるということは、ほとんどの若者が無意識のうちに感じとっている。情報過多な現代では、相手がどんな人であるかを判断するのに、関わる人すべての内面に踏み込む余裕はなく、まずは外見で判断し、好ましい、もしくは自分と共通した部分があると感じれば、接点をもつというのがルールだ。したがって、言葉を交わす以上に、自分を表現するのに即効性のあるファッションに関心が払われる。ここでは、ファッションのコミュニケーション的な役割が重要視される。

　街を歩く若者たちのグループやカップルは、それぞれみな似たりよったりの格好をしているが、これはファッションのタイプが近しい人は、自分と同じ価値観があるだろうと推測し、仲間になりたいと思うからである。その結果、全く同じファッションをした「ツインズ」が街に出没することになる。もちろん、

事前に着る服を相談したり、ショップで全く同じ服を買ってその場で着替えることでツインズになるのであるが、同じ服を着て、友達のファッションに自分を投影し、価値観を共有していることを視覚的に確認しているのだろう。

　その極端な例がコスプレ・ファッションである。休日になると原宿の表参道や神宮橋の付近で、エンジェラー、ゴスロリ、ハイパー系など、思い思いのファッションをした若者が2、3人くらいのグループになり、道端に座って互いのファッションを賞賛したり、表参道を歩いて通行人の視線を浴びて快感に浸っているが、彼らは同じファッション＝同じ価値観を共有しているという仲間意識を強く感じ、ファッションの面から確認しているのである。

③「ツインズ」ルックを着て街歩きを楽しむ若者。ファッションがコミュニケーション・ツールとして用いられている。(2010年)

(12) プリクラ・携帯世代が関心を寄せる皮膚ファッション

　夏は冷房、冬は暖房のある部屋に暮らし、身体感覚を意識する経験が乏しくなっている。その反動なのか、若者の間では、服そのものよりも、皮膚をファッション化させることに強い関心をもつようになっている。1999年頃、ガングロ・ヤマンバと呼ばれたギャルが登場した。日焼けサロンで肌を真っ黒に焼き、目と口にはパール入りの白の隈取りメイク、ヘアは金髪や白髪にし、原色のカッ

トソーとミニスカートやトロピカル柄のサンドレスをまとい、足元は素足に厚底サンダルといった他者を圧倒させるスタイルであった。

彼らが身体に強い関心を示すのは、どんな理由によるものなのだろうか。ガングロ・ヤマンバの彼女たちはちょっと特異な例かも知れないが、最近のストリートファッションでは、ヘアスタイル、ヘアカラー、エクステンション、ウィッグなどの、髪にまつわる装飾にはじまり、ネイル、ペティキュア、タトゥー、ヘンナ・アートやボディ・ペインティング、ピアス、付けまつげ、カラーコンタクト、あるいはダイエットなど、皮膚、あるいは身体そのものがおしゃれの対象にされている。

おそらくこれは、肌に直接触る、痛い、痒い、冷たい、くすぐったいなど、直接感覚に訴える身体への触覚感覚が、絶えず変化を強いられ、ころころと変わってしまい、現実味を失ってしまった服の代償として求められているのではないだろうか。だから若者たちは、あえて痛い思いをしてピアスをしたり、タトゥーをしたりして、皮膚からリアルな何かを探し求めているのかもしれない。

④編み込んだコーンロウのヘア、腕のタトゥー、レースキャミソールに見せブラと、皮膚を意識したファッションが拡大している（2005年）

（13）世代間の反発・継承により生じるファッションのスパイラル

以上、団塊世代、シラケ世代、団塊ジュニア世代、プリクラ・携帯世代の4つの世代について、その特徴とおもなファッションをまとめた。一般的には自分より一つ上の世代に対しては、反面教師的に捉え、相反する考え方やファッション・スタイルを発展させる傾向を強くもっているが、一方で自分の親世代の価値観やファッション・スタイルの一部を継承している傾向があった。世代が新しくなればなるほど、ファッションが自己を表現する役割を大きく担うようになっていることも顕著であった。現在の若者にとって、ファッションは自

分がどういう存在であるのかを表すのに最も端的で着手しやすい媒体である。

　現在ではライフスタイル、ライフステージの多様化により、シングルを謳歌する人が増加したり、結婚しても子供を持たないケースや、初婚、出産年齢が年々上昇するケースなど、さまざまな選択肢があり、親の世代と子供の世代との年齢にも幅が生じており、いちがいに世代区分で整理できない面もある。ただし、社会状況や時代の気分によってファッションが変化するように、その世代を担う若者の価値観や意識、行動といったものは、すべて同時代性という空間のなかで、共通する要素を含んでいることは事実である。

3. ストリートファッションの登場

　本章の「1.ファッションビジネスのしくみ」で見たように、戦後60年のなかでも、1990年代を分岐点として、それ以前と以後とでは、ファッションを取りまく環境が激変し、ファッションの生成要因や、ファッションの伝播方法までが、大きな変化を遂げている。ことに、新しいファッションは、海外のコレクションや内外のアパレルメーカーの意図的な流行だけでなく、思い思いのファッションに身を包んだ、豊かな感性をもったストリートファッションから生じており、流行の流れ方が大きく変容している点を見ていくことにする。

（1）ストリートファッションの定義
　ストリートファッションとは、どのようなものを指すのだろうか。文字通り「街路で見られるファッション」の意味であるが、すべての街路で見られるファッションを「ストリートファッション」とは定義できない。衣服は室内か室外（街路）で着られるものであり、その意味ですべての衣服が「ストリートファッション」である可能性は含んでいるが、街路で見られるファッションが「ストリートファッション」として成り立つには、次の条件を満たしている必要がある。

〔ストリートファッションの条件〕
①ストリートそのものに、ランドマークとしてのファッション・ビルやショップ、カフェなどの建物が存在し、不特定多数の若者たちを吸引する要素に富

んだストリートであること。
② そのストリートのランドマークとしてのファッション・ビルやファッションブティックが常に変化し続けて、新しいファッションを発信する魅力に富んでいること。
③ ストリートに集まる不特定多数の若者たちが、ファッション・ビルやショップと共鳴し、刺激し合い、常に新たなファッションが生み出される状況を呈していること。
④ ストリートに集まる不特定多数の若者たちのファッションが、相互に共鳴し、刺激し合って、新しいファッションが作り出されていること。
⑤ ストリートと、そこに集まる不特定多数の若者たちが、協調、共鳴して、魅力あるファッションストリートを形成していること。
⑥ ストリートファッションは街を介在として、若い人たちが共鳴し合い、常に新しいファッションを発信し続けていること。

このように、ストリートファッションは、アトラクティブな街を背景として生まれるものであり、そこから新しいファッションが生まれてくることを要件としている。東京でいえば、銀座、渋谷、代官山、原宿のストリートからは、「ストリートファッション」は生まれてくるが、田舎の一本道でどんなにおしゃれをして歩いても、それはストリートファッションとはいうことができない。映画『下妻物語』での、ロリータ・ファッションを愛する主人公が、茨城県の下妻市でフリフリのドレスにヘッドアクセサリーをつけていても、それはストリートファッションとは呼べず、単に、おしゃれをした女の子に過ぎない。彼女が代官山にあるロリータ・ファッションのショップを目指して、東京に上京して周りの建物や人たちと共鳴しているときに、はじめて、ストリートファッションになるのである。

4. ストリートファッションにおけるクラスターの細分化

1990年代以降は、ヤング・ファッションの細分化が進み、好きなファッションが均質的なものから、複数のテイストが同時多発的に発生し、ファッション

のクラスターが細分化された。ここでは、ストリートファッションに見られるクラスターを、その外見的な特徴によって分類・整理して考察を行う。

（1）ストリートファッションにおけるファッション・クラスター

筆者がこれまでに重ねてきたストリートファッションの定点観測から得られた被写体の外見的な諸要素（容姿、推定年齢、着用アイテム、コーディネート方法、小物との組み合わせ、ヘア、メイク、しぐさ、姿勢など）と好んで足を運ぶエリアやショップなどを総合的に判断し、現在のストリートファッションにおける、ファッションのクラスターをいくつかのグループにとりまとめることができる。なお、観察対象としているのは、おおむね10代半ばから30代前半くらい、中心層は20代前後の若者としている。

①女性クラスターの分類

まず、女性のクラスターでは、「ギャル・ミックス系」、「ガールズ・スタンダード系」、「ボーイズ・ストリート系」、「スイート・フェミニン系」、「コンサバ・キャリア系」、「モード・ミックス系」、「クリエーター系」、「パンク・ロック系」、「コスプレ系」、「トレンド超越系」などと、テイストの分化がみられた。

②男性クラスターの分類

男性のクラスターでも、「カジュアル・コンテンポラリー系」、「ギャル男系」、「エクストリーム系」、「モード系」、「ヒップホップ系」、「コンテンポラリー・トラッド系」、「パンク・ロック系」などと、クラスターが分かれており、細分化された。

さらには「ギャル系」のなかにさらに「お姉ギャル」、「マンバ・ギャル」、「コンサバギャル」、「B系ギャル」、「渋原ギャル」という具合に差異化されるようになり、ファッションのクラスターは限りなく拡散した。そして各クラスターのなかで新しいファッションが次々に生まれ、変化を繰り返しており、目指す頂点が複数に分岐している状況がみられた。

こうして、2000年代から2010年代頃のヤング・ファッションを分類すると、おおよそ女性で10、男性で7つのクラスターにとりまとめることができる。

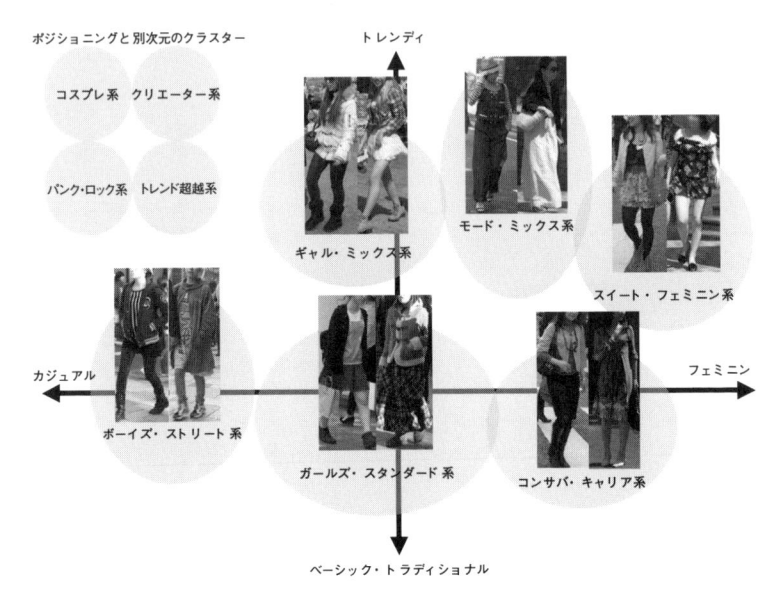

図表3-3-①　女性ファッションのクラスター分類①

クラスター名	ファッションの特徴
ギャル・ミックス系	新しいファッションに関心が高く、健康的でセクシーなスタイルを好む10代半ばから20代を中心とするクラスター
ガールズ・スタンダード系	10代半ば～20代前半での最もポピュラーなグループであり、ガーリッシュでトレンド感のあるファッションを好むスタンダードなクラスター
ボーイズ・ストリート系	10代半ば～20代前半の若者で、スポーツやミリタリーなどのカジュアルでボーイッシュなファッションを好むクラスター
スイート・フェミニン系	20代半ばくらいの年齢層が主で、フェミニンでロマンティックなスタイルを好み、個性よりは好感度を重視するファッションを好むクラスター
コンサバ・キャリア系	20代前半～30代前半くらいの、ヤングOLやキャリアを中心としたグループ。トレンドは追求しつつも、コンサバティブなファッションを好む
モード・ミックス系	海外のコレクションや話題のブランドなど、エッジの効いたファッションに関心が高い20代半ば～30代を中心とするクラスター
クリエーター系	デザイナーの感性を信奉し、あるいは、自らで創作、アレンジを加えたスタイルを取り入れ、心からファッションが好きなクラスター
パンク・ロック系	パンクやロックなどの音楽カルチャー、あるいはパンクカルチャーを扱ったマンガ等に影響を受けた、ハードな感覚を好むクラスター
コスプレ系	ミュージシャンやマンガ、キャラクター、タレントなどのファッションをアイデアソースにした個性的なクラスター
トレンド超越系	古着やクラブファッションなどにヒントを求めたり、自作の服を作って着るなど、オリジナリティーに溢れたクラスター

図表3-3-②　女性ファッションのクラスター分類②

ポジショニングと別次元のクラスター

コスプレ系　クリエーター系

パンク・ロック系　トレンド超越系

トレンディ

ギャル・ミックス系

モード・ミックス系

スイート・フェミニン系

カジュアル　←　　　→　フェミニン

ボーイズ・ストリート系

ガールズ・スタンダード系

コンサバ・キャリア系

ベーシック・トラディショナル

図表3-4-①　男性ファッションのクラスター分類①

クラスター名	ファッションの特徴
カジュアル・コンテンポラリー系	20代前後の最もポピュラーなグループ。その時々の流行のスタイルを適宜取り入れた、カジュアル・ファッションを求めるクラスター
ギャル男系	ギャル・ミックス系の男性版にあたる10代後半が中心。アメカジやロック調にヤンキーテイストを加味し、おしゃれで繋がりを求めるクラスター
エクストリーム系	スケートやバイクなど、ストリート・スポーツに由来するだぼっとしたカジュアルアイテムを好んだ20代前後のグループ
モード系	コレクションにも関心があり、ファッション情報の摂取時間が長く、自分なりのこだわりのファッションポリシーのあるクラスター
ヒップホップ系	大きめサイズのトップスなど、ワイルドでスポーティーなラッパーやDJ風のスタイルを好むクラスター
コンテンポラリー・トラッド系	トラッド・スタイルをベースに、トレンドも意識し、ややあらたまった、清潔感のあるコーディネートを好む20代前後のクラスター
パンク・ロック系	パンクやロックなどの音楽に由来するファッションに関心の高いクラスター。実際にバンドなどを組んでいる人も少なくない

図表3-4-②　男性ファッションのクラスター分類②

（2）クラスター分類の流動性

　当然、これらのクラスターは、絶対的なのもではなく、流動的なものである。個人の年齢や環境の変化に従って、「ギャル系」を卒業して、大人になり「コンサバ・キャリア系」に移ったり、「カジュアル・コンテンポラリー系」だった男の子が、ファッション経験が蓄積されて、次第に「モード系」に昇格するケースがあったりと、個人の嗜好の変化や年齢の上昇によって絶えず変化が伴うものである。また、時代の変化に伴って、新しいクラスターが登場するケースも容易に考えられる。

　かつて、1990年代の半ばに登場し、ファッションに新たな流れをもたらした「ギャル系」の女の子たちや「エクストリーム系」の若者に代わる、次の世代のクラスターが登場すれば、新たなヒエラルキーができることは想像に難くない。

　現に1994年に定点観測をスタートした時点では、女の子のクラスターにあるボーイッシュなファッションを好む「ボーイズ・ストリート系」のスタイルをしている人はごくわずかしかいなかったが、1996年以降、裏原宿のエリアに男の子のショップが集積して、おしゃれな男の子たちが急増するにつれて、「ボーイズ・ストリート系」の女の子が目立って増えた。あるいは、2000年以降、大手町や表参道に新たな商業施設ができてOLやサラリーマンを中心としたファッション・エリアが広まると、「コンサバ・キャリア系」の女性や、「コンテンポラリー・トラッド系」の男性が目立つようになった。2010年代には、原宿と渋谷の同質化が進むなか、両方の要素を組み合わせた「渋原系」なる新しいスタイルも登場している。さらに、ダイバーシティーの広まりにより、ファッションのクラスターを年齢、性別といった属性で分類することの妥当性や必要性も考えなければならない。このことから、常にファッション・トレンドや街の変化に対応して、クラスターも流動的な変化を遂げていることは明らかである。

第4章

現代ファッションの流れ
―戦後から現在までの
ファッション―

第4章では、戦後から現在までのファッションを概説する。はじめに、第二次世界大戦終結後、50年代のファッションを振り返る。

1. 50年代ファッション

　1950年代に入ると、1945年の敗戦の混乱から立ち直り、1950年の朝鮮戦争による特需景気を機に経済が復興、生産は急拡大し、消費も増大した。1956年の「経済白書」の文言である"もはや戦後ではない"が流行語になり、同年の神武景気は戦前戦後を通して最大の好景気を生み出した。1953年のテレビ放送のスタートなどを背景にして、電気洗濯機、電気冷蔵庫、テレビが「三種の神器」として憧れの的となった。このような経済的な余裕やマスコミの発達により、新しい風俗、新しいファッションが生み出された。

(1) 映画とスタイルブックによるアメリカンスタイルの流行
　終戦とともに、アメリカ軍を中心とした進駐軍が上陸する。バラック生活と餓えに苦しむ日本人にとって、アメリカ人の豊かな生活は憧憬の的となった。特にアメリカ軍の女性将校や軍人の妻たちの、いかり型のスーツやフレアスカートの装いは、洋服そのものについての知識さえ乏しかった日本人にとって、恰好のお手本となった。加えて、アメリカ映画を中心とした外国映画のファッションが絶好のお手本となった。終戦の翌年の1946年には、「春の序曲」(アメリカ映画 フランク・ボーゼージ監督 ディアナ・ダービン主演 1943年)、「キュリー夫人」(アメリカ映画 グリア・ガースン主演 1943年)の公開をはじめとして、「カサブランカ」(アメリカ映画 ハンフリー・ボガード、イングリット・バーグマン主演 1946年)、「哀愁」(アメリカ映画 ロバート・テイラー、ヴィヴィアン・リー主演 1946年)など、海外の名画が続々と上映された。特に「カサブランカ」では、ハンフリー・ボガードの中折れ帽とトレンチコート、イングリット・バーグマンの白い帽子と白のアンサンブルが、「君の瞳に乾杯」という名台詞とともに人気を呼んだ。また「哀愁」では、ロバート・テイラーのトレンチコートや、ヴィヴィアン・リーのいかり肩のボールド・ルックのファッションが憧れの的となった。

さらにアメリカ発のスタイルブックが日本でも人気を博し、1947年には、日米通信社から『航空便アメリカンスタイル』というタブロイド版のスタイルブックが刊行された。次いで、1947年には、日本織物出版社から『アメリカンスタイル全集（秋冬号）』が刊行されると販売部数は12万部となり、翌年刊行の『アメリカンスタイル全集（盛夏号）』は、15万部の売上げを誇った。1950年には雄鶏社から『最新アメリカン・スタイル全集』が出版されて、スタイルブック合戦は熾烈をきわめたのである。

(2) アメリカンスタイルからパリ・オートクチュールへの転換

　1947年、パリ・オートクチュールに新星クリスチャン・ディオールが登場し、「ニュールック」を発表し、パリ・オートクチュールの幕を華やかに開いた。ニュールックは別名、8（エイト）ラインといい、ウエストで絞ったトップに、裾が豊かに広がっていくドレスの女性らしいファッションであった。翌年の1948年には、このニュールックがわが国にも入ってきて、ファッション・デザイナーやジャーナリズムの関心を集めた。

　ディオールは、ニュールック以後、1954年にはHラインを発表し、1955年春にAライン、秋にYライン、1956年春のアローライン、同年秋のマグネットライン、1957年春にリバティーライン、同年秋にスピンドルラインなど、アルファベット・ラインと命名されたファッションを矢継ぎ早に発表して、ファッション界を席捲していく。さらにディオールが来日すると、わが国のファッション界に大きな衝撃をもたらした。1953年11月、文化服装学院の招聘により、ディオール・ショーの一行が来日し、東京會舘で83点の作品が公開された。このパリのオートクチュールの真髄に触れたわが国のファッション界は、このショーをきっかけに、本格的なパリ・モード志向に転じたという。

　翌1954年、大丸百貨店はクリスチャン・ディオールと契約し、10月の東京店の開店とともに、ディオール・サロンを設けて、パリ・モード販売の先鞭をつけた。この試みは、当時の女性たちにとってはまだまだ高嶺の花だったものの、日本人デザイナーのパリ来訪が盛んになり、洋装店のデザイナーは、パリのモード誌やスタイルブックを客に見せて選ばせ、そのデザインに似せた洋服を仕立てることを通して、パリ・モードを吸収していった。

こうしてパリ・オートクチュールの影響から、フリルやアップリケ、レース使いのロングドレスが服装雑誌に紹介されるようになると、やがて、Aラインを基調としたロマンティックなロングドレスや、"落下傘スタイル"といわれるような裾の大きく膨らんだ豊かなロングドレスが巷にも溢れるようになった。

（3）ファッションを左右したシネモードによる新しい流行
　ファッション界やファッション・ジャーナリズムがクリスチャン・ディオールのアルファベット旋風に踊るなか、内外の映画からも着実に新しいファッションが誕生した。1950年代は、まさにシネモードの全盛時代であり、戦後の混乱期のなかにあった当時の人々にとって、映画に描かれる風景や生活、ファッションは、憧憬の対象であった。
　1950年に封切られたイギリス映画の「赤い靴」（イギリス映画　マイケル・パウエル監督　モイラ・シャーラー主演　1950年）では、映画のなかでヒロインが履いていた赤いバレエシューズにちなんで、赤い靴が大流行した。外国映画だけでなく、NHKのラジオドラマとして人気のあった「君の名は」（日本映画　大庭秀雄監督　岸恵子主演　1953年）が映画化され、ヒロインが着用したストールが「真知子巻」として人気を集め、その年の冬には白のストールをまとった若い女性たちが街に溢れた。
　シネモードの主役といえば、現在でもなお人気の高いオードリー・ヘップバーンであった。1953年に封切られた「ローマの休日」（アメリカ映画　ウイリアム・ワイラー監督　オードリー・ヘップバーン主演　1953年）、「麗しのサブリナ」（アメリカ映画　オードリー・ヘップバーン主演　1954年）が封切られ、ヘップバーンの清楚で優雅な魅力も加わって大流行した。「ローマの休日」ではヘップバーンの、イタリアン・ボーイという髪型（ヘップバーン・カット）が人気を集め、ショートカットで前髪を短く垂らした少年のような髪型が広まった。1954年に封切られた「麗しのサブリナ」では、足にフィットするスリムな黒のトレアドル・パンツ、ローヒールのサブリナ・シューズが大人気となった。同年、百貨店の伊勢丹が「ヘップバーン・カットの似合う服」というキャンペーンを展開し、ファッション・キャンペーンのさきがけにもなった。
　1957年には、フランスワーズ・サガン原作の「悲しみよこんにちは」（ア

メリカ映画 オットー・プレミンジャー監督 ジーン・セバーグ主演 1957年）や「勝手にしやがれ」（フランス映画 ジャン＝リュック・ゴダール監督 ジーン・セバーグ主演 1960年）のシネマ・ファッションが注目を浴びて、ベリー・ショートヘアのセシール・カットや、マリン調のボーダーシャツが人気を集めた。

さらに「三月生れ」（イタリア映画 アントニオ・ピエトランジェリ監督 ジャクリーヌ・ササール主演 1958年）では、主人公の着ていたトレンチコートが注目を集め、三陽商会から「ササール・コート」として売り出された。このように、シネモードは、当時の人々にとっての、憧れを具現化したものであった。

(4) 等身大の若者ファッションを描いた映画

50年代には、クラス・ファッションの映画ではなく、生身の苦悩する若者たちの生態を描いた映画も登場する。1953年には「乱暴者」（アメリカ映画 ラズロ・ベネディク監督 マーロン・ブランド主演 1953年）が封切られた。この映画はアメリカの暴走族を描いた作品であり、映画に登場するレザージャケット、ジーンズ、オートバイなどが、わが国のモーターファッションに影響を与えた。1954年に「波止場」（アメリカ映画 エリア・カザン監督 マーロン・ブランド主演 1954年）が公開されると、主人公が着ていた黒の革ジャンは、反抗する若者のシンボルとして人気を博し、「カミナリ族」のファッションに大きな影響を与えた。続く「エデンの東」（アメリカ映画 エリア・カザン監督 ジェームス・ディーン主演 1955年）や、「理由なき反抗」（アメリカ映画 ニコラス・レイ監督 ジェームス・ディーン主演 1955年）は、主役のジェームス・ディーンが屈折する若者の心理を見事に演じ、着ていたジーンズもまた、日本の若者の心情を捉えて大流行した。

同年、「暴力教室」（アメリカ映画 リチャード・ブルックス監督 グレン・フォード主演 1955年）が封切られ、その暴力シーンは問題作扱いされたが、ロックンロールのリズムと同時に、映画に登場したニューヨークの非行少年たちの細身のズボン（マンボズボン）が、わが国の若者たちの人気を集めた。また冬季五輪アルペン優勝者のトニー・ザイラー主演の「黒い稲妻」（ドイツ映画 ハンス・ブリム監督1958年）が封切られると、合繊メーカーの東洋レーヨン

が中心となり、スキーウエア・キャンペーンを展開、黒のナイロン製アノラックやザイラーブラックと称した黒が流行した。

現実の若者たちの風俗を描いた邦画作品としては、石原慎太郎による、湘南海岸の若者たちの従来の価値観にとらわれない無軌道な生態を描いた小説「太陽の季節」(1955年)が知られている。文学界新人賞および芥川賞を受賞し、映画化(日本映画 古川卓己監督 長門裕之主演 1957年)された。映画で表現された"太陽族"は、アロハシャツ、サングラス、慎太郎刈りのヘアスタイルで登場したため、太陽族の風俗が視覚的にわかり、若者たちの人気を集めた。続いて、同じ石原慎太郎原作の「狂った果実」(日本映画 中平康監督 石原裕次郎主演 1957年)が封切られ、湘南で太陽族を体現していた石原慎太郎の弟・石原裕次郎が登場し、長い脚を強調するスラックス姿と慎太郎カットで人気の的となった。

同様に1957年には若い女性のアンニュイな気持ちを表現した原田康子の小説「挽歌」(日本映画 五所平之助監督 久我美子主演 1957年)が映画化され、主演女優の久我美子の着たトッパーにスラックスが挽歌スタイルとして若い女性の憧れとなった。

(5) ティーン・エイジャーと音楽の発展

これを契機に、さまざまな若者たちが次世代のファッション・リーダーとして頭角を現すようになり、"ローティーン""ハイティーン"などの言葉が生まれ、1950年代には10代後半から20代前半くらいのティーン・エイジャーが大きく台頭した。彼らは自分たちのアイデンティティーを自らの衣服や音楽、レジャーを通じて体現した。同年代の映画俳優ジェームス・ディーン、歌手のエルビス・プレスリーといった若いアイドルが日本でも熱狂的な大ブームを巻き起こし、ジーパン、ポップス、ロックンロールなどの風俗が現れる。

その一端として、音楽とストリートファッションの関係が密になった。1956年にマンボの王様プレス・プラドの来日を契機にマンボブームが起こり、1957年には浜村美智子が歌う「バナナ・ボート」が大ヒットすると"カリプソ・スタイル"として大流行した。動きの速いマンボのリズムに合わせて踊る、細身の黒いスラックス姿の"マンボ族"がストリートに登場した。1957

年には、プレスリー人気によるロカビリーブームが起こり、リーゼントヘアにアロハシャツ、ウエスタン・シャツにシガレットパンツを着た"ロカビリー族"が登場したり、ライダースの革ジャンにサングラス姿でオートバイを乗り回す"カミナリ族"が現れるなど、若者を中心として、さまざまな"族"がストリートファッションを形成した。彼らは仲間であることの証として、類似のファッションを使用し、自分たちの自己主張をファッションで表現したのである。

　不良っぽい少年や少女が群れをつくり、独特なファッションで街を歩くことにより、新しいファッションが生まれてくる。「太陽族」や「カミナリ族」は、そのさきがけであり、1960年代の「みゆき族」や「原宿族」、1970年代の「ヒッピー」、「竹の子族」、1980年代の「カラス族」などにつながっていく戦後の若者風俗の先鞭であった。

(6) テレビ、雑誌メディアの進化と発展

　1953年にテレビの本格放送が開始し、1950年代はテレビの黎明期ではあったが、その時空を超えた映像の世界は、さまざまな情報を加速度的に伝播させ、以後の日本人の生活に圧倒的な影響を及ぼしていった。テレビによる情報伝達のスピード化は、従来の活字メディアのあり方を根本的に変えるものとなり、週刊誌、女性週刊誌ブームが訪れる。

　新聞社から『週刊サンケイ』、『週刊読売』、『週刊朝日』、『サンデー毎日』などの週刊誌が相次いで創刊され、有名出版社からは『週刊新潮』、『週刊文春』、『週刊中公』、『週刊大衆』などが刊行された。また女性グラビア誌としては、1952年に『明星』、1957年に『服装』が刊行され、芸能ニュース、ファッション、流行などの記事を中心に女性の読者を獲得していった。

　女性週刊誌としては、1955年の『若い女性』、1957年の『週刊女性』、1958年の『女性自身』、『週刊明星』などが誕生し、空前の女性誌ブームが訪れた。特にこれまでのスタイル雑誌が、主に洋裁学校や服飾関係の仕事に従事する女性をターゲットにしていたのに対し、『若い女性』などの女性週刊誌は、一般の若い女性を対象とした雑誌ということで、創刊号は売り切れの書店がでるほどの人気となり、新しい読者を獲得していった。

　これらの女性誌、女性週刊誌では、若い女性を対象にした教養、家族、芸能、

料理、ファッションなどを編集の柱としていたが、どの週刊誌でもファッション・ページは、読者の関心が高いため、最新のファッション情報は雑誌の冒頭を飾るカラーグラビアを飾るメイン扱いであった。このファッション・ページは、パリ・オートクチュールをはじめとして、有名ファッション・デザイナーによる最新ファッション、有名映画スターや有名人のファッション拝見などの記事が中心となり、週刊誌という刊行頻度の高さから、一層、若い女性の最新ファッションへの関心を増幅していった。

（7）テレビが伝えた50年代ファッション

1953年にテレビの本放送が始まると、映画に代わってテレビに登場する人たちのファッションが模倣されるようになる。特に1958年の皇太子ご成婚に始まるミッチー・ブーム、そして翌年1959年の天皇・皇后両陛下のご成婚パレードの中継がテレビの普及に拍車をかけた。交際のきっかけとなった軽井沢のテニスコートでの美智子さまのファッションに注目が集まり、身につけていたヘアバンド、カメオのブローチ、テニスウエアなどが憧れのファッションとして一般の女性の間にも広まった。

（8）1950年代の流行の構図

パリ・オートクチュールではクリスチャン・ディオールが登場し、ニュールックを発表し、次々に発表されるアルファベット・ラインがジャーナリズムを賑わした。それらの情報が、1940年代に登場したファッション雑誌やスタイルブック、それに1950年代に登場した女性誌などに紹介され流行していった。他方では、1950年代はシネモードの時代であり、「ローマの休日」、「麗しのサブリナ」、「君の名は」などの数多くのシネ・ファッションが流行した。

以上は、言うまでもなくトリクル・ダウン現象であるが、一方で湘南海岸にたむろしていた太陽族を題材とした小説『太陽の季節』や『狂った果実』が映画化され、これらの映画を観た若者が、また太陽族ファッションを増幅していったという、下位のファッションが上位のファッションに影響を与えるという流行のトリクル・アップ現象が生まれてきたのも、1950年代であった。

第4章　現代ファッションの流れ―戦後から現在までのファッション―

図表4-1　1950年代のファッションと社会情勢

	1950年(昭和25)	1951年(昭和26)	1952年(昭和27)	1953年(昭和28)	1954年(昭和29)	1955年(昭和30)	1956年(昭和31)	1957年(昭和32)	1958年(昭和33)	1959年(昭和34)
ストリートファッション	・ニュールック全盛 ・アコーディオンスカート ・ナイロンストッキング		・ナイロンブラウス	・真知子巻き大流行 ・落下傘スタイル ・ティーンエイジャーファッション注目される	・マンボズボン・ポニーテール ・ヘップバーンスタイル（麗しのサブリナ）	・ヘップバーン旋風 ・ロンドンのストリートがファッションの中心に	・アイビー・ボーイスタイル・太陽族	・カリプソスタイル ・バルキーセーター、スポーツウエア ・モッズ	・ロカビリー	・ミッチーブーム ・プリンセスライン
ファッション一般	・アメリカンモードからパリモードへ ・クチュールVSヤングファッションの時代	・化合繊時代 ・ジバンシーの登場		・ジネモード全盛 ・ディオール全盛	・ショートスカート時代 ・ディオールHライン	・シャネルメゾン再開 ・アルファベットドライン・サンローランのトラベーズライン	・マリークワントブティック開店 ・ハイウエスト時代	・シャネルスーツの流行 ・大量生産		
社会情勢	・特需景気 ・アメリカ横並ん ・朝鮮戦争 ・特需景気 ・第1回ミスユニバース	・サンフランシスコ講和条約 ・ヤミ成金	・経済建設期 ・PR時代到来 ・ラジオ民放開始 ・「君の名は」大ブーム・スーパーマーケット登場		・経済成長期 ・電化元年 ・NHKテレビ放送開始	・神武景気 ・戦後最高の景気 ・モンロー来日		・もはや戦後ではない ・ロックンロール人気	・なべ底景気、岩戸景気 ・テレビ急増、メディアの時代 ・東京タワー完成 ・フラワーラブ大流行	・皇太子ご成婚

87

2. 60年代ファッション

　トップ・モードの世界では、マリー・クワント、アンドレ・クレージュらによるミニスカートが注目を集め、若々しいスタイルが生み出された。戦後生まれの団塊世代の若者の台頭により、アイビールック、ピーコック革命、モッズ・ルック、ミニスカートの大ブームなど、ファッションの革新が見られた60年代を考察する。

　1960年代に入ると、高度成長時代を迎え経済的に繁栄し、所得倍増計画のもと国民の所得水準も向上し、大量生産・大量消費を促し、"消費は美徳"という言葉が流行語となる。インスタント食品や電化製品の普及により、家庭生活に時間的余裕が生まれ、レジャーへの意識が向上し、乗用車の所有台数も増加して、マイカー時代を迎えた。かくして、10年前の三種の神器であった電気洗濯機、電気冷蔵庫、テレビに代わり、1960年代はカー、カラーテレビ、クーラーの3Cを所有することが庶民の憧れとなった。その一方で、物価高騰や交通戦争、公害問題などのネガティブな面も助長され、数々の社会問題を抱える時代でもあった。

（1）若者文化の台頭の証としてのミニとアイビー
　1950年代から台頭してきた若者文化は、1960年代ファッションの動向を決定的なものにしていく。1961年、ロンドンのファッション・デザイナーのマリー・クワントが最初にミニスカートを発表し、カーナビーストリートにたむろするロンドンっ子の人気を集めた。当時のロンドンの若者の間で広まった細いスーツやミニドレス、ミリタリー調アイテムなどのモッズ・ルックは、日本の若者たちにも広まった。
　さらに、1965年、権威あるパリ・オートクチュールのデザイナー、アンドレ・クレージュが膝上5センチのミニスカート、ミニドレスを発表したため、新しいファッションを求めていた若者たちが共鳴して、一躍、世界的に流行することになる。またイギリスのファッション・モデルのツィギーが、小枝のような容姿にミニスカートをはいて登場し、世界的な人気を集めた。ツィギーはわが

国にも来日し、若い女性の憧れの的となった。ミニスカートの流行とともにミニ丈も次第にエスカレートして、ついには膝上10センチ、15センチなどという極端なミニ丈も登場し、ファッション界に革命的な衝撃を与えた。

　ミニスカート、ミニドレスに続いてクレージュは、オプティカルアートにアイデアを得たオプアート・ルック、幾何学ルックなどのモダンなファッションを発表し、またイヴ・サンローランは、20世紀前半のモダンアートの巨匠、ピエト・モンドリアンの絵画「コンポジション」にアイデアを得たモンドリアン・ルックを発表、またピエール・カルダンも、宇宙飛行時代を反映したコスモコール・ルックを発表し、新しい時代に相応しい革新的なファッションを提案した。

（２）VANによるアイビールックの流行

　日本の若い女性たちがミニスカートに熱中しているとき、若い男性たちは、当時、帝人の顧問デザイナーをしていたVAN Jacket社長の石津謙介の提唱するアイビールックに夢中になった。アイビールックとは、アメリカ東海岸のアイビーリーグ8大学の学生たちのファッションに由来したものである。石津謙介が、このアイビールックを導入して、石津はアイビーの神様と崇められた。頭髪はキチンと折り目正しくレザーカットの七三分けのヘアスタイル、3つボタンのスリムなジャケット、マドラス・チェックのボタンダウン・シャツ、細身のネクタイ、細身のズボン、足元はスリップオンの靴など、わが国の若者たちに積極的に取り入れられていった。

　一方、1958年に設立し、1964年に銀座のみゆき通りにブティックをオープンさせた「JUN」も注目ブランドとして若者に人気を集めていた。アメリカン・トラッドの「VAN」に対して、ロングヘアにパンタロン、ヒールの高い靴を合わせるなどのコンチネンタルスタイルの「JUN」の服も若者たちに絶大な人気を集めた。1960年代半ばから1970年代にかけて、"バン・ジュン"という言葉が流行したくらい、「VAN」のトラッドか「JUN」のコンチネンタルかで、メンズ・ファッションの人気は大きく二分した。

　さらに、男性ファッションのカラフル化が促進されて、「ピーコック革命」と呼ばれた。

（3）『平凡パンチ』と『ハイファッション』などのファッション誌の創刊

　1964年に創刊された『平凡パンチ』は、若い男性に異常なほどの熱気で迎えられた。同誌は独創的な編集方針によって、多くの個性的なスターを輩出した。当時、グラフィック・デザイン界では異端児扱いされていた横尾忠則や大橋歩、作家の野坂昭如などの錚々たる作家やデザイナーを起用して、斬新な紙面を構成した。雑誌のテーマは「女性（セックス）、ファッション、車」であり、風俗中心であった性情報を、人間の生き方の問題として哲学的に考察したり、技術的、科学的に紹介して、新機軸を開いた。また1964年から1971年の390号までの390冊にわたる表紙を描いた大橋歩によるアイビー・ファッションのイラストが人気を集め、若い男性のファッションの指針となり、アイビールックの大衆化に大いに貢献した。翌年の1965年には『平凡パンチ・デラックス』、1966年には『週刊プレイボーイ』が刊行され、若い男性向けのファッションやライフスタイル雑誌のさきがけとなった。

　1960年代は、1950年代に続き、パリ・オートクチュールやパリ・コレクションが、日本のクラス・ファッションをリードした時代である。1960年には『ハイファッション』と『モード・エ・モード』が、1966年には『流行通信』が創刊され、パリ・オートクチュールやパリ・コレクションの紹介ページをメインとし、併せて外国人のハイセンスなライフスタイルなどを紹介する高感度な雑誌として、読者を獲得していった。

（4）みゆき族の出現と銀座からの追放

　1960年代に入り、銀座は従来の百貨店や、数多くの高級洋装店の他に、新たなランドマークとなった「三愛ドリームセンター」や「鈴屋スキヤ橋店」などの時代の先端をいく専門店を加え、日本を代表するおしゃれスポットになっていた。1957年、フランク永井の歌謡曲「有楽町で逢いましょう」、1961年、石原裕次郎のムード歌謡「銀座の恋の物語」が大ヒット、翌年の同名映画（蔵原惟繕監督　石原裕次郎・浅丘ルリ子主演1962年）の公開とともに、銀座は若い人々の憧れのデートスポットにもなった。

　1964年には、戦後の日本が戦後の復興と国力回復の威信をかけた東京オリンピックが開催されることになり、東京・大阪間には東海道新幹線が走り、都

第4章　現代ファッションの流れ―戦後から現在までのファッション―

心には高層のホテルやビルディングが立ち並び、高速道路の交通網が縦横に整備され、東京はその相貌を変えていった。銀座は、「外国人に恥ずかしくないような綺麗な街にしよう」を標語に、ゴミ箱をポリエチレン製の青いポリベールに代替したり、ゴミ拾いを徹底するクリーンナップ作戦が開始された。

　銀座のなかで最も高級店が多く並び、銀ブラ族が親しんだみゆき通りを中心として、並木通りや銀座通りに高校生ぐらいの若者が、同じようなファッションに身を包み、群れをなして集まり出した。みゆき通りに集まるところから、彼らは「みゆき族」といわれたが、男性は流行のアイビールックを着崩したボタンダウン・シャツに裾の短いパンツやバーミューダを穿き、女性は三角のバンダナやハンカチを頭に被り、後にリボンの付いた膝下20センチの長めのスカートをずるっと穿いて、肩に結んだカーディガンを羽織り、色の濃いストッキングにローヒールやビーチサンダルを履くといったスタイルであった。そして、「VAN」の紙袋やフーテンバッグと呼ばれたコーヒー豆の入っていた麻袋を抱えるスタイルをトレードマークとしていた。

　夏から初秋にかけての全盛期には1,000人とも2,000人ともいう若者が群れをなし、銀ブラ族や銀座商店街の人たちにとっては、みゆき族の格好やふるまいは、高級な銀座の雰囲気にそぐわない異様な光景に映ったため、彼らを排除する風潮が生まれた。東京オリンピック開催の直前の9月、みゆき族は風紀取締の対象となり、銀座・築地署はみゆき族の一斉補導を開始し、瞬く間に銀座から姿を消す

①銀座のみゆき通りに集まるみゆき族（1965年）【毎日新聞社】

ことになる。銀座の若者排除はこれだけに留まらず、翌1965年には、細い傘を持って夕方から現われる「コウモリ族」を締め出し、さらに同年6月には、折り目正しいアイビーの若者たちも締め出してしまったのである。

(5) 銀座から原宿への変転

こうして銀座は、次から次へと若者たちを排除したため、若者たちから敬遠され、若者たちは、次に原宿を集う場所に変えていく。東京オリンピックにより、銀座は変貌し、原宿もオリンピック開催を契機にして、大きな変化を遂げる。カタカナ職業のデザイナー、モデル、タレント、ファッションやデザイン関係者などが移り住み、いつしか表参道はパリの大通り「シャンゼリゼ通り」になぞられて、「日本のシャンゼリゼ」と呼ばれるようになった。1964年には原宿に若者たちが自動車で乗りつけて「原宿族」といわれ、男性はアイビーやコンチネンタル、頭髪は七三のレザーカット、ボールドストライプのシャツに、ストレートなコットンパンツ、コインローファーなど、女性はツィギー風のショートカット、ボーダーのニット、膝上10センチのミニスカートやサックドレスなどを着用していた。この「原宿族」も、原宿住民の顰蹙（ひんしゅく）を買い原宿から追放される目に遭うが、原宿はファッション・タウンとしての土台を作り上げた。

(6) 1960年代の流行の構図

1960年代は、巨大な原糸メーカーや紡績、また百貨店により、強引ともいえる手法で流行のトリクル・ダウンが意図的に行われた時代であった。団塊世代の若者たちにより、新鮮な感覚のファッションが求められたが、これに呼応するかのように、メンズの「VAN」や「JUN」などの新興アパレルが登場し、またレディスでは「鈴屋」、「三愛」などの女性専門店が台頭し、テレビ、週刊女性誌、ファッション雑誌などのマス・メディアを巧みに使いながら、若者たちの心を掴んだ。アパレルメーカーや専門店により、テレビや雑誌メディアを利用したトリクル・ダウン戦略が展開されはじめたのである。

第4章　現代ファッションの流れ―戦後から現在までのファッション―

図表4-2　1960年代のファッションと社会情勢

	1960年(昭和35)	1961年(昭和36)	1962年(昭和37)	1963年(昭和38)	1964年(昭和39)	1965年(昭和40)	1966年(昭和41)	1967年(昭和42)	1968年(昭和43)	1969年(昭和44)
ストリートファッション	・だっこちゃん ・サザールコート大流行 ・プリンセスライン流行 ・プリーツスカート流行	・六本木族	・ツイスト、チャールストン流行 ・ホンコンシャツ ・ムームー流行・ハワイアン調 ・アイメーク、ウィッグ、シフトドレス流行	・ジャージー流行	・IVYファッション ・みゆき族 ・ブーツの流行・ニット人気	・エレキ、ゴーゴー流行 ・ミニスカート登場・GSファッション ・パンタロン、ドンボ、オメガネ・ジプシー調 ・ミリタリー・ポップアート調	・モッズルック	・ツイギー来日、ミニスカート旋風 ・超ミニスカート・アフロヘア	・原宿族 ・ピーコック革命、パンタロン全盛 ・フーテン、アングラ、ヒッピー族・サイケデリック	
ファッション一般	・プレタポルテとヤングファッションの台頭 ・ファッションのカジュアル化に進む		・マリー・クワントのミニスカート		・ヤングファッション時代の幕開け ・石津謙介、T.P.O.提唱 ・川上主導によるコンビナート・キャンペーン	・ミニスカート時代へ ・クレージュ、ミニスカート発表 ・サンローラン、クレージュ、カルダン等の活躍		・アンチT.P.O.時代 ・男性ファッションの個性化 ・ヤング風俗がプレタへ影響を与え始める		
社会情勢	・高度経済成長期 ・消費は美徳 ・池田内閣（所得倍増計画） ・60年代安保騒動・公害問題 ・インスタント食品ブーム	・レジャーブーム	・物価高騰 ・サリドマイド問題 ・スモッグ問題	・公害問題深刻化 ・流通革命	・オリンピック景気 ・都市集中、核家族化 ・東京オリンピック ・マイカー時代 ・東海道新幹線開通 ・海外旅行自由化	・40年不況 ・ベトナム反戦デモ	・物価戦争時代 ・中流意識の幕開け ・人口1億人突破 ・水俣病・3C時代 ・ビートルズ来日・グループサウンズ流行	・情報化社会進む ・大学紛争激化、東大安田講堂占拠	・高度経済成長期・断絶の時代 ・いざなぎ景気	

3. 70年代ファッション

　高田賢三、イヴ・サンローランによるフォークロア・ルックが登場し、従来のモードの枠組みを超える提案がなされた。他方では、ベトナム戦争を背景にしたヒッピー・ルックやジーンズがストリートを席捲し、60年代のミニとは対照的な、ビッグでロングなシルエットが支持を集めた。時代と密接に関わりのあった70年代ファッションを考察する。

（1）節約は美徳の時代を迎えたファッション
　1971年のアメリカのドル・ショックが日本を直撃し、株式市場は暴落、日本の高度経済成長が息詰まりを見せ始めた。さらに公害問題、環境破壊が関心を集め、1973年のオイルショックによる買いだめ事件などが起こり、全国的に"消費は美徳"から"節約は美徳"へと意識が転換し、省エネ時代が始まった。1970年代の初め頃から世界的に顕著になった、ベトナム戦争に対する反戦や平和運動、ナチュラル志向の波は、反体制志向を強めると同時に、人々にファッションよりもライフスタイルの重要性を目覚めさせた。衣服だけでなく、趣味や嗜好、生き方などへの興味が高まり、ファッションに以前のようにお金をかけない傾向が出てきた。

（2）プレタポルテの隆盛と自然発生的ファッションの胎動
　1970年代になるとファッションは二極分化をし始める。一つはパリ・プレタポルテの影響を受けたファッションがファッション・トレンドのメインストリームを形成していく流れであり、もう一つは若者たちによって自然発生的に生まれたジーンズをはじめとするカジュアル・ファッションである。
　1970年代になるとパリ・オートクチュールは急速に影響力を失っていき、パリ・プレタポルテの時代に入る。1970年代の初頭、パリ・プレタポルテのデザイナーのピエール・カルダンやイヴ・サンローランは、ともにパンタロン・スーツ、ベルボトム・パンツを発表し、新しい女性のファッションに新機軸を開いた。また1960年代のミニスカート、ミニドレスの反動として、1970年代はロング丈、マキシ丈のビッグなドレスやコートが主流になってきた。こ

のビッグ・ルックは、わが国のストリートファッションにも受け入れられ、大流行することになる。

　そして1974年、日本人デザイナー高田賢三による「KENZO」やイヴ・サンローランがパリ・コレクションにおいてフォークロア・ルックを発表し話題となる。1975年には高田賢三、ウンガロは中国ルック、1976年には高田賢三がアフリカン・ルック、イヴ・サンローランがモロック・ルックを発表、その後、インディアン・ルック、ロシア・ルック、ルーマニア・ルック、スペイン・ルックなど、次々に世界の民族衣装をアイデアソースにしたファッションが発表されて、装飾的なフォークロア・ルックが大流行した。このフォークロア・ファッションは、若者たちの価値観にも合致して、わが国のストリートにも、インド更紗のマキシスカートや染めシャツ、刺繍入りのベストなどロングでデコラティブなファッションが満ち溢れた。

②フォークロア・ファッションの女性（1970年）【箱守廣】

（3）ヒッピー族によるファッションでの自己表現

　1970年代初頭には、銀座を追われた若者の集う場所として、新宿が台頭してくる。1970年代は世界的にヒッピー・ムーブメントが起こったときである。新宿には1960年代後半から、フーテン族、ヒッピー族、アングラ族、サイケ族、全共闘の学生など、色々なタイプの一見、ヒッピー風のスタイルの若者が集まってきた。それらの若者たちは、その思想や信条はさまざまであったが、ファッションだけは長髪、バンダナ、ベル・ボトムのジーンズ、絞り染めTシャツなどのヒッピー・ルックであった。彼らは新宿西口の集会場に集まったり、新宿の喫茶店・風月堂にたむろするなどして、自分たちの存在を誇示していた。

　彼らのファッションは、ほったらかしの長髪にサングラスをし、ヒゲは伸ばし放題、ベルボトム・パンツに厚底サンダルを履いたむさくるしい恰好であっ

た。またヒッピーは、殆んどフーテン族と変わらなかったが、強いていえば、伸ばし放題の長髪に、チベットのバンダナを巻き、絞り染めのTシャツ、ピースマークのワッペン、団扇を持ってラッパズボンを穿いていた。アメリカのヒッピーは、ベトナム戦争反対、平和希求などのメッセージをもった若者が多かったが、日本のヒッピーには、明確なメッセージ性を持たない若者もいたようだ。

③新宿西口の集会場に集まった長髪、ジーンズ姿のヒッピー、アングラ族（1969年）【箱守廣】

（4）質素革命とジーンズ

ヒッピー風のスタイルの若者のシンボルとなったのがジーンズであった。ライフスタイル・プロデューサーの浜野安宏は、1968年に赤坂にオープンしたゴーゴークラブ「MUGEN」をプロデュースするが、このクラブに集まる若者からサイケデリックなムーブメントが広まった。また浜野は、同年、銀座にオープンした期間限定の古着ショップ「200DAYS TRIP SHOP銀」のプロデュースも手がけるなどして、ヒッピー文化を日本に定着させた。さらに1971年に「質素革命」を提唱し、若者たちの共鳴を得て広まっていく。

④ユニセックスなジーンズ・スタイル（1973年）【箱守廣】

このジーンズを中心とするカジュアル・ファッションやユニセックスなスタイルの定着は、従来

のファッションの着装の原則を、より自由なノン・エイジ、ノン・オケージョン、ノン・セックス、ノン・クラスの方向に変えていくことになった。言い換えれば、このジーンズ・ファッションは、従来の流行図式とは異なる、若者たちによる自然発生的ファッションが、これまでのファッションのしくみを変えていくさきがけであった。

（5）若者の街、ファッションの発信地としての原宿

　1960年代後半になると、原宿に小さなブティックが出現し始めた。当時、原宿は渋谷、青山、銀座などに比べて、まだ地価が安かったため、これを理由に原宿のマンションの一室を借りてデザインから販売までを少数のスタッフで運営する、いわゆるマンションメーカーと呼ばれる小規模なメーカーが出現した。このマンションメーカーが多数入居した建物のひとつに1958年に建てられた大型マンション「原宿セントラルアパート」があった。最初は、住居用であったが、その後、徐々に、マンションメーカーといわれる小さなファッション・ブランドやデザイン事務所や企画事務所などが集まり、デザイン・企画の一大集積地になっていった。

　荒牧太郎の「マドモワゼル・ノンノ」や大川ひとみの「ミルク」、松田光弘の「ニコル」、ファイブフォックスの「コムサデモード」などを筆頭に、1960年代後半から続々と登場したこれらのマンションメーカーが、1980年代に本格的に花開くDCブランドへと発展したのである。1973年には竹下通りと明治通りの角地に原宿では初めての大型ファッション・ビル「パレフランス」がオープンする。当初は「カルティエ」や「ゲラン」などの高級なヨーロッパ・ブランドのインポート・ショップが入店しており、キャリア女性や富裕な婦人をターゲットとし、原宿のランドマーク的な存在となっていた。この「パレフランス」がオープンしてから、原宿駅からパレフランスまでの通りに人の往来が増えるようになったことで、1970年代中頃から、それまで住宅街だった竹下通りに少しずつショップができるようになった。この界隈に、1960年代にいち早く注目をした原宿族に続く若者たちが集まってきて、原宿のファッションストリートとしての基盤が整っていく。

（6）原宿のランドマーク・ラフォーレ原宿のオープン

　原宿がファッション・エリアとして栄えたきっかけは、1978年にオープンした「ラフォーレ原宿」の影響が大きい。開店当初はナショナルチェーン展開のテナント構成であったが、売上げ低迷により路線を変更し、周辺のマンションメーカーを中心に、小さなブティックを集めたことにより、「ラフォーレ原宿」は一躍、注目を集めた。ここからDCブランド・ブームが生まれ、「ラフォーレ原宿」は「パレフランス」に代わり、80年代に入って原宿ファッションの発信地となっていった。

（7）雑誌の影響力の増大～『an・an』、『non-no』

　1970年代の新しいファッションの担い手になったのは、おしゃれな旅行、最先端のファッションなどに関心を寄せた若い女性だった。彼女たちが夢中になって読んだ雑誌に『an・an』と『non-no』があり、これら2誌のタイトルをもとに「アンノン族」という名前が使われるようになった。

　千村典生の『戦後ファッションストーリー』によれば、「既存のファッション誌が、オートクチュール志向の洋裁店のデザイナーや洋裁学校の指導者、NDCやNDKのデザイナーのオリジナルデザインをもっぱら取り上げてきたのに対し、『an・an』はプレタの新しいスターたちを次々に取り上げていった」とし、1970年代初頭の誌面には、金子功（「ピンクハウス」）、松田光弘（「ニコル」）、森英恵（「ヴィヴィド」）、三宅一生（「イッセイミヤケ」）、高田賢三（「KENZO」）、山本寛斎（「KANSAI」）、川久保玲（「コムデギャルソン」）、高田喜佐（「KISSA」）、荒牧政美（「マドモワゼル・ノンノン」）、菊池武夫（「ビギ」）などの紹介が積極的になされていたことがわかる。

　一方の『non-no』では、アイテム別のカタログ的特集を売り物とし、「シャツブラウスBEST100」、「秋のスカート50選」など、毎号のように靴、ワンピース、コート、スーツ、ブラウスなどの、比較的ポピュラーなデザインの既製品を取り上げ、いずれもブランド、プライスを明示した編集によって、読者に広く受け入れられていった。

　いずれにせよ『an・an』、『non-no』の2誌ともに、ファッションに精通した編集者による指導的、啓蒙的な内容ではなく、編集者自身が、自分と同じ等

身大の女性の視線に立って、新しいライフスタイルを提案するとともに、ファッション、インテリア、グルメ、旅行と占いを中心とする誌面作りがなされていた。これらの雑誌を手にいろいろな土地を旅行して廻った女性たちのことを「アンノン族」と呼び、ファッションに関心の高い女子大生や専門学校の学生を中心に、フォークロア・ファッションとパンツルックのスタイルを身につけ、新しいライフスタイルを楽しむようになった。

（8）女子大生のバイブル『JJ』の創刊

　1975年には女子大生のバイブルといわれる『JJ』が創刊された。特に『JJ』は、女子大生ファッションに焦点をあて、当時、神戸発祥で広まったニュートラ（New-traditional）や、横浜元町で流行していたハマトラ（Yokohama-traditional）をベースにし、「ルイ・ヴィトン」、「セリーヌ」に代表される高級ブランドのグッズやアクセサリーを身につけた、華やかで清潔感のあるファッションが紹介された。さらに、1981年『CanCam』、1983年『ViVi』が相次いで創刊され、女子大生のキャンパス・ファッション雑誌が、大学生、ヤングOLたちのバイブルとなった。1976年には"男のシティーライフを考え直す新雑誌"と銘打った『POPEYE』が登場。若い男性のライフスタイルを提案するとともに、ファッションやファッショングッズ、自動車、時計などのブランドや価格が明記された、カタログ的な編集によって、1980年代のカタログ文化のさきがけとなった。

⑤ワンピースにニットジャケット姿のコンサバティブなスタイルの女性（1973年）【箱守廣】

（9）カラーテレビの普及とドラマ・ファッションの浸透

　1950年代に普及した白黒テレビを経て、1960年代になると、カラーテレビが一般の家庭に普及し始め、映画に代わって、テレビに放映されるファッ

ションが人々に影響を与えるようになる。1970年代にはテレビドラマの登場人物の衣服をはじめ、音楽番組での歌手のコスチューム、アナウンサーのスーツスタイル、テレビアニメでのキャラクターの衣装、あるいはテレビCMに登場する人々の装いなどが日々届くようになり、テレビから受けるファッションの影響は計り知れないものとなった。

特に1970年代には、青春ドラマや学園ドラマ、恋愛ドラマなど、ドラマの最盛期を迎え、登場人物に憧れると同時に、そのファッションが模倣の対象となった。岡崎友紀、紀比呂子、吉沢京子といった人気女優たちが主人公となり、「アテンションプリーズ」(1970年)、「おくさまは18歳」(1970年)、「なんたって18歳！」(1971年)、「小さな恋のものがたり」(1972年)など、多くのドラマが作られた。登場人物たちは当時の流行のファッションを身につけており、最新ファッションを視聴者が見る格好の機会でもあった。

さらに、日本テレビから「青春ドラマ」と呼ばれるドラマのシリーズがスタートし、「青春とは何だ」(出演 夏木陽介、岡田可愛ら)、「われら青春！」(出演 中村雅俊、島田陽子ら)など、若者たちの葛藤や心の交流などを描いた作品が数多く登場した。1980年代には、TBSテレビで放映された大映ドラマシリーズが黄金期を迎え、「スチュワーデス物語」(出演 堀ちえみ、風間杜夫1983年)、「不良少女と呼ばれて」(出演 伊藤麻衣子、松村雄基 1984年)、「少女に何が起こったか」(出演 小泉今日子 1985年)など、数々の人気ドラマが放映され、ストーリーに共感する一方、出演者のファッションにも憧れを抱くようになった。

(10) 1970年代の流行の構図

1970年代には、従来、川上の原糸メーカーが主導権をとっていたファッション製造のシステムが、より消費者に近い川中・川下の問屋（製造卸）や小売店に移行していった。大手アパレルメーカー、中堅アパレル、そして原宿周辺に誕生したマンションメーカーなどにより、アパレル自身が企画するファッションが作られるようになったのである。つまり、1970年代に入りようやく消費者に一番近い二次製品製造卸（アパレル問屋）が、ファッションを作り出す体制が整ったのである。

当時、新しいファッションは高田賢三やイヴ・サンローラン、ピエール・カルダンなどのパリ・コレクションの提唱するパンタロンや、数々のフォークロア・ファッションを、従来の服飾雑誌、女性誌などの雑誌はもとより、『an・an』、『non-no』などの雑誌が紹介することで流行が拡大するという構図であった。これらの衣服は当然、アパレルメーカーによって類似のものが作られたが、そのなかでも「イッセイミヤケ」、「ワイズ」、「コムデギャルソン」などのようなアパレルは、パリ・コレクションの模倣ではない、自社独特のファッションを創造して注目を集めた。また「パルコ」や「ラフォーレ原宿」のような新業態の小売店（ファッション・ビル）は、テレビ、ラジオ、雑誌広告、ポスターなどを通して高感度な宣伝を行い、魅力的なショップ集積、魅惑的な店舗空間により、ファッションに関心の高い若い顧客をどん欲に獲得していった。

　一方、アメリカのヒッピー・ムーブメントに触発された若者たちのジーンズ・ファッションは、わが国の若者たちの共感をも得るようになる。ヒッピーカルチャーに形から入り、思想的な傾倒に至らなかったケースが多かったとしても、ここで着用されたジーンズは、後世にわれわれの普段着の定番になり、不可欠な衣服となっていく。

　つまり、1970年代には、パリ・コレクションの栄光によるトリクル・ダウン現象と、若者たちを発信源とする、ジーンズなどのストリートファッションのトリクル・アップ現象が同時に起こってきたのである。

図表4-3 1970年代のファッションと社会情勢

	1970年(昭和45)	1971年(昭和46)	1972年(昭和47)	1973年(昭和48)	1974年(昭和49)	1975年(昭和50)	1976年(昭和51)	1977年(昭和52)	1978年(昭和53)	1979年(昭和54)
ストリートファッション	・マントポンチョ ・ミディ、マキシスカート流行 ・ロンゲスト ・レイヤードルック	・ホットパンツ ・ブラットフォーム靴 ・Aライン台頭 ・スポーティブエレガンスへ移行	・マンションメーカー ・カラージーンズ、ブリーチアウト ・マリンルック ・木綿のロングスカート	・エスカルゴスカート ・絞り染めTシャツ	・テントライン	・ビッグアッション ・スーパーレイヤード ・フォークロアファッション ・ビッグからスリムへ	・ワークファッション ・ダウンベスト ・オリエンタルルック ・ニュートラ台頭	・ニューヨークファッション ・花柄プリント流行 ・インポートブランド志向	・クロスオーバーファッション ・ヘルシーファッション ・ニューヨークファッション旋風 ・テーラードスーツ、肩パッド
ファッション一般	・ジーンズ時代、個性化始まる ・イヴ・サンローランの活躍		・ジーンズの多様化 ・ヨーロピアンジーンズ台頭 ・マンションメーカー台頭	・ビッグ時代 ・KENZOによるフォークロアルック ・着こなしの多様化		・ファッション混迷期 ・ベビーデューティー、スポーティガジュアル		・ニューヨークブランドのブーム ・キャリアファッション	
社会情勢	・高度経済成長期 ・公害時代 ・万国博 ・モーレツからビューティフルへ ・ウーマンリブ台頭	・ドルショック ・女性解放 ・田中内閣 ・(日本列島改造論) ・質素革命 ・脱サラ	・景気回復 ・反戦、自然志向	・オイルショック ・チープシック、節約は美徳 ・繊維大不況 ・買いだめパニック	・狂乱物価 ・複合汚染 ・ニューファミリー浮上	・産業不況 ・ライフスタイル志向 ・ロッキード事件 ・健康ブーム	・不況深刻化 ・円高不況 ・第二次オイルショック ・家庭内暴力、ツッパリ社会問題化	・受験戦争 ・日中平和友好条約 ・キャリアウーマン話題	・経済低成長期 ・エネルギー危機 ・キャリア志向 ・ハイテク ・東京サミット ・一億総中流化 ・不便性の時代 ・省エネ

4. 80年代ファッション

　川久保玲、山本耀司らの日本人デザイナーが、従来の西洋服の概念を超えるファッションを提案し、ファッション界に震撼が起こった。さらに、70年代とは対照的なトラッド、ボディ・コンシャス・ルック、キャリア・ファッション、お嬢様ファッション、そしてDCブランドの支持など、ファッションの細分化が広がった80年代を考察する。

⑥だぼっとしたシルエットのDCブランドのファッション。右の女性は全身黒のカラス族スタイル（1983年）【箱守廣】

　1980年代は世界的にも好景気が続き、国内では地価高騰や財テクブーム、円高に支えられたバブル経済に突入した時代であった。さらに、1986年の男女雇用機会均等法の施行によって、女性の社会進出が促進された。この豊かな時代にファッションの担い手だったのは、1960年前後生まれの新人類であり、その新人類世代が成人を迎える1980年代に入ると、彼らの感覚的な価値観や消費行動から「感性の時代」が到来したといわれた。ファッションにおいては、大量生産による無個性な服から、生産量の少ない個性的なDC（デザイナーズ＆キャラクター）ブランドに取って代わり、流通構造の変化をもたらせた。

（1）分衆の時代、ファッションの多様化

　博報堂生活総合研究所は、この状況を十人一色の「大衆の時代」から、消費者のニーズが多様化して十人十色、一人十色の「分衆の時代」に入ったと言及した。分衆とは、分割された大衆の意味である。大衆社会における性別、年齢、学歴、職業などの属性で分類されていた生活様式や消費行動が分裂して、今後

の消費者はむしろ趣味、感性、テイストなどを基軸として行動するとした。

　当時の若者のファッションやライフスタイルを描いた作品として知られる、田中康夫の『なんとなく、クリスタル』（P.14、P.18）では、東京に暮らし、アルバイトでファッション・モデルをしている女子大生が主人公として登場する。

　　私と同じ英文科で、同じテニス同好会に入っている早苗は、洗足にコーポラスを借りて一人で住んでいる。いつもバークレーかシップスのトレーナーに、クレージュのお弁当箱みたいなバッグを持って、ミハマのペチャンコぐつに丸いボンボンのついたハイ・ソックスをはいている。（略）
　　直美は、洗いざらしたリーのジーンズに、リネンでできた仕立てのいいラウンド・カラーのシャツを着て来た。化粧道具や、着換えを詰め込んだ彼女のルイ・ヴィトンのバッグは、それまで私が見たこともないくらいに、大きなものだった。初めての仕事だからと、アルファ・キュービックで買ったワンピースを、めかしこんで着ていった私と違って、いかにもモデル慣れしている感じがした。

　このように、東京で生活を送る比較的裕福な若者しか理解できないブランドやレストラン、学校や地名などの固有名詞が列挙されている。かような作品が描かれることができたのも、その背景には、流行や風俗の細分化が進展していたからに他ならない。

（2）ファッションの原点返りとしてのトラッドの流行
　1980年代は、世界的にも好況が続き、国内では地価高騰や財テクブーム、円高に支えられたバブル景気に突入した時期であった。この豊かな時代にファッションの担い手となったのは、1960年前後生まれで、1980年代前半に成人を迎えた新人類と呼ばれた若者たちであった。従来の社会制度やルールに反旗を翻し、新しい感性や価値観を打ち出した新人類たちは、その感覚的な価値観と消費行動により、感性の時代が到来したともいわれた。
　彼らが好んだファッションは、1970年代の装飾的なフォークロア・ファッションや、新人類の一つ上の世代である団塊世代が好んで着用していたジーン

第4章　現代ファッションの流れ―戦後から現在までのファッション―

ズやヒッピールックの反動として、1970年代後半から継続していたハマトラ、ニュートラなどのシンプルなトラディショナル・ファッションや、「ポロ・ラルフ・ローレン」、「トミー・ヒルフィガー」、「ダナ・キャラン」などによるアメリカン・トラッドやキャリア・ファッションなどを好むようになり、1970年代のカジュアルでユニセックスなジーンズ・ファッションとは対極の、ファッションの原点に立ち返ったトラッド・スタイルが受け入れられた。

⑦ブラウス、スカート、ブレザーにウエッジソールのサンダル、ヴィトンのバッグなど、正統派ニュートラの装い（1982年）【箱守廣】

（3）「カラス族」によるブラック・ファッション

　1981年、パリ・コレクションで川久保玲、山本耀司は、後に"ミステリアス・ブラック"といわれる全点真っ黒のファッションを発表した。伝統的な西洋の服飾美学を否定し、破壊した彼らのファッションは、権威的なファッション・ジャーナリズムには「喪服の行列」と非難され、嫌悪されたが、1980年代前半には、同時期の前衛的なデザイナーのカール・ラガフェルド、ジャン＝ポール・ゴルチエ、ダナ・キャランなどから、高い評価を受け、次第にマスコミ関係者、芸能人、芸術家、ハウスマヌカンなど、時代の先端の人々に取り入れられ、世界的に広まっていった。わが国でも、瞬く間に幅広い若者たちの心を捉え、原宿、渋谷だけではなく大人の街の銀座にまで、黒のファッションがストリートを埋め尽くすことになった。

　ファッション・ジャーナリズムは、これらを黒いカラスが群がっているようだとして「カラス族」と揶揄的に紹介した。ただこの「カラス族」は、他の「族」と異なり、年齢、帰属集団、感覚などの共通要素で形成された「族」ではなく、ただ同じファッションを身につけているというものであった。全身黒で揃えたスタイルは当時、圧倒的な存在感であった。この黒づくめの姿は、やがて一般へと広まり、黒をベースとしたファッションは、1990年代半ばまで、日本ス

トリートファッションの定番的ファッションとして続いていった。

（4）カラフルなボディ・コンシャスのファッション

1987年、パリ・コレクションでアズディン・アライアが発表した女性らしいボディ・コンシャスのファッションは、「ボディコン」と称され、黒ずくめでルーズフィットなファッションの反動として、世界的に流行するようになる。

わが国では、島田順子による「ジュンコ・シマダ」の赤や緑のカラフルなボディコン・ファッションや、「アルファ・キュービック」、「ピンキー＆ダイアン」のブランドが人気を集めた。パッドの入ったいかり肩のスペンサージャケット、ウエストのフィットしたミニスカート、足元にはハイヒールなどのボディ・コンシャスなファッションが、銀座や渋谷のストリートを埋め尽した。

ヘアスタイルへの配慮も尋常ではなく、当時"朝シャン"と呼ばれた、朝にわざわざ洗髪をし、ドライヤーで丹念にブローして手入れしたワンレングスのロングヘア、水色のアイシャドーにビビッドなピンクの口紅などをしたため、"ワンレン・ボディコン"は当時の流行語になった。

⑧ワンレングスのロングヘア、身体にフィットしたニットワンピース、ハイヒール姿のボディ・コンシャスなスタイル（1984年）【箱守廣】

（5）渋カジ・ファッションの登場

1980年代の後半には、新人類世代に代わって、その次の世代、つまり団塊ジュニア世代がファッションの主導権を担うようになった。彼らがまだ幼かった頃、上の世代がこぞってDCブランドのファッションで全身を武装したり、ボディ・コンシャスなスーツを着て女性らしさを強調させたファッションを見てきた若者たちが選んだのは、DCやボディコンと正反対の、ジーンズや

ポロシャツなどの定番アイテムをさりげなくコーディネートさせて着こなす、カジュアルなベーシック・ファッションである渋カジであった。

　主なスタイルは、ブルゾンにスエットスカート、足元はスニーカーなどのスポーツ・スタイルや、紺ブレザーにストライプのシャツ、ボトムはジーンズなど、トラッドベースのカジュアル・スタイルなど、単品アイテムのコーディネートが特徴である。そこに「ルイ・ヴィトン」や「シャネル」などの高級ブランドの小物を合わせるなど、ブランドへの関心も高かった。

　ただし、DCファッションまでのコーディネートが、トップス、ボトム、小物類に至るまで、そのデザイナーやキャラクターの世界観を崩さずに、ワンブランドでトータルにコーディネートするのが理想的であり、それができる人が羨望の対象であったのに対し、渋カジ以降は、全身ワンブランドで統一させるのはむしろ"ダサイ"とされ、ジャケットは「ラルフ・ローレン」、ポロシャツは「ルイセット」、ホワイトジーンズは「シピー」といった具合に、わざと異なるブランドを合わせるほうが上級者といった感覚が新しく生じるようになった。

⑨ポロシャツやブルゾンなど、スポーティーなアイテムでまとめた渋カジ・ファッション（1987年）【箱守廣】

（6）ファッションの低年齢化とカジュアル化

　やがて、渋谷発のカジュアル・ファッションは、ファッション誌でも盛んに取り上げられ、全国的に普及するようになる。もともと、決まったパターンの存在していなかった渋カジは、エスニック調のシルバーアクセサリーを加えたり、ウエスタンブーツ、スエードのベストなどを合わせてカントリー調にシフトしたり、紺のブレザー、通称、紺ブレを合わせて少し大人っぽい着こなしを

するなどして、渋カジの幅も広まっていった。さらに渋カジの登場を基点に、ファッションはよりカジュアル化の方向に進んだ。また、これまでのファッションをリードしてきたのは、20代前半以降の、サラリーマンやOL、大学生が中心であったが、渋カジの台頭によりファッションの低年齢化が進み、10代の若者がリードするように変化した。

これらは、DCファッションのようにデザイナーの個性的な作品に傾倒したり、流行のファッションをそのまま模倣するといったことではなく、カジュアルな単品アイテムを自分なりにコーディネートさせたり、ブランドの小物で差別化を図るなど、従来のトップ・ファッションを消費者がそのまま受け入れるといったトリクル・ダウン的な流れとは異なっていたことが特徴であった。

(7)「竹の子族」、「カラス族」、「渋カジ」など、さまざまなクラスターの登場

1980年代は、従来にもまして分衆の時代に相応しく、ストリートに異なるクラスターが登場し、前述した「カラス族」、「渋カジ族」をはじめとしてファッションの「族」が分化したときである。その代表的な例として、ここでは「竹の子族」を取り上げてみよう。

「竹の子族」の登場は1979年といわれているが、当初から原宿をステージにしていたのではなく、1975年頃より始まったディスコブームを背景として、1978年にジョン・トラボルタ主演の映画「サタデー・ナイトフィーバー」のヒットにより、ブームに一層拍車がかかる。彼らはそのブームに便乗して登場し、新宿や六本木のディスコを中心に踊っていた。しかし、その派手な衣装と、未成年であったことなどがばれて、ディスコから追放され、竹下通りの「ブチック竹の子」を根拠として原宿のホコテン（歩行者天国）で踊り出すようになった。

だが、このホコテンも、買い物客などが大量に見物に来るようになり、取り巻きが増えたことで追放され、やがては代々木公園に定着の場を見つける。これをマスコミが一斉に紹介したため、「竹の子族」と、同時期に代々木公園をステージとしていた「ローラー族」などが脚光を浴び、毎日曜日、多い日には2,000人もの「竹の子族」が集まり、それを越える見物客が集まって、代々木公園は、原宿とともに東京の名所になっていった。

赤や黄色、緑などの色とりどりのサテンのハーレムパンツに鉢巻き、サングラスにカンフーシューズという、独自のファッションに身を包み、「ジンギスカン」、「ディスコ・フィーバー」などのディスコミュージックに合わせてパフォーマンスを演じる竹の子族は、まさに「族」と「街」が一体となって生まれた風景であった。

(8) 団塊ジュニア世代への交代とファッションの細分化

　1980年代の末には、これまでのファッションをリードしてきた1960年代生まれの新人類世代から、1970年代生まれの団塊ジュニア世代にバトンタッチされて、その世代のなかから新たなファッション・リーダーが台頭し、1989年頃を端緒に、1990年代の若者ファッションをリードしていく。

　ここでは、1950年代の「湘南族」や「太陽族」、1960年代の「原宿族」、「カミナリ族」、1970年代の「フーテン族」、そして1980年代の「カラス族」や「竹の子族」のような「族」の名称が取れて、単に渋カジ、あるいは渋谷系と称され、以後、裏原系、ギャル系、お姉系、お兄系、古着系といった具合に、系という呼ばれ方が一般的になっていく。

　族たちのファッション行為がカウンターカルチャーもしくは、一つ上世代のファッションに対するアンチテーゼとしての意味合いが多少なりとも存在していたのに対し、系というファッション・カテゴリーでは、そうしたメンタリティーは問われることなしに、より表面的なファッションの差異に関心が向かっていった。さらにこの系の分類は、1990年以降、より細分化し、かつ新しい系の登場から衰退までの期間が短縮化していくことになる。

(9) 読者層の細分化と「Olive少女」と「Hanako世代」の出現

　1980年代は、分衆の時代であり、ファッション・ブランドだけではなく、雑誌も読者層の細分化に従って、数多くの女性誌、ファッション誌が続々と創刊された。その代表的なものとして、マガジンハウスから刊行された『Olive』と『Hanako』がある。

　1982年に『POPEYE』の姉妹誌として創刊された『Olive』によって、ティーンズ・ファッションがクローズアップされることになった。当時、『an・an』、

『non-no』が紹介するファッションに憧れていた高校生、中学生などがファッションに興味をもち始めたときであり、こうした少女を対象にした『Olive』は、たちまち多くの読者層を獲得した。『Olive』が提案する、ロマンティックでちょっとミスマッチな感覚の可愛らしいファッションをした少女たちを「Olive少女」というようになった。
　また1988年には『Hanako』が創刊された。後に、この雑誌の読者層が「Hanako世代」と命名されることになる画期的な雑誌である。雑誌の内容としては、ファッション・ページはそれほど多くないが、「エルメス」や「グッチ」、「シャネル」などの高級ブランド品の小物の紹介、新作コスメなどの紹介に始まり、渋谷、銀座、原宿、代官山などのおしゃれスポット、グルメ、雑貨ショップなどを掲載し、その他グルメ、ダイエット、恋愛、旅行などの女性のライフシーンを取り上げた。この結果、『Hanako』は、この世代の女性たちの絶対的なマニュアルとなった。

(10) ファッション雑誌の創刊ラッシュ

　1980年代後半、分衆の多様なニーズに対応して、帰属集団とともに感性、テイストに合わせて、数多くの雑誌の創刊ラッシュとなった。まずキャンパス・ガールを対象とした『JJ』（1975年創刊）、『Can Cam』（1981年創刊）に続いて、1983年には『ViVi』、1988年には『Ray』などが発刊された。またコンサバティブな良家のお嬢様を読者対象として、1980年には『25ans』、1984年に『CLASSY』、1988年に『Grand Magazines』、1989年には『miss婦人画報』などが続々創刊され、海外の高級ブランドなどを紹介するハイクラス層のマニュアルとなった。

(11) 1980年代のファッション・エリアとしての原宿と渋谷

　原宿は、「ラフォーレ原宿」や竹下通りを中心に、ストリートファッションのメッカとなっていた。また、それより早く1976年、明治通り沿いにオープンした「BEAMS」は、セレクトショップのさきがけとなり、1990年以降の数多くのセレクトショップの基点となった。この「BEAMS」のオープンを契機にして、その周辺地域の開発が進み、やがて1990年代半ばに裏原宿や

キャットストリートの発展につながっていった。

　さらに1982年に「原宿テント村」がオープンし、古着や革ジャン、アクセサリー、タレントのブロマイドなどのショップ、クレープ屋などのファストフードの屋台が密集し、竹下通りと合わせて、数多くの若者をとりこにしていき、原宿は高感度ファッションの発信地としての地位を確保するようになる。1984年「原宿ビブレ21」、1985年の「COXY21」、1988年の「原宿クエスト」、1989年の「ユナイテッドアローズ」のオープンなど、他のエリアの追従を許さないほどの勢いでファッションストリートが形成されていくのである。

　一方、渋谷も1980年代のDCブランド・ブームにのって、既存の「パルコpart1」、「丸井」、「渋谷西武」、「渋谷109」をはじめとして、1986年の「シード」、同年「ワン・オー・ナイン」、1987年「渋谷109-2」などの高感度のファッション集積エリアがオープンし、そこで多彩なブランド展開がなされると、原宿と並んで高感度のヤング・ファッションやブランドの集積スポットとしての地位を高めていった。

　それと同時に1989年頃から登場した渋カジ・ファッションが注目を集めだし、特に彼らが着ていた「紺ブレ」(紺のブレザー)が、全国的な人気を得たため、そのファッションと渋谷というエリアが、以後ヤング・ファッションをリードしていく基点となった。

(12) 1980年代の流行の構図

　1980年代になると、それ以前の流行のシステムと同時に、分衆の時代を象徴する新しいファッションの細分化が始まってくる。1960年代以降のパリ・コレクションの優位は、1980年代になり、川久保玲、山本耀司らの活躍により、黒のファッションが「カラス族」を生み出し、さらに1990年代には、三宅一生による「プリーツ・プリーズ」が提案されたことで、世界のファッションをリードし、コレクションから波及するトリクル・ダウン現象が、最後の栄光の輝きを顕示する。一方、小売サイドでは製造小売業といわれるSPAという新しい業態が生まれ、変化の激しい消費者のニーズを把握して、迅速に商品を供給できるシステムが構築され、瞬時に流行の変化に対応できる体制が整っ

た。

　さらに、ヤング・ファッションの台頭とともに、『Olive』、『Hanako』などの等身大の雑誌が登場し、彼女たちのライフスタイルやファッションに着目し、そのライフスタイルやファッションを紹介して読者を獲得し、「Olive少女」、「Hanako世代」が普及していった。

　さらに、1989年、渋谷センター街に発生した渋カジは、高校生や大学生の等身大ファッションとして、全国的に広まっていく。この渋カジのファッションは、コレクション発のトレンドとは異なる、ファッションのトリクル・アップ現象を生み出し、1990年代ファッションの基点となっていった。

　1980年代には、コレクションから波及するトリクル・ダウン現象が大いに機能する一方、渋カジという新しいファッション現象の登場により、等身大の若者の自己表現の発露が、次のトレンドをリードするという、ファッションのトリクル・アップ現象という、流行の流れに新たな潮流が生じたのである。

図表4-4　1980年代のファッションと社会情勢

	1980年(昭和55)	1981年(昭和56)	1982年(昭和57)	1983年(昭和58)	1984年(昭和59)	1985年(昭和60)	1986年(昭和61)	1987年(昭和62)	1988年(昭和63)	1989年(平成元年)
ストリートファッション	・竹の子族 ・ローラー族 ・ハマトラ,ブレッピー ・フィフティーズルック	・カラス族オリーブ少女 ・JJルック ・フュージョン	・ブレッピー ・クリスタル族 ・テクノファッション	・ハウスマヌカン人気 ・DCブランドブーム ・ミスマッチ,スーパーカジュアル ・モノトーン人気	・ボディコン人気 ・ピンクハウス人気 ・ヒップホップ	・お嬢様ルック ・高級ブランド人気 ・メンズものが女性に人気 ・オールドスクールスタイル	・ワンレン・ボディコン	・サンタフェスタイル,アウトドア,エスニック調 ・シャネル調スーツ ・アメリカンカジュアル ・BCBG	・イタリアンブランドの流行 ・渋カジ始まる ・ナチュラルコンシャスへ ・エコロジーカラー	
ファッション一般	・第1次インポートブランドブーム	・東京コレクション発足 ・ヤングファッションの低年齢化 ・ワイズ,ギャルソンのパリコレデビュー ・ブラックファッション,ボロルック		・DCファッション全盛			・第2次インポートブランドブーム ・ニューリッチ,お嬢様&お坊ちゃま ・団塊ジュニアの台頭		・新合繊	
社会情勢	・低成長期 ・通商摩擦 ・対米輸出自主規制 ・石油危機脱出	・OPEC減産決定 ・東北,上越新幹線開通 ・日航機墜落事故	・不確実性の時代	・景気回復の兆し ・東京ディズニーランド開業		・男女雇用機会均等法 ・円高低金利 ・つくば科学博 ・ロサンゼルスオリンピック ・ダイアナ妃来日	・バブル成長期 ・産業空洞化 ・チェルノブイリ原発事故 ・円高低金利		・バブル景気 ・国鉄民営化・昭和天皇崩御,平成へ ・バブル景気始まる ・ソウルオリンピック ・地価高騰,金融自由化	・リクルート疑惑 ・消費税導入

5. 90年代のファッション

　ファッションのカジュアル化とともに、渋谷のギャル、原宿の裏原系、ゴスロリなど、さまざまなスタイルが同時に展開された90年代。携帯、口コミによる情報伝達が拡大し、街から発信されるファッションに注目が集まるようになった。かつて、上から下へ流れたトレンドが、水平方向、あるいは下から上への波及が見られるようになった90年代を考察する。

　1990年代に入ると、湾岸戦争が勃発し、国内的には55年体制とバブル経済の崩壊、長引く平成不況、1995年のオウム事件や阪神淡路大震災など、社会不安を煽る出来事が続き、突破口の見つからない混迷期ともいえる時代を迎えた。一方、インターネットが一般に普及し、ポケベルや携帯電話などの新しいコミュニケーション・ツールの登場によって、情報が加速度的に多様化・多量化した時代でもある。1990年代のファッションは、横並び意識の強い団塊ジュニア世代から、自分のオリジナリティーにこだわるポスト団塊ジュニア世代へ担い手が移行しつつあり、ストリートファッションにアイデアを求めるデザイナーも登場して、従来とは逆方向の流行が見られ、ヤング主導によるストリートファッションがさらに重要な意味を持つようになった。

（1）ストリートファッションのルーツである渋カジの台頭
　1989年頃、渋谷のセンター街周辺を遊びのエリアにしていた渋谷・港・世田谷などの山の手地区の学校に通う高校・大学生などの若者の間から発生したカジュアル・ファッションということから、「渋カジ」と呼ばれるスタイルが流行する。幼い時、彼らの上の世代である新人類世代やHanako世代がDCブランドの服やボディ・コンシャスなスーツに興じているのを傍らで見てきた彼らが選んだのは、ジーンズやポロシャツなど、アメリカン・カジュアルのアイテムを気軽に着こなすファッションだった。
　渋カジは、当初はストライプのシャツにジーンズ、「ルイ・ヴィトン」や「シャネル」などの海外ブランドの小物を合わせる上品なスタイルをした都内の大学生や、アメカジ・ファッションを身につけて、「チーマー」と呼ばれた都内の

高校生のグループからスタートしたが、これらが『POPEYE』などのファッション誌上で掲載されると全国的にも普及した。さらにインディアン風のアイテムを加えてエスニック・テイストが加わるなど、緩く変化を遂げていく。

最盛期の渋カジで有名なのは、紺のブレザーにストレートジーンズ、足元はローファーやショートブーツ、ワークブーツを履いたアメリカン・カジュアルのスタイルであり、「ハンティング・ワールド」のショルダーバッグや「ラルフ・ローレン」のポロシャツ、「リーバイス」のジーンズなど、ブランド志向が強いことが特徴だった。やがて渋カジは1990年代に入ってから、イタカジ、フレカジなどのバリエーションをもって展開し、カジュアル・ファッションの基礎を築いた。渋谷周辺の高校生や大学生を中心として発展した渋カジは、ファッション年齢を下げるとともに、ファッション構造に根本的な変化をもたらすことになる。

⑩金ボタンのついた紺のブレザー、通称"紺ブレ"は、渋カジ・ファッションに必須のアイテムだった（1990年）【箱守廣】

（2）カジュアル・ファッションのスタンダード化

　渋カジ・ファッション以降、単品のカジュアルなアイテムを着回すコーディネートが若者ファッションの根底となり、現在も続く流れとなっている。そのルーツである渋カジブーム以降に現れたカジュアル化を時系列で見てみる。

　1990年に登場したキレカジは、きれいめカジュアルの略であり、渋カジがTシャツにジーンズなど、シンプルでラフなイメージだったのに対し、より上品なカジュアル・スタイルとして流行したものである。紺のブレザーやポロシャツ、チノパンなど、トラッドをベースとしたスタイルは、80年代に流行したJJファッションを筆頭としたトラッドの復活ということで、別名リバカジ（リバイバル・カジュアル）とも呼ばれた。

　さらに1991年にはデルカジが注目される。デルカジとは、モデル・カジュ

アルの略で、身体にフィットしたカットソーやスパッツ、ジーンズ、白のシャツ、大きめの布製のショルダーバッグなど、日常着をおしゃれに着こなすファッション・モデルたちの格好を模倣した装いである。服そのもののトレンドというよりは、モデルのような均整のとれた身体で、シンプルな格好をさりげなく、しかしおしゃれに着こなすことが問われたファッションであった。続いて1992年頃から、フレカジ（フレンチ・カジュアル）、イタカジ（イタリアン・カジュアル）というファッションが流行する。フランスの人気ブランド「アニエス.b」のスナップカーディガンや「シピー」のホワイトジーンズ、グレーのラップスカートにアンクルブーツなどに代表される、フレンチ・ブランドの定番アイテムでコーディネートさせたフレカジが好まれた。またイタカジは、「アルマーニ」や「フェンディ」などのイタリアン・ブランドの上質なニットに「トラサルディ」、「クリツィア」などのインポート・ジーンズを合わせたスタイルで、こちらは女子大生やOLを中心に支持された。

こうして、1990年代前半には、さまざまなカジュアル・ファッションが台頭し、単品を組み合わせるコーディネートに長けた若者たちが90年代のファッションをリードしていくようになった。ここでは、1980年代までに見られていたような、デザイナーの提案するお仕着せのトータルファッションではなく、着回し、重ね着が自在、着用者に委ねられたカジュアルなコーディネート・スタイルがファッションの基本となった。そしてこの流れは1990年代以降も継続されている。

⑪身体にフィットしたTシャツにゆったりめのスカートやパンツを合わせた90年代のカジュアル・スタイル（1995年）

（3）新しいファッション・リーダー、「ギャル」の出現

1990年代後半のファッションの担い手は、横並び意識の強い団塊ジュニア世代から、自分のオリジナリティーにこだわるポスト団塊ジュニア世代の女子

高校生ギャルへと移行した。この「ギャル」の出現は、1990年代の初頭にさかのぼる。1992年にポケベルを使った援助交際や着用した制服を販売するブルセラ（ブルマーとセーラー服の略）ショップなど、メディアによってやや過剰に曲解された風俗が話題となった。これはほんの一部の女子高生たちの間でのことに過ぎなかったが、その一方では、ファストフードショップなどで高校生がアルバイトをすることが普通となり、経済的に自由裁量が効くようになると、女子高生の購買意欲が喚起されて、おしゃれ意識が高まり、積極的な消費行動にこぎ出したのは事実である。

　少子化社会の影響を受けて、1980年代後半には、各高校が入学生確保のため、制服をモデルチェンジし、DCブランドのデザイナーを起用したり、おしゃれなブレザーにミニスカートなど、制服のファッション化が図られた頃であり、女子高校生や中学生が、私服感覚で制服を着て街に出ることができるようになった影響も大きい。ルーズソックスに茶髪、スカート丈を短くするなど、アレンジした制服の着こなしも好んで取り入れられた。あるいは、私服の着替えを持参し、茶髪のロングヘアに焼いた肌、フィットしたカットソーにタイトスカートやフレアのパンツ、ルーズソックスにゴールドのフープピアスなどの開放的なスタイルも好まれていた。これらは、アメリカ西海岸のラフなリゾート・スタイルに似ているところから、L.A.スタイルと呼ばれ、渋谷に繰り出す女子高生たちの放課後の制服となって広まった。

　1992年にギャルのファッション・リーダーとして絶大な支持を集めた安室奈美恵が登場する。スーパーモンキーズのメンバーとしてデビューし、一躍スターとなった沖縄生まれの安室奈美恵は、エキゾチックな顔、小麦色の肌、スラリと伸びた手足、肌を大胆に出したヘソ出しの衣装や激しい

⑫お揃いのブルゾンにミニ丈のデニムスカートをはいて、足元にはレッグウォーマーをはいた渋谷のコギャル（1995年）

ダンス・パフォーマンスなど、従来のアイドルとは全く異なる魅力にあふれていた。やがて彼女に共感した女子高生を中心とする若い女の子たちがその容姿やファッションを真似たため、1995年頃には"アムラー"と呼ばれ、社会現象にまでなった。

(4) 渋谷109のリニューアル

さらにこうしたギャルの登場を契機として、以前はキャリア～ミセス層を主たるターゲットとしていたファッション・ビルの「渋谷109」が1996年にヤング対象のショップを集積してリニューアルを行ったことで、ギャル系ファッションのメッカとなった。そのテナントである「エゴイスト」、「ココルル」、「ミ・ジェーン」などのブランドに、ギャルたちの人気が集中した。

1960年代風のマイクロミニのスカートやサイケデリックなミニドレス、厚底サンダル、ローライズのGパンなど、健康的なセクシーさを最大限発揮させるファッションが先端スタイルとなり、渋谷は女子高生を中心とした10代半ばの若い女性たちの流行発信拠点となった。こうしたファッション・リーダーの低年齢化とともに、ファッションのカジュアル化がますます進行していった。

ギャルのトレンドは渋谷に集まる女子高生に留まらず、やがて地方都市にもギャル系ショップを生み出し、柏の「VAT」(1999年開業)、町田の「MACHIDA109」(2002年開業)、静岡の「SHIZUOKA109」、大宮の「OPA」(ともに2007年開業)、横浜の「MINATOMIRAI109」(2010年開業)などの近郊の都市にもギャル系ショップを集積したファッション・ビルが登場し、渋谷発のギャルトレンドは全国区の流行へと発展したのである。

(5) 汚い、古いがおしゃれという新しい価値観の創出

1993年頃、グランジ・スタイルと呼ばれるシャツの表と裏をひっくり返したり、色が落ちてよれよれの上着を着たり、切りっぱなしでほつれた裾のジーンズを穿くなど、きれいとは正反対の、ルーズでちょっと不潔な雰囲気のファッションが若者を中心に流行した。グランジ本来の意味は＜爪のあか＞であり、そこから派生して、＜汚い、悪い、劣った＞を意味する米俗語である。一般的にはロック音楽のジャンルを示すことばであり、グランジ・ロックを生み出し

第4章　現代ファッションの流れ―戦後から現在までのファッション―

たとされる、ミュージシャンのニルヴァーナに影響を受けて、彼を筆頭にグランジ系ミュージシャンたちの音楽や、その貧しく不潔な風体に、80年代の明るいポップ・ミュージックに飽きた若者世代が新鮮さを感じて傾倒し、ファッションに取り入れたことがルーツといわれている。

　日本では、グランジ音楽の好み如何に問わず、見た目の新鮮さから模倣した若者が少なくなかった。特に80年代後半に、新しいスタイルを提案するファッション業界の既成概念への問題提起として、古着を素材に、衣服を再構築した「シャビールック」を打ち出した「マルタン・マルジェラ」などのモード系ファッションを理解する人々を中心に流行した。貧しくもなければ、激しい労働もしないのに、あえてみすぼらしい格好を取り入れたのは、キレカジやイタカジなどの健康的で清潔感のあるカジュアル・ファッションに対する一種のアンチテーゼだったと考えることもできる。こうしたグランジ・ファッションそのものは、ミュージシャンやモード系のデザイナーから提案された、トリクル・ダウン的なトレンドである。その一方で、すすけていて汚いもの、よれよれに着古されているものなど、新しいものがファッションであるといった従来の価値観と異なるものへの嗜好は、グランジのブーム以前に、1990年代に入り顕著となり、こうした考えを支持する若者も広く一般化した。

（6）古着ファッションへの関心

　古着を取り入れたリサイクル・スタイルは、特に1990年代に入り、コンディションの良い古着や一度も袖を通したことのないデッドストックなどを取り入れたファッションが次第に定着し、60年代〜80年代ものを中心に、古着ブームが訪れた。古着ショップの老舗である、「シカゴ」や「サンタモニカ」などに若者の来店が目立ちはじめたのも1990年代の半ばからであり、古着を量り売りする「パーグラムマーケット」、デザイナーズやインポートなどの高級古着を扱う「ラグタグ」、原宿や渋谷に路面店をもつほか、駅ビルやファッション・ビルに多数出店をしている「WEGO」などの新規の古着ショップが増えた。これまで古着に抵抗のあった人でも、においや汚れをきちんとケアしたり、コンディションの良いものを揃えたり、他のショップでは入手できないビンテージという付加価値のついたものを扱うセレクトショップが登場するなど、古着

市場は活況を呈している。

　三菱総合研究所の2006年のレポートによれば、古着市場は過去最大のブームであるとし、90年代末には一部の古着店の撤退や縮小も見られたが、(2006年時点の)数年前から渋谷・原宿・中目黒など東京都心付近はもちろん、東京郊外、地方の大都市においても新世代の古着店が数多く開業したとしている。

　その背景には、
①2001年に施行された経済産業省の3R政策（リデュース：ごみの発生抑制、リユース：再使用、リサイクル：ごみの再生利用）を追い風とし、国内中古衣料市場の活性化が図られたこと
②世間の古着と古着店に対する見方が大きく変わり、かつては裏通りや場末のテナントにしか出店できなかったが、今では表通りやファッション・ビルに進出できるようになったこと
③古き良きモノを使い続ける価値観が若者に浸透したこと
などを理由にあげている。

　代々木公園、新宿中央公園などで開催されるフリーマーケットが定着したり、「ヤフー・オークション」や「楽天オークション」といったインターネットのオークションサイトで古着を出品・落札することが日常化した現在では、古着に対する抵抗感も少なくなった。反対に、新品の商品よりはるかに安価で購入でき、人と同じ色や柄、デザインに遭遇する可能性が低いことから、おしゃれにこだわりのある若者のほうがより、古着に関心を寄せている。

　こうした古着市場

⑬原宿の神宮前交差点のほど近くに2003年オープンした古着ショップWEGO（2010年）

を、第3章で見てきたアパレル産業の川上→川中→川下の流通過程に当てはめて考えてみると、古着は、もともとは川上から川下に流通された商品であるが、再び第二、第三の消費者に渡るときには、川下間のみで流通が行われるために資源的なロスがない。衣料消費全体からすれば、中古衣料品の市場はまだ小規模であるが、トリクル・ダウン的な流通構造とは別の流れによる古着市場の規模が拡大していることからも、トレンドの波及方法が変容している一端が窺える。

（7）海外高級ブランドのストリートファッション化

　1990年代の初頭に登場したコギャルたちが、健康的な西海岸風のスタイルの次に注目したのが、海外の高級ブランドのファッションであった。1994年頃に、金髪ヘアに「シャネル」のキャンパスサックを背負い、黒のツィードのハーフコート、ピンクのミニスカートに白のロングブーツを合わせたシャネラーや、「グッチ」のバンブーバッグやロゴベルトをつけたグッチャーなどが登場した。従来、これらの高級ブランド品のアイテムは、可処分所得の高い大人が所持するものであったが、1990年代に入ると、ギャルを筆頭に10代、20代前半の若者たちに急激に支持されるようになった。

　そのきっかけになったのは、渋カジであった。渋カジの基本はカジュアルなベーシック・アイテムのコーディネートであるが、ステータスのあるブランドを加えるのがおしゃれとされ、高級ブランドのアイテムはコーディネートに欠かせないものとなっていたからである。

　こうして「シャネル」、「グッチ」、「プラダ」、「ルイ・ヴィトン」などの海外高級ブランドが人気となり、それぞれのブランドを身につけている女性たちは、シャネラー、グッチャー、プラダー、ヴィトナーなどという呼称が付けられたほどであった。こうしたブランド人気を背景にして、1990年代の後半以降、現在に至るまで、銀座、表参道、青山、原宿、大手町などの通りには軒並み、高級ブランドショップの路面店が建ち並ぶようになった。

（8）裏原宿発ファッションとボーイズスタイルの登場

　ストリートファッションが文字通り、ストリートから生まれたケースとし

て象徴的だったのが、裏原宿発のファッションである。大通りを避けるように、路地裏や奥地に店舗を構える店が登場し、原宿では裏原系と呼ばれるファッションのジャンルが生まれ、若い男性の熱い支持を得た。90年代初頭に『POPEYE』や『ホットドッグ・プレス』などの雑誌のスタイリストやライターをしていた長尾智明（通称NIGO）は、同じ文化服装学院出身の高橋盾とともに、1993年原宿の裏地に「NOWHERE」というセレクトショップを開く。やがて、Tシャツのプリントデザインをはじめとして、アパレルも展開するようになる。長尾は、軽音楽にも明るく、若者に支持の高いミュージシャンの小山田圭吾のいたコーネリアスや、スチャダラパー等のツアーTシャツを手がけたことで、ブランドの知名度を上げることに成功した。やがて長尾智明は「A BATHING APE」のディレクターとなり、高橋盾は1994年に「UNDER COVER」で東京コレクションデビューを果たし、2002年にパリ・コレクション参加を果たした。

　また、DJでありフィギアコレクターである岩永光が1995年に「BOUNTY HUNTER」というショップを手がけ、彼らの友人のデザイナーやアーティスト、タレントやモデルを巻き込み、裏原宿発のスタイルが注目を集めるようになった。平行して、若者たちから支持を集める音楽プロデューサーの藤原ヒロシが1998年に「HEAD PORTER」ディレクターに携わるなど、多数のプロデュースを手がけ、仲間や先輩・後輩同士の口コミや、『Smart』、『Boon』といったストリート系の雑誌に情報が掲載されて、裏原宿ファッションは急激な広まりをみせた。

　裏原宿発ファッションの特徴は、グラフィカルなロゴやイラストが描かれたサイズの大きめのTシャツやパーカ、ジーンズやカーゴパンツ、ショートパンツなどを穿き、キャップを被って足元はスニーカーと、スポーツをベースとしたスタイルや、ライダージャケット、ボンデージパンツ、ラバーソールのシューズなどのパンク調のスタイルであった。それらは、小ロットで量産しないために、新作の売出し日などには、口コミやネット情報を頼りに、開店前にファンがショップに並ぶ光景も珍しくなかった。特に人気の商品は瞬時に完売してしまうため、それを利用して、商品価格よりも高価な金額で転売され、ユーズドショップやネットオークションに出店されるケースも後を絶たなかった。

（9）ボーイズ系女子の登場

こうした若い男性を中心として展開された裏原宿発のスタイルを、一層メジャーなストリートファッションに繰り上げたのは、裏原宿スタイルのスタンスに新鮮味を感じ、ボーイッシュなファッションを取り入れはじめた女の子たちであった。「X-LARGE」や「SILAS」などをはじめ、裏原宿スタイルに傾倒する男性に支持を集めるブランドが、女性版の展開を図るようになり、「BAPY」、「X-girl」や「SILAS&MARIA」といったブランドが20代前後のカジュアルなスタイルを好む女性たちの間で人気を集めた。これらの動向を掴んで、『zipper』（1993年創刊）、『mini』（2000年創刊）などのストリート系雑誌の創刊が相次いだ。これまで読者をリードし、おしゃれを指南してきた雑誌が、街のリアルな若者ファッションを取り上げるメディアとなり、役割を変化させたのである。

⑭裏原系のボーイッシュ・ファッション（1999年）

（10）トレンドリーダーとしてのガングロ・ヤマンバ

ガングロ・ヤマンバとは、1998年頃に登場した、渋谷を中心とする10代半ばから20代前半のギャルの間で見られた化粧や服装を意味する。ガングロとは、文字通り、顔面を日焼けさせたり、濃いファンデーションで真っ黒にしていることであり、「顔黒」あるいは「ガンガン黒い」から命名されたようだ。またヤマンバとは、茶髪に白くまだらのメッシュを入れた奇異なヘアスタイル、色黒の顔に白いアイメイクやリップを塗った化粧をした女性を指すが、これはその風貌が伝説や昔話の山姥（やまうば）に似ているところに由来する。

このガングロ・ヤマンバは、日本人本来の肌や髪の色とは全く異質の化粧法であり、化粧品メーカーの想像を超えたギャル・メイクであった。したがって、いわゆるあだ花として、一時的にごく少数の女性の間で支持される程度のもの

と考えられていたが、ジャーナリズムがセンセーショナルに取り上げたため、ギャル以外の若い女性たちにも影響を与えることとなった。

2004年の春夏には、日焼けした肌に露出過剰のワンピースやベアトップにミニスカート、ヘアは白髪または金髪やピンクにカラリングをし、カラフルなエクステンションを付けたガングロ系のファッションが登場した。このファッションを流行させたのは、ハワイアン調のサーフスタイルを基調にしたブランド「アルバローザ」である。このブランドではブランケット、Tシャツ、ワンピース、スカートなどにブランドのロゴとともに、ハイビスカス柄などトロピカルなプリントが施されたアイテムが多かった。明治通りにあった路面店は、マンバの格好をしたギャルが多数押し寄せた。これらのマンバ系ギャルのなかには、渋谷のディスカウントショップ「ドン・キホーテ」で購入した「ピカチュー」や「くまのプーさん」、「ハローキティ」などのキャラクターの着ぐるみ風の寝間着を着て、顔にヒゲを描いて街を団体で闊歩するなど、コスプレもどきのマンバ・ギャルも登場した。

さらにギャルの男性版であるギャル男たちが、ガングロ・ヤマンバの化粧やファッションを見習い始め、ダイエットに励み、女性用の細身の「アルバローザ」の服を着たり、パステルカラーのTシャツやパーカにスエットパンツ、首からキャラクターのキーホルダーやぬいぐるみをじゃらじゃらと提げ、頭にウサギの耳が付いたヘアバンドを着け、目立つ装いで街に現れた。渋谷のセンター街を拠点としていることから、センターGUYと呼ばれ、ストリートに集団で登場し、そのファッションを披露した。

こうしたスタイルは、コレクションや雑誌の影響によるものではなく、渋谷のストリートを介在として、しかもギャルやギャル男たちという、価値観を同じくするメン

⑮身体にフィットしたワンピースやミニスカートに厚底靴を合わせ、日焼けした素肌にアイメイクをしっかりしたガングロ・ギャル（2000年）

第4章　現代ファッションの流れ—戦後から現在までのファッション—

バー間に強固に浸透した流行であった。このギャルやギャル男たちの奇抜なファッションが、異なるファッションのグループや、違う年代の人たちに、そのまま模倣されることはなくても、間接的に浸透するケースは少なくなく、トレンドが水平方向へ伝播していることを窺わせる事例ともなった。

（11）ゴスロリ、サイバー、デコラなどのコミュニケーション系スタイルの進展

かたや、流行よりむしろ、ファッションによる自己表現や仲間とのコミュニケーションを試みる若者が登場したのも90年代のことである。レースやフリルをふんだんに使ったドレスなどを着た「ゴスロリ」、蛍光色を使い近未来的な「サイバー」、チープで装飾的な「デコラ」など、過剰な装いが街で展開されるようになった。

⑯蛍光イエロー、オレンジ、ピンクなど、目の覚めるような色使いの宇宙服のようなコスチュームで全身をコーディネートしたサイバー系ファッション（1999年）

（12）1990年代の流行の構造

　以上、90年代には、ファッションのカジュアル化とともに、渋谷のギャル、原宿の裏原系、流行とは異なる装いを好むゴスロリなど、さまざまなスタイルが同時に展開された。街でめいめいに装いアピールする行為は、異なるグループや世代の人々に、直接的に影響を及ばさずとも、ファッションのボトムアップや、装うことの楽しさなどを、間接的に提示したに違いない。こうして、かつて、上から下へ流れたトレンドが、水平方向、あるいは下から上への波及が見られるようになった。

図表4-5 1990年代のファッションと社会情勢

	1990年(平成2)	1991年(平成3)	1992年(平成4)	1993年(平成5)	1994年(平成6)	1995年(平成7)	1996年(平成8)	1997年(平成9)	1998年(平成10)	1999年(平成11)
ストリートファッション	・紺ブレ ・浴衣人気 ・お立ち台ファッション ・NBAファッション	・キレカジ、デルカジ ・LAスタイル ・グランジ	・フレンチカジュアル ・スケボー、スノボファッション ・カマ男、フェミ男ファッション	・ナチュラルカジュアル ・サーフス物人気 ・ダウン ・V男、モード系	・スクールガールルック&ジャネラー ・カルソー ・サブン ・バサルスタイル ・裏原宿エクスストリーム系スタイル	・へそ出しルック ・サイバー系ファッション ・ニュービーズ・ジーンズルック	・アムラー ・ナイロンコート ・ギャル系セクシーファッション、厚底靴	・70年代調リバイバル ・ロマンティック系 ・オリエンタル調ファッション	・スーパーボンテージ、デコラちゃん ・スポーティーカジュアル、エスニック調 ・60年代調ファッション	
ファッション一般	・単品コーディネートカジュアル ・GAP、ユニクロなど、SPA業態の合頭 ・トータルファッションからコーディネートファッションへ			・セレクトショップの増加 ・ストリートファッション系ブランドの台頭	・第3次インポートブランドブーム	・団塊Jrが消費世代に ・コギャルの台頭 ・老舗ブランドのデザイナー交替相次ぐ	・第2次DCブランドブーム		・60年代、70年代レトロ調リバイバル	
社会情勢	・バブル成長期 ・平成景気 ・東西ドイツ統一	・湾岸戦争、ソ連崩壊 ・新都庁完成 ・証券損失補填発覚	・産業基盤再建期 ・複合不況 ・就職難 ・北海道南西沖大地震 ・ゼネコン汚職	・バブル崩壊 ・平成不況 ・猛暑で水不足 ・円高 ・規制緩和 ・PL法成立		・オウム事件 ・阪神淡路大震災 ・携帯、PHS加入増大	・O-157食中毒	・消費不況 ・消費税5% ・援助交際 ・金融経営破綻、証券不祥事	・日本版ビッグバン ・クローン	・完全失業率上昇

126

6. 2000年代のファッション

　80年代回帰より、ブランド・ブームとコンサバ・ファッションが支持を集めた。ところが、2008年の世界同時不況を迎えて一転、安くて手軽なファストファッションが注目された。このことにより、ブランド尊重のムードに代わり、レイヤードや古着などの組み合わせにより、安くて、おしゃれ、みんなで楽しめるファッションが広まり、流行の波及はもとより、服に対する価値観に変容が現れた2000年代のファッションを考察する。

　21世紀を迎えた2000年代初頭は、バブル崩壊以後の経済的不況ムードが依然として払拭されない状況が続いた。このような社会的ムードを反映してか、ファッションは保守的で上質志向のコンサバ・スタイルが流行し、「エビちゃん・もえちゃん」人気が台頭する。さらに、80年代調がリバイバルし、トラッドのファッションが蘇るのと同時に、パンクなど、アヴァンギャルドなモード感覚のファッションも支持を集めた。社会全体では不況とされながらも、若者を中心とした消費意欲は衰えず、東京のメインストリートには海外のスーパーブランドの出店が続いたものの、2008年のサブプライム・ローン問題を端緒とした世界同時不況を迎えて一転、安くて手軽なファストファッションが支持されるようになり、服に対する価値観が揺らぐ時代であった。

(1) 1980年代リバイバル、ファッションの原点返り

　2000年の春になって、「お姉系」と呼ばれたコンサバ・スタイルがストリートに登場した。これまでのガングロ・ヤマンバの反動か、フェミニンでちょっぴりゴージャスな感覚のエレガンス・スタイルが主流となった。渋谷のギャルの女の子たちの間では、身体にフィットしたワンピースやボウタイブラウスにプリーツスカートなどの大人しい格好が流行し、原宿の若い女性たちの間では、フリルのついたワンピースにストラップシューズなどの可愛らしい装いが好まれ、OL層でもプリントワンピースやフェミニンなブラウスが支持されて、コンサバ・スタイルが街に溢れるようになった。保守的で上質志向のコンサバ・スタイルが流行し、女性誌の『CanCam』のモデルである蛯原友里、押切も

えが話題となり、「エビちゃん・もえちゃん」ファッションに支持が集まった。

コンサバとは、＜保守的な＞の意味であり、本来はごく平凡な、流行とは無縁のオーソドックスな装いを指したものであるが、このコンサバ・スタイルはファッションの転換期に登場するのが特徴であり、1970年代のフォークロアやジーンズ・ルックなどのカジュアルなファッションに飽きた1980年代にJJファッションを筆頭にトレンドとなった。そして1990年代の主流だったカジュアル・ファッションに代わって、2000年代に入りコンサバ・ファッションが再浮上し始めた。ベアルックなど、大胆な露出ファッションを得意としてきた、新しいファッションに目のないギャルの女の子たちが、こぞってコンサバ・スタイルを取り入れはじめ、それがパリやミラノのコレクションのテーマに採用され、最終的にはミセス層にまで浸透したのである。さらに、コンサバ・スタイルは、ファッションの転換期に登場し、70年代のジーンズに代表されるカジュアルに飽きた80年代にJJスタイルなどのコンサバ・トレンドが登場したように、今回も90年代のカジュアル・ファッションへの反動として現れている。2000年代後半に入って、ボーダーのカットソーを筆頭としたマリンルックや、モッズコートやフライトジャケットなどのアーミールックなど、80年代に流行したミリタリー調もリバイバルしたし、ライダースジャケット、ケミカルウォッシュのジーンズなど、パンクやロックのスタイルも蘇った。

⑰渋谷のギャル系ファッションの女性にまで広まったコンサバ・ファッション（2004年）

（2）人気漫画『NANA』とパンク・ブーム

パンク・ファッションのブームは、2000年代に入って、若い女性に圧倒的に支持された、矢沢あい作の漫画『NANA』（1999年～）の影響は無視で

きない。登場人物である大崎ナナと本城蓮の恋人関係に、80年代のロンドンで活躍したセックス・ピストルズのメンバーであるシドと恋人ナンシーとの類似性を示唆させたり、ヴィヴィアン・ウエストウッドの実在する衣服を着用するなどの描写がふんだんに盛り込まれている。『NANA』に描かれたような、豹柄ボアコート、ライダースジャケット、タータンチェックのミニスカート、黒髪などのパンク・ファッションと、ヴィヴィアン・ウエストウッドのブランドが、若い女性の支持を集め、コレクションやファッション雑誌以外の漫画から、ファッションのブームが生じるという、新しい受容がなされたことを指摘しておきたい。

(3) 等身大のファッション・リーダーセレブからマイセレブへの転換

　2004年頃を中心として、雑誌やテレビなどで"セレブ"という言葉がよく使われるようになった。大富豪のホテル王ヒルトン氏の令嬢のヒルトン姉妹や、サッカー選手のベッカム、その妻であるビクトリア・ベッカムなどのファッションが話題となった。ちょうどこれと前後して、ストリートでも、ジェニファー・ロペス風の毛皮のジャケットにジーンズ、サングラス姿のギャルが渋谷や六本木に登場したり、松嶋菜々子風の上品なハーフコートにブランドバッグ姿のOLが銀座や丸の内を歩いていたり、セレブと呼ばれる芸能人やモデルを模倣したスタイルが大流行した。

　セレブとは、セレブリティー＜名士、名声＞の略語であり、映画女優や歌手、モデル、良家の子女などを指す言葉であったが、彼らのパーティーファッションやオフでの普段着などの外見はもちろん、生き方そのものや信条なども憧れ対象となり、かつては高嶺の花であったが、最近は読者モデルやショップ・スタッフなどのおしゃれな一般人も"プチセレブ"と呼ばれて模倣の対象となっている。つまり、自分が憧れるセレブは自分で選択するのが新しい変化であり、セレブの意味は拡散し、セレブの細分化も進んだ。

　ギャルたちは、歌手であり、モデルのビヨンセの好む西海岸ブランドのジャージ姿や歌手の倖田來未のようなセクシーファッションを真似し、10代の女の子たちはミュージシャンのaikoの着るキャラクター・ブランドの服を好んで着たり、小泉今日子やYOUなどの30代のエイジレス・ファッションを好んだ。

また若い男性は、サッカー選手の中田英寿や俳優の木村拓哉のサングラスやアクセサリーを身につけてその気になるなど、ストリートの若者たちは、自分に近いイメージの人を"マイセレブ"にして、自分なりの模倣を楽しむようになった。

（4）セレブがストリートを模倣する逆転現象

　基本的に、セレブブームは、雑誌やマスコミが広めて、一般に浸透したブームであり、その点ではトリクル・ダウン的な広まり方をしているが、数々のファッションをリードしているタレントやモデルが、口々に、街で見かけた人をおしゃれの参考にしていると語り、セレブの意味を覆すような逆の事態も生じている。

　従来は、セレブを模倣することは、セレブに近づきたい気持ちの代償行為であったが、現在ではセレブと呼ばれる有名人こそが、ストリートの若者のファッションを参考にするトリクル・アップ現象が起こり、セレブとセレブに憧れる存在との位相のゆらぎが生じている。さらに憧れるセレブは人それぞれに異なり、模倣するファッションも細分化している。こうした相互作用が進んでいる現在は、セレブスタイルは単にセレブを模倣するだけでなく、ストリートのファッションがセレブに影響を与え、セレブスタイルのルーツはストリートに由来するという、トリクル・アクロスのケースも少なからず存在している。

（5）レイヤードというストリート発の着こなしの発見

　1990年以降のファッションの特徴の一つは、自由なレイヤード・ファッションにある。レイヤードとは重ねるという意味で、上着にさらに上着を合わせたり、インナーに複数の衣服を重ねたスタイルを指すものである。レイヤードがファッションとして認識されたのは、1960年代後半〜1970年代のことである。当時は、ジーンズをはじめとした既製服が若者に広まり、シャツにニットベストを重ねたり、チュニックワンピースにパンツを合わせるなどした、ブランドやメーカーのお仕着せでない、カジュアルなコーディネート・スタイルという着装方法が生まれた。

　やがて、2000年冬〜2003年初頭にかけてレイヤード・ファッションが

ストリートで大変な流行となったが、1970年代のレイヤードと2000年代のものとを比較すると、より新しい特徴がいくつか生じている。第一に、アイテムを再構成させた面白さがあるという点。つまり、服の裏表を逆にしたり、下着を上着に用いたり、左右で異なる形や色の靴下や靴を履くなど、これまでの常識にこだわらない着こなしがなされるようになったこと。第二には、着装ルールの自由さという点であり、スポーツとフェミニンなど、異なるテイストを合わせたり、メンズとレディスの服をミックスさせたり、春物と冬物を重ねたり、1960年代、1970年代の時代の衣服を重ねたり、古着と新品を合わせたりと、さまざまな要素が何らの主従関係もなく組み合わされている。このことは、最近のレイヤードは、ルールを逸脱するという以前に、着装のルールに対する価値観そのものが従前のものと変化していると考えることもできる。

　これら、若者の自由な発想によるレイヤードは、ストリートファッションならではのスタイルであり、ノールール、ノージェンダー、ノージャンルなど、組み合わせのオリジナリティーを追求した豊かなファッションである。特に2000年以降、「マーク・ジェイコブス」、「バーバリープローサム」、「シャネル」、「マルニ」、「プラダ」など、パリやミラノ、ロンドンなどのコレクション作品のなかに、東京ストリートの若者たちの思い思いのレイヤード・ファッションのテクニックを模倣したものが提案されていることからも、新しいファッションの参考にしている可能性が高い。このレイヤードという、新しいファッション感覚は、ストリートファッションから生まれた、まさしく、トリクル・アップ的なトレンドといえる。

⑱Tシャツやカットソーの重ね着、スカートやワンピースの下にデニムなどのパンツを合わせるレイヤード・スタイル(2000年)

（6）アシンメトリーなファッション

　2004年の後半頃から、10代のおしゃれに関心の高い若者たちの間で、左右異なる色柄の靴下や、色違いのパンプス、身頃の左右が別々の布で縫製されたシャツを着たり、パンツの長さを左右違えて穿いたりと、左右や前後、上下をわざと非対称にしたスタイルが好まれた。ファッションに保守的な大人の女性にも、スカートの裾が不揃いなイレギュラーヘムのスカートが人気となり、アシンメトリーなファッションが流行した。

　一般的に、西洋服の価値観では対称的なものに美意識を感じ、衣服の身頃や袖、靴などは左右対称とするのが基本とされる。現在のアシンメトリー・スタイルのルーツを辿れば、1980年代の山本耀司や川久保玲といった先駆的なデザイナーたちが提案した西洋服の価値観を覆したアヴァンギャルドなスタイルに帰着するが、2000年代に入って登場したアシンメトリーなファッションは、デザイナー発のトレンドではなく、若者たちの自由な着装行為から広まったものである。レイヤードやミスマッチなど、衣服に新規性をもたらしてきたファッションが、現在の若者たちにとっては、すでに当たり前の着装となっているなか、ファッション・コーディネートが爛熟している今だからこそ、非対称が生む、ずれやアンバランスな感覚が着目されたと思われる。

（7）ジュニア・ファッションのマーケットの拡大

　ファッションに関心をもつ年齢がどんどん低くなり、さらに2000年以降に入ると、小・中学生のジュニア世代のなかにも非常におしゃれなジュニア・ギャルが登場している。こうしたジュニア層におけるファッション消費の高まりを反映し、2002年には「渋谷109-2」がリニューアルを図り、10歳〜15歳のジュニア層をターゲットにしたフロア「ジュニア・シティ」に変更した。アパレルメーカーのナルミヤ・インターナショナルが提案する、「エンジェルブルー」や「デイジーラバーズ」など、ジュニア向けのカラフルでポップなキャラクター・ブランドは高い人気となり、トータルで10万円もするファッションが飛ぶように売れた。出資者である親世代は、自分自身も若い頃にファッションを謳歌してきたHanakoママ世代となり、子供に対するファッション熱も高く、さらには、祖父や祖母も含めたシックス・ポケット消費が背景にもなり、ジュニア・ファッションのマー

ケットが一層広まり、加熱している。
　さらに、ジュニア・ギャルと呼ばれる次世代の若い女の子たちが、やはりおしゃれに関心の高い母親を連れて渋谷にどんどん訪れるという現象が起きて、ギャルのファッションは、絶えず新規性を追求し、次々と変遷を繰り返していることがわかる。

(8) ファッションの身体化～ヘアや皮膚ファッションのトリクル・アップ現象

　渋谷のガングロ・ギャルたちの黒い肌を露出したスタイルや、ヤマンバ・ギャルの歌舞伎の隈取のようなアイメイクなどは、若者誰しもが模倣するスタイルとは異なるかもしれない。だが、ストリートファッションを見てみると、ヘアスタイル、ヘア・カラー、エクステンションなどの、髪にまつわる装飾にはじまり、ネイル、タトゥー、ヘンナ・アートやボディ・ペインティング、ピアス、付けまつげ、またダイエットをして自らの肉体をも好みの形にする行為を含めて、皮膚、あるいは身体そのもののファッション化に高い関心が寄せられている。

　1996年以降、ヘアのカラリングをする若者が増えるのと時期を同じくして、肌の色を変化させる行為が流行した。日焼けサロンで肌を焼いて褐色にするのがかっこいいという価値観が浸透し、"ガングロ""ゴングロ"というギャルがストリートから多数登場した。ところがこうした褐色の肌ブームもつかの間、2000年の秋冬に入り、ストリートでは1980年代ファッションがリバイバルし、幾何柄のワンピースや膝丈のタイトスカートなど、コンサバ・フェミニンなスタイルが20代前後の女性の間で流行した。それに合わせて、メイクもナチュラルでお嬢様らしい雰囲気に合わせたフェミニンなものが求められ、話題となったのが色白の肌であった。肌を白くするためのホワイトニング剤や紫

⑲ギャルの低年齢化が進み、ローティーン層でもギャルファッションが支持されるようになった（2004年）

外線をカットするコスメがヒットし、日傘をさして街を歩くのも流行った。
　さらに1998年頃、タトゥーシールという、肌に貼り付けて楽しむシールが渋谷のギャルたちから広まった。これを契機に、入れ墨、タトゥー、ヘンナによるボディ・ペインティングなどが、比較的抵抗なくファッションとして取り入れられるように変化した。
　痛い思いをして、彫り師に高いお金を払い、皮膚に傷をつける本物のタトゥーは、一部の男の子、女の子たちの間では熱狂的なフリークもいるが、つける場所、柄が自在に変えられるタトゥーシールのおかげで、肌に色や模様をつけることは、プリント柄のワンピースを選ぶのと同じ感覚になっているようだ。
　加えて、手や足の爪にネイルを塗ることも一般化している。80年代までは、クリアネイルは別として、赤など派手な色のマニキュアは女優やモデル以外の一般の女性は抵抗があったが、現在では女子中学生でもカラフルな色を爪に塗っている。これらが一般化するにつれて、普通のネイルでは飽き足らずに、スカルプチュアと呼ばれる多彩な人工の付け爪をつけたり、その爪を何色にも塗り分けたり、花、ハート、水玉、マーブルなどさまざまな模様を描いたり、ラメやラインストーンをつけたりと、すでにネイルアートは、爪という皮膚の一部を超えて、アクセサリーの一部となっている。
　さらに耳たぶはもとより、耳の軟骨、鼻、舌、眉、おへそなどにつけるピアスも一般化してきた。従来はパンク・ファッションを好む人など、一部の人たちの間でしか行われていなかったピアスだが、1990年代初頭くらいから一般の人にも確実に広まっている。
　さらに昨今のカラーコンタクトの流行なども含め、衣服をしのぐ勢いで、皮膚のおしゃれが注目されている。"衣服は第二の皮膚"という表現がなされることがあるが、衣服のおしゃれに飽き足らなくなった若者たちは、反対に"第二の衣服"ともいえる皮膚をいかに変容しておしゃれに見せるかといったことに関心が向いている。
　黒い直毛の髪と瞳、やや黄みがかった肌が特徴のモンゴロイド系に属する日本人の本来の姿は、すでにストリートの若い人たちの間では、衣服と同じように、流行やシーズンに合わせて、自由自在に変換できる素材の一つとして扱われるようになっている。

第4章　現代ファッションの流れ―戦後から現在までのファッション―

図表4-6　2000年代のファッションと社会情勢

	2000年(平成12)	2001年(平成13)	2002年(平成14)	2003年(平成15)	2004年(平成16)	2005年(平成17)	2006年(平成18)	2007年(平成19)	2008年(平成20)	2009年(平成21)
ストリートファッション	・コンサバスタイル ・80年代調、60年代調リバイバル ・コスロリやパンクなど、コスプレファッション ・膝丈タイトスカート ・ミレニアム、ホワイト、コンサバピンクの流行	・ボヘミアン	・ビッグ＆ルース ・スポーツ＆ミリタリー ・チュニック ・トレンチコート	・ネオ・ヤマンバ、センターGUY・NANAファッション ・ブシンメトリー、ユニークなレイヤードファッション ・神戸エレガンス系、名古屋嬢などの上品なファッション ・カーゴパンツ ・お姉ギャル、大人ギャルの台頭		・セレブファッション ・プレミアムジーンズ人気	・ネイル、エクステ、ガングロなど脱皮ファッションへの関心 ・カルソン、タイツ、ブーティーなどビッグファッション ・森ガールなどのナチュラルスタイル ・ファストファッションのテーマシューズスタイル ・山ガールなどのアウトドアスタイル			
ファッション一般	・サンローランの引退 ・海外高級ブランドの路面店続々登場 ・高級ブランド人気さらに加熱、限定品ブーム ・デパート、専門店、駅ビルのリニューアルのラッシュ			・ジュニア・ファッション ・ストリート系ブランドのパリコレ進出		・東京ガールズコレクション、神戸コレクションなどのリアルクローズ人気 ・ファストファッションのブランドのめざましい台頭 ・セレクトショップのセグメント化、さらに進む ・ネットショップ、ネットオークションの浸透			・高級ブランド離れ	
社会情勢	・IT革命 ・そごう経営破綻 ・雪印の牛乳食中毒	・構造不況 ・株価低迷 ・アメリカ同時多発テロ ・狂牛病	・大量リストラ ・失業率5％超える ・Wカップ開催 ・北朝鮮拉致問題 ・写メール人気	・イラク戦争 ・新型肺炎(SARS) ・オレオレ詐欺	・企業のホールディング化進む	・格差社会、ニート、ワーキングプア問題 ・愛・地球博(愛知万博)開催 ・耐震偽造マンション問題 ・インサイダー疑惑 ・郵政民営化		・サブプライムローン問題 ・ライブドア事件	・年金不払い問題 ・新型インフルエンザ感染 ・食品偽装問題	

7. 2010年代のファッション

(1) 震災がもたらせたスポーツスタイル

　2012年頃から、ニット帽やキャップをかぶり、ダウンジャケットやMA-1、スタジアムブルゾンをはおり、その中にはトレーナーやスウェットパーカ、ボトムにはスウェットパンツや細身のデニムを合わせ、リュックを提げて、足元は「ナイキ」や「ニューバランス」のスニーカーという組み合わせが流行した。軽くてあたたかなダウンや、動きやすいジャージ素材、吸汗性の高いスウェットなどの機能的な素材やユニフォームをアイデアソースにしたアイテムも好んで着用された。コーディネートの一部にスポーティーなアイテムを取り入れた着こなしは、若者から年配にまで浸透したといえる。

　こうしたスポーツスタイルが注目されたきっかけの一つは、2011年3月11日の東日本大震災・福島原発事故にある。震災がファッションに与えた影響は大きく、それまで若い女性たちの間で流行していた花柄やパステル調のカラーを用いた、甘くフェミニンなファッション、装飾的な服、ハイヒールの靴は一掃された。海外からの観光客の一時的な激減もあり、外資系のブランドやファストファッションのショップでは営業を中断する店舗もあった。衣服の機能性や安全性が再認識された時期でもあった。震災後の東京の街では、余震の恐れもあり、おしゃれを享受するムードは鎮静し、スポーツ系アイテムの持つ、機能性や機動性にあやかり、身を守る、心をケアするおしゃれが試みられた。

(2) 量産型ファッションとその可能性

　「量産」とは大量生産の略であり、自動車や家電製品など大量に生産される工業製品を、量産品とか量産型というように、髪型、メイク、衣服、振る舞いなどが画一的で、同じようなファッションをしている人に対して、量産型と呼ぶようになったのは2014年頃からのことである。

　量産型ファッションが台頭した理由の一つは、ファストファッションの登場で、流行の服を安く購入できることで、着用している衣服がほぼ、今シーズンに購入したもので揃えられるようになったことにある。もう一つの理由として、「KY」（空気読めない）という言葉が使われるように、空気を読む若者の価値

観が影響していると言える。周りの友達から浮かないように、目立ちすぎず、みんなが着ているような衣服を着用した方が安心だ。こうした気持ちが、よく似たファストファッションの衣服を着て、横並びとなり、量産型のファッションになることにつながっていると考えられる。

　しかし、彼らを仔細に観察するとわかるが、「同じようなファッション」であっても全く同じではなく、シャツの着方を少しアレンジしたり、ヘアやネイルでその人らしさを表現するなど、小さな差異には敏感で、プチ個性をきちんと演出している。こうして若者たちは、人とあまり違った格好はしたくないけど丸かぶりも嫌だ、流行に乗りすぎるのは苦手だけど、全く関与しないのも良くないといった感情を抱きながら、新しいファッションにチャレンジしている。流行や消費に対して、渦中にいながら、実は冷静に捉えて実践しているようにも感じられる。

8. 2020年代のファッション

（1）コロナ禍とファッション

　2020年の幕開けは、新型コロナウイルスの感染拡大によりスタートした。2020年3月から8月までの半年間、定点観測を中断し、9月に再開した。コロナ以前と以降で、街の様子にいくつかの変化がみられた。

　第一に、通行人のほとんどがマスクをするようになった。若者たちの間では、以前から、伊達メガネならぬ「伊達マスク」といって、マスクをお洒落の一部として取り入れる動きはあったが、通行人全てがマスクをつけているという状況は、かつてなかった事態であった。

　自粛しながらも、おしゃれを楽しみたい人の中から、マスクをコーディネートの一部にしている動きが見られ、黒マスクでキリッとした表情を作ったり、くすみパステル系のマスクと同系色のワンピースやスカートのコーディネートなどが見られた。水玉や花柄など、色や柄に特徴のある生地を選んで手作りマスクを楽しんでいる人、レース使いのマスクやラインストーンなどを付けて、アクセサリー感覚で、新しいマスク・コーデを積極的に取り入れている人もいた。

鼻や口がマスクで覆われて見えないため、目や眉毛にポイントを置いて、アイカラーや付け睫などを施したメイク、顔部分の見せ場が減った分、髪にメッシュを入れ全体を明るい金髪にするなど、ヘアカラーにウエイトをおいた装いも目立った。口が隠れる分、肩やおへそを出して健康的なセクシーさを強調したスタイルも広まった。

　海外のインバウンドの渡航者がめっきりいなくなり、コロナで外出抑制が推奨され、街を歩く人々の密度が落ち、街の賑わいや人々の交わす言葉も少なくなり、以前の活気ある通りが様変わりした。多くの若者の集客を誇っていた店舗が閉店し、新たな出店もなく、看板が外され「For rent」と貼り紙が壁に貼られている建物があちらこちらに増えていった。

　そのような中でも、街に足を運ぶ人たちを観察すると、街歩きや買い物が久しぶりにできたこと、距離をとりながらも、友達と渋谷や原宿を一緒に歩けることの喜びを表現している人が多数観測できた。総じて、コロナ以前の街頭と比較すると、全身のコーディネートに時間をかけて選んだと想像できる、丁寧な、改めてファッションを楽しむ装いが見られることが特徴である。

　外出の機会が減ったからこそ、外出の際はきちんとおしゃれをする、店舗の営業自粛等で服を買う機会が減った代わりに、自分の手持ちの衣服を見直したり、手持ちの衣服で着回すことを考える、その結果が街頭のファッションの変化に繋がっていったのである。

第5章

ファッションを伝達するメディア

1. 雑誌とファッション

　戦後発行された『ひまわり』をはじめとして、60年代の『装苑』、70年代の『an・an』、『non-no』、80年代の『Olive』などの雑誌が読者を刺激して、新しいファッションや世代を作り出してきた。90年代以降は、街のリアルな若者ファッションを取り上げるメディアとなり、雑誌と読者の関係性が大きく変容している。本章では、ファッションと雑誌の関係について、戦後から現在のファッション雑誌の変遷を取り上げて考察する。

　ファッション誌はどういうものか考えた場合、次のように定義しておこう。「最新のファッション・トレンドの紹介を中心として、それにブランドやアイテム、小物・アクセサリー、コーディネート、ヘア・メイク、雑貨やインテリアなどのライフスタイルの提案、モデルや芸能人の情報、映画、音楽、アート、エッセイなどのカルチャー紹介、キャリアアップ、恋愛などのライフプラン提案、グルメ、旅行、ショッピング情報などを網羅し、それらをターゲットに合わせて編集した媒体」のこと。年齢、収入、生活レベル、ファッションの嗜好によってセグメントがなされ、各雑誌における読者像が比較的明確であることもファッション誌の特徴である。ファッション誌の変遷を見ることで、ファッションそのものの変化はもちろん、読者層の変容の一端を知ることができる。

(1) スタイルブックの登場
　1945年、第二次世界大戦は枢軸国の敗戦で終結する。荒廃した日本、物資に乏しく着る服もままならなかったが、終戦の翌年には、女性誌の創刊が相次いだ。戦前からの既刊誌は、『主婦の友』、『婦人倶楽部』、『婦人之友』、『婦人公論』の4誌であったが、戦後には63誌にものぼった。

　これらの雑誌は婦人解放の記事とともに、実用的な洋裁、編物、衣料のやりくり、そして型紙を付録として、女性読者の獲得に努めた。特に女性たちが求めたものは洋服の情報であったため、1946年には『スタイルとデザイン』、『スタイルブック』などのスタイルブックが早々に誕生した。そして同年に『装苑』が復刊する。折からの洋裁ブームを背景として、型紙付の雑誌は、戦後の女性

たちの洋裁バイブルとなった。

　中原淳一は、翌年の終戦記念日である1946年の8月15日に『それいゆ』を創刊、以後たくさんの流行を作り出していく。1947年には少女雑誌として『ひまわり』を刊行する。1947年にパリで発表されたディオールのニュールックは、早くも翌年には日本に紹介されたとはいうものの、実際のディオールのドレスを目にする機会に恵まれたのはごく限られた人だったから、パリに洋行した経験のある中原による美的感覚あふれるファッション・イラストによって描かれるトップ・ファッションは、大勢の若い女性たちを魅了した。

(2) 女性グラビア週刊誌の登場

　1953年にテレビの本放送が始まりマス・メディア時代の幕開け時代を迎えようとしていた。国民の中流意識が次第に高まりを見せ、女性誌、週刊誌ブームが訪れる。『週刊サンケイ』、『週刊読売』、『週刊朝日』、『サンデー毎日』などの週刊誌が相次いで創刊された。女性グラビア誌としては、1950年に『ハイファッション』、『平凡』、『少女』、1952年には『明星』、1957年に『服装』が刊行され、芸能界の情報、流行の服装などの記事を中心に女性の読者を獲得していく。女性週刊誌では、1955年の『若い女性』、1957年の『週刊女性』、1958年の『女性自身』、『週刊明星』が創刊され、空前の週刊誌ブームが訪れた。

　これらの女性誌、女性週刊誌では、若い女性を対象にした教養、家族、芸能、料理、ファッションなどを編集の柱としていたが、どの週刊誌でもファッション・ページは、読者の高い関心があり、雑誌冒頭のカラーグラビアを飾るメイン扱いであった。パリ・オートクチュールをはじめとして、映画スター、有名人のファッション拝見などの記事が多かったが、女性週刊誌の『女性自身』や服飾雑誌の『装苑』などでは、現在のストリートスナップの先駆けとして、等身大の若い女性のファッションを紹介した。カラーテレビの普及とともに、こうした街頭ファッションの紹介ページは姿を消すが、当時は「太陽族」や「みゆき族」が話題を呼んでいたときであり、その先見性は高く評価される内容であった。いずれにせよ、女性週刊誌の登場は、その刊行頻度も高いため、一層、若い女性のファッションへの関心を盛り上げることとなった。

(3) メンズ・ファッションと『平凡パンチ』

　1960年代は団塊の世代の時代の若者たちが急増したときである。1964年、銀座でみゆき族が登場した年と同時に『平凡パンチ』が創刊される。従来、女性誌の創刊は相次いで行われてきたものの、男性のファッションやライフスタイルに関する雑誌は『男子専科』、『MEN'S CLUB』の他に限られていた。

　『平凡パンチ』は、団塊の世代の若い男性を対象とした新しいスタイルの雑誌であった。この雑誌は「女性・ファッション・車」を編集の3本柱として、当時の憧れであったアメリカの若者のファッション、カルチャーを取材し掲載するなど、新しい内容に満ちていた。そして何よりも注目されたのは、1964年から1971年の390号までの390冊すべての表紙イラストを手がけた大橋歩の描くアイビー・ファッションのイラストであった。ボタンダウン・シャツに細いネクタイ、3つボタンのストライプのジャケットに細いパンツ、足元はローファーを履き、ヘアもきちっとサイドで分けたアイビー・スタイルのイラスト、あるいはテニスやスキー、ラグビー、サーフボードなど、スポーツ・ウエアに身を包んだスポーツ・スタイルの若者たちのイラスト、助手席に女性を乗せてスポーツカーでのドライブ、友達を集めてのバースディ・パーティーのワンシーンなど、当時の男性の憧れのファッション、憧れのライフスタイルを表現したイラストは大いに男性を魅了し、アイビー・ファッションの大流行を招いた。『平凡パンチ』は1960年代の若者たちの新しい感性を育てるインキュベーターの役割を果たしたのである。

(4) アンノン族の誕生

　1970年に平凡出版（現・マガジンハウス）がフランスのELLEと提携して『an・an』を、翌年の1971年には集英社がアメリカのGLAMOURと提携して『non-no』を創刊した。これらの雑誌は、ちょうど若者年齢に達した団塊世代の女性たちに親しまれて、新しいファッションを示すバイブルとして大変重宝された。1970年代のヒッピーやフォークロア、70年代後半から流行するDCブランド・ファッションなど、最先端のトレンドを紹介する『an・an』、そしてベーシックで上品なトラッドを中心に、着回し、着こなしを徹底して指南した実用的な『non-no』は、ともに高いビジュアル性、ファッショ

ン性を売りに、女性たちになくてはならない雑誌となっていった。やがて、これらのファッションに興味関心の高い若い女性たちは『an・an』と『non-no』から「アンノン族」という名前で呼ばれて時代のリーダーとなった。

　そして1976年には"男のシティライフを考え直す新雑誌"というキャッチとともに『POPEYE』が登場。1979年には『ホットドッグ・プレス』や『特選街』も創刊され、ブランド名や価格を明記したカタログ的な雑誌が以後、数多く登場し、カタログ文化への導入となった。さらに、1976年の『スタジオボイス』、1977年には、成長した団塊世代のライフスタイルに合わせて、ニューファミリーやキャリアウーマン、自立した女性をターゲットにした『クロワッサン』、『MORE』、『アルル』などの雑誌の創刊が続き、新しいファッションとライフスタイルを提案したのである。

(5) 女子大生のバイブル『JJ』

　1975年の『JJ』創刊以来、1980年代の半ばまで、女子大生の間で横浜の元町を中心に流行したハマトラやニュートラをベースにし、スカーフ、バッグ、ベルトなどの小物は海外の高級ブランドでまとめた、派手だが清潔感のあるスタイルが好まれた。「JJヘア」と呼ばれたサイドの髪をうしろに流すセミロングのレイヤードヘアにムートンのコートやニットジャケット、タータンチェックのプリーツスカートや、スエードの巻きスカート、足元はイヴ・サンローランのウエッジソールの靴、ルイ・ヴィトンやセリーヌなどの高級な海外ブランドのバッグ、ゴールドのピアスやネックレスなどのアクセサリーなど、上から下まで一見してお金がかかっていそうな大人っぽいファッションでコーディネートしていた。これらのファッションが雑誌『JJ』に取り上げられたことで、もともとは一部のお嬢様大学や山の手エリアなど、ごく限られた女性たちの間で流行っていたファッションが全国区に広がり、若い女性がみな「JJガール」のスタイルを享受するようになった。

　やがて、1981年には『CanCam』が、1983年には『ViVi』が相次いで創刊され、女子大生のキャンパス・ファッションや若いOLの女性たちの等身大のファッションが掲載された。これまでのファッション誌の多くが外国人モデルを起用していたのに対し、これらの雑誌では、有名大学や名門の私立女子

大学の女子大生たちが素人モデルとして登場する。自身のファッションやブランド品のバッグやアクセサリーを披露したり、キャンパスライフを紹介するなど、読者により身近な女性たちが提案する情報は、親近感を覚え、これらを真似したいと思う女性たちが追随したのである。

（6）Hanako世代の誕生

　1980年代は、高度経済成長が無限に続くと信じられていた時代である。そのバブル全盛期のなか、1988年にマガジンハウスから『Hanako』が創刊された。後に、この雑誌の読者層を「Hanako世代」と命名するほどになる画期的な雑誌である。ファッションの紹介は、新しいショップや話題のブランドなどはあっても、雑誌全体に対するファッション・ページの割合はさほど高くない。主な内容としては、エルメスやグッチ、シャネルといった高級ブランド品の小物の紹介、新作コスメの紹介など、新しい物品の紹介にはじまり、渋谷、銀座、青山、六本木など、各号で異なるエリアに絞って、流行りのレストラン、雑貨ショップ、ブティックなど、若い女性が好みそうなショップをカタログ的に紹介したり、バレンタインデー、クリスマス、海外リゾート、温泉、ウエディングなど、記念日やレジャーなど、ライフシーンでの最先端の情報を掲載し、読者の消費意欲を煽りつづけた。

　この『Hanako』の登場により、これまでファッション＝服とされていたことが、女性のライフシーンすべてがファッションという価値観がいよいよ定着していくようになる。誰かと食事に行く時に、味だけでなくインテリアなどの雰囲気の良いお店に行くのがおしゃれ、温泉に行くなら古びた旅館ではなく、スパやエステのサービスも受けることができるところに行くのがおしゃれ、といった具合に、『Hanako』を読むことで、おしゃれな生活を送ることができる若い女性の格好のおしゃれマニュアルとなったのだ。

（7）女性誌の創刊ラッシュとターゲットの絞り込み

　1980年代の半ば以降、創刊雑誌の数が膨大に増加してくる。それは女性たちの嗜好が多様化し、それぞれのファッションにふさわしい雑誌が必要とされてきたことが背景にあるが、ファッション雑誌の読者数はさほど増えていない

し、一人の女性が読む雑誌の数が膨大に増えたかといえば、そうでもないだろう。単にファッションの多様化だけが、ファッション雑誌の出版増と結びついているわけではない。従来は、不特定多数の読者に向けて、ひたすら部数を伸ばすことが必要とされ、80年代には、『non-no』や『オレンジページ』など、発行部数が100万を超える女性誌も存在（1988年の発行部数）した。より多くの読者を捉えるために、さまざまな情報をなるべく網羅した編集で不特定多数のマーケットに向けて発信し、発行部数が多い雑誌が良い雑誌という価値観があったためだ。

ところが、1980年代後半、高度に経済成長した社会が爛熟期を迎えると、消費者の生活様式、消費行動、趣味などが多様化し、従来の価値観では適応できない状態が起こってきた。博報堂生活総合研究所は、この現象を「大衆社会」が崩壊して、「分衆社会」が始まったのだと提唱した。「分衆」とは、分割された大衆の意味であり、「分衆社会」では、大衆社会における性別、年齢、学歴、職業などの属性で分類された生活様式や消費行動が分裂して、消費者は、趣味、感性、テイストなどを基軸として行動するとして、従来の価値観からの変換を唱えた。つまり、消費者ニーズの「細分化」が始まったのである。このようなアプローチで女性誌を作り始めたのは平凡出版といわれており、『an・an』の創刊から始まるその流れに、他の多くの出版社が追従した。

こうした「分衆」の多様なニーズに対応する雑誌が80年代の後半に多数創刊されるようになり、現在も続く流れとなっている。このような雑誌では、年齢、収入、帰属集団、職業などの基本的な属性ではなく、その人のテイストを包括するような好きなブランド、好みのファッション、よく行くエリアなど、細かなセグメントによって、部数よりも読者の共感を重視した細分化した雑誌が展開されていくようになる。

こうして、上品なワンピースやブランド品の小物を好むコンサバティブな良家のお嬢様をターゲットにした雑誌として、1980年には『ヴァンサンカン』が創刊され、1984年には『クラッシィ』、1988年の『グランマガザン』、1989年の『Miss家庭画報』など、海外の高級ブランドや日本の老舗の名店など、ハイクラスな誌面の雑誌が続々登場する。一方、女子大生を中心にしたキャンパス・ファッションに絞り込んだ1983年創刊の『ViVi』、1988年創

刊の『Ray』などでは、コーディネートの提案や、ファッションと小物のコーディネートの事例などにページを多く割き、化粧やエステティック、ダイエットなどの情報も豊富である。これらは端から見ると同じような雑誌であっても、ターゲットの関心事、消費嗜好が細分化されているため、微妙な違いによって、雑誌の読者もわずかに異なっている。

(8) ギャルの登場とギャル系雑誌の創刊

　1990年代半ばには、1980年代のファッションを担っていた女子大生に代わり、女子高校生主導のファッションが話題となった。少子化の影響で若者の数が減少し、親が子供にかけるお金に余裕が出てきたこと、また子供たちもファストフードやコンビニなどのアルバイトで自由裁量できる所得が増えたことなどの理由から、ファッションの低年齢化が進行した。学校帰りに渋谷のセンター街などに集まって過ごす女子高生が増え、制服にルーズソックス姿やカットソーにフレアミニのサーファー風スタイルなど、健康的で少しセクシーなギャル系ファッションが新しいトレンドに浮上してきた。

　この結果、従来のヤング層を対象としたモード誌や女性ファッション誌と異なる、ティーン対象のギャル系雑誌が登場して、流行をさらに拡大させた。

　1995年には『egg』、『東京ストリートニュース！』、1996年には『Cawaii』が相次いで創刊された。そして従来からある『ポップティーン』や『セブンティーン』などの雑誌も編集方針を転換し、ギャルをターゲットにした雑誌にリニューアルを図った。これらの雑誌では、いわゆるプロのモデルではなく、読者モデルを起用し、渋谷を歩くおしゃれなギャル・ファッションの女の子たちをその場で取材、撮影して次号の掲載紙に登場させたり、ショップの販売員をモデルに起用し、ショップが提案するファッションを誌面で提案する方法は、一層読者に親近感を抱かせた。なかにはそのように起用された読者モデルのギャルの間からタレントになる女性が登場したり、ショップの販売員だった女性が独立してお店をもつようになるなど、サクセス・ストーリーも生まれ、自分もおしゃれをして雑誌に登場し、輝く未来をつかみたいという女性たちの憧れの存在となっていった。

（9）ストリート系雑誌とストリートファッションの拡大

　ストリートファッションが注目を浴びた1990年半ば以降、ストリート系といわれる雑誌の創刊が相次いでなされた。代表的な雑誌としては、1995年創刊の『GET ON！』、『スタイル・オン・ザ・ストリート』、『クールトランス』、翌年、1996年創刊の『スプリング』、『スマート』などがあげられる。ストリート系雑誌の決まりは特にないが、あえて定義すれば、原宿、渋谷、代官山など、ファッション・エリアとされる街でみかけたおしゃれな若い男女のファッションを取材したものを掲載したり、新しくできたセレクトショップの紹介、原宿のキャットストリートや渋谷の神南、恵比寿、中目黒など、新しいファッション・エリアの詳細な紹介など、ストリートに根ざした誌面で掲載されている雑誌を称してストリート系雑誌と呼ばれている。ファッションのテイストは雑誌によって多少の違いはあるが、基本的にはスポーツ、ワーク、ミリタリーなどのカジュアルなファッションをベースに、小物やアイテムのレイヤードの方法などで個性的なスタイリングにすることを提案したものである。

　ストリート系ファッション誌の大きな特徴は、今までのモード誌が大々的に取り上げてきたコレクション・トレンドの動向がほぼ紹介されていない点である。中心は、おしゃれな格好をした若者の、思い思いのストリートファッションであったり、「BEAMS」、「シップス」、「シェール」などの人気セレクトショップのバイヤーやショップ・スタッフがおすすめするファッション、あるいは「APE」のプロデューサーのNIGOや、「ネイバーハッド」、「ソフ」など、若者に人気の高いクリエーター・ブランドのデザイナーが提案するファッションなどである。これらはコレクションのトレンドと全く無関連ではないものの、ストリート系の雑誌を好む若者たちにとっては、コレクションのトレンドは直接的に影響を受ける媒体としては受け取られていないことを裏付けている。

　むしろ、彼らがファッションのお手本にしているのは、街のおしゃれな一般人やクリエーター、DJ、アーティスト、美容師など、新しいステージで活躍をして、ライフスタイルに憧れを抱き、その人の格好を模倣したいと思ったりと、極めて等身大的な存在に憧れている。また、時には自分も街で取材を受けることで、ファッションの発信者にもなりうる可能性も大いにある。こうした傾向は1990年代半ばのギャル系雑誌の創刊以降、現在も続く流れであるが、

ストリート系ファッションを盛り上げたのは、若い女の子たちよりは、裏原宿で、こういったストリートに根ざしたファッションを好んで着ていたような若い男の子たちが発信したという点で従来と大きな違いがあるといえる。

さらに、裏原宿のトレンドを20代の若い頃に謳歌した人たちは、30代になっても、ファッションのテイストやライフスタイルを変えないといった、新しい大人が増えている。こうした流れをうけて、2003年に創刊した宝島社刊行の『In RED』のように、"大人になったらファッションは卒業"ではなく、ストリートファッションで培ったファッション感覚を大人になっても維持していけるような層をターゲットにした雑誌が創刊された。

(10) ジュニア・ファッション雑誌の登場

1990年代の終わりから現在にかけて、渋谷のギャル系ファッションにつぐ、新しいジュニア・ギャルが登場して話題となっている。少子化の影響で一般的には市場は縮小傾向にあるとされていたが、「バーバリー」やアパレルの「ナルミヤインターナショナル」など、一部のブランド服がジュニアに大人気となったり、カネボウコスメットの「イエイ」などの、ジュニア用の化粧品が販売されると大ヒットとなったりと、10歳～15歳くらいの小学生から中学生くらいの、キッズとヤングの中間に属するジュニア層が新たなマーケットとして非常に期待されている。

ファッション誌でも、1986年創刊の『ピチレモン』を皮切りに、1997年『ニコラ』創刊、2001年には『メロン』、『ラズベリー』、2003年には『for Lilie』が創刊されるなど、ジュニアをターゲットにした雑誌の創刊が続いた。

(11) 皮膚のファッション化に伴うヘア・コスメ雑誌の隆盛

ファッション＝服で完結するのではなく、小物やアクセサリーとのコーディネーションはもちろん、ヘアやメイクに非常に気を遣う若者が増えている。ギャル系の女の子たちがダイエットをしてスレンダーな身体になり、露出度の高いセクシーな肌みせ服を着て自己主張をしたり、原宿のおしゃれな女の子たちは、ナチュラルなメイクではおおよそ使いこなせないような、緑や赤、黄色といったパウダーを自在にあやつって、アイメイクやチークをアレンジした化粧に夢

中になっている。また、ヘアスタイルにしても、もとの黒い髪のままの人はほんとうに少なく、ヘアマニキュアやブリーチなどで変化をさせている。つまり、今の若い人たちのファッションは、おしゃれの対象が服に留まらず、髪、爪、肌、皮膚など、より身体に近い部分に関心が移っているように思える。

そのような背景から、2001年創刊の『美的』をはじめ、『Bea's UP』、『Urb』など、雑誌にもヘアやメイクを記事のメインにしたヘア・ファッション誌、コスメ・ファッション誌とも呼べる新しい雑誌が登場している。さらにはタトゥーの彫り師を紹介し、実際に施術してもらった身体を大胆に掲載した専門誌などもある。また、従来のファッション誌の内容を見ても、服よりもヘアやメイクに割かれるページが年々増加している。以上のように、ファッションの範囲が、衣服からヘア、メイク、身体そのものへと拡大するとともに、雑誌の種類や内容もこれに呼応しながら変化しているのである。

(12) ファッション雑誌の現在

インターネットや携帯電話の普及により、新しいファッションは雑誌よりはるかに早くホームページでチェックできるようになった。早さや詳細さの面では、雑誌を上回る媒体はいくらでもある。それでも雑誌がなくならないのはなぜだろう？　ホームページに関しては、雑誌のようにターゲットを絞り込んだものは意外と少なく、自らが無数の情報を取捨選択して、欲しい情報を探さなければならない手間が必要なことも多い。反面、ファッション誌は、より細分化の方向に向かっており、自分のテイストにフィットした雑誌が登場し、欲しい情報を着実に入手できるであろうという信頼感がある。

近年のインテリア・ブームを受けて、『カーサブルータス』などの建築・インテリアの雑誌に人気が高まったり、『タイトル』、『ブルータス』、『Pen』のように、ファッション、旅行、食べ物、美術、宗教、映画などと、毎号取り上げる素材を変えた雑誌が出るなど、雑誌の編集も変化している。

ファッションが絶えず新しいものを求めるように、雑誌も創刊、廃刊、リニューアルを繰り返し、淘汰され、消費者のニーズに合った雑誌が残っていることを考えると、ファッション雑誌の変遷は、そのまま、私たちのファッション嗜好の変遷であるということができるだろう。

図表5-1　ファッション雑誌創刊年表

出版年	雑誌名
1940年代	
1946年	主婦と生活
	それいゆ
	スタイルとデザイン
	スタイルブック
	MODE et MODE
1947年	婦人生活
	ホーム
	ひまわり
1948年	美しい暮らしの手帖（「暮らしの手帖」）
1949年	ドレスメーキング
1950年代	
1950年	女学生の友
	少女サロン
	男子専科
1951年	少女ブック
1952年	明星
1954年	MEN'S CLUB
1955年	若い女性
1957年	週刊女性
	服装
1958年	週刊明星
	女性自身
	家庭画報
1959年	美しい十代
1960年代	
1960年	ハイファッション
	マドモアゼル
1961年	ミセス
1962年	女性明星
1963年	女性セブン
1964年	平凡パンチ
	流行通信
1966年	mc Sister
	週刊プレイボーイ
1968年	SEVENTEEN
	ティーンルック
1970年代	
1970年	an・an
1971年	non-no
1972年	レディブティック
	シティーロード
1973年	FEMALE
	JUNON
1974年	CHECK MATE
	JJ
1975年	PLAYBOY
	Made in USA catalog
1976年	POPEYE
	STUDIO VOICE
1977年	MORE
	プチセブン
	クロワッサン
1978年	ミセスのスタイルブック
	ギャルズライフ
1979年	My Birthday
	WWD FOR JAPAN
	HotDogPress
1980年代	
1980年	popteen
	COSMOPOLITAN
	25ans
	BRUTUS
1981年	with
	MR.ハイファッション
	CanCam
	Olive
1982年	ELLE-JAPON
	LEMON
	marie claire
	FASHION CALENDAR
	GINZA AKASAKA LOPPONGI'&SHIBUYA
	FN(FASHION NEWS)
	LEE
1983年	SAY
	Free
	ViVi
	CLASSY
	ef
1984年	INFAS
	GALS CITY
	ファッション・プラン
	ファッション予測
1985年	CUTE
	Boon
	MIL
1986年	ラ・セーヌ
	FINE BOYS
	ピチレモン
	MEN'S NON-NO
1987年	CANDY
	MINE
	FASHION YEAR BOOK
	SIGN
	Hanako
	Ray
	Muffin
1988年	SHE'S
	流行通信HOMME／オム／
	BEGIN
	Pee Wee
	Grand Magasin
	Street
	Miss家庭画報
	CAZ
	CLiQUE
	Fashion News
1989年	メンズコレクション　2編
	SPUR
	CREA
	CUTiE
	Vingtaine
1990年代	
1990年	FIGARO japon
	FASHION SHOW
	Gainer
	SEDA
1991年	H2O
	FRaU
	iD-JAPAN
1992年	ELLE DECO
	Oggi

第5章　ファッションを伝達するメディア

出版年	雑誌名
1993年	asAyan
	Zipper
	Barfout!
	chou chou
	GQ
	DOCE
1994年	Cazi Cazi
	GAP PRESS プレタポルテ
	THE BODY
	フリークアウト
	H
	Men'sEX
1995年	Style On the Street
	東京ストリートニュース！
	Smart
	JUNIE
	Quarterly DUNE
	GET ON!
	アパレル　ビジネスマガジン
	VERY
	egg
	Contemporaty Fashion
	OLLIE
	COOL
	ar
	COOL TRANS
	30ans
	きれいになりたい
	I.M.press
1996年	fashion-memo
	S mart
	Uno!
	Domani
	spring
	Grazia
	Cawaii!
	relax
	WARP MAGAZINE JAPAN
	BiDaN
	ZORA
	pink
1997年	Fine MAX
	N!KNAME
	GINZA
	street Jack
	nicola
	FRUiTS
	Happie nuts
	東京スーパーブランド
	bea's up
	Vita
1998年	Mahi・Colle
	KEROUAC
	Kin-ki Justreet
	Happie
	BoysRush
	プレタポルテコレクション　4編
	ブランドモールベストセレクション
	ブランドBargain Men's
	VIORA
1998年	Luci
	my40's
	ヘア＆フェイス
	Brand's OFF
	KERA
	RANZUKI
	ブランドBargain
	Free&Easy

出版年	雑誌名
1999年	FAMOUS
	Piekie
	Thrill
	Ollie
	BURST
	VOGUE NIPPON
	BRIO
	SIGHT
	samurai magazine
	sweet
	Gentry
	メンズトレンド・ヴィジュアル・マップ
	CHOKi CHOKi
	men's egg
	GAP PRESS オートクチュール
2000年代	
2000年	Ego*system
	priv.
	HARPER'S BAZAAR 日本版
	mini
	S-Cawaii!
	relax（リニューアル創刊）
	SENSE
	JILLE
2001年	DANCE STYLE
	mina
	Soup.
	ブランドJOY
	CANDy
	G!
	JJ bis
	和楽
	A*GIRL
	gli
	美的
	Oz magazine due life
	WWD MAGAZINE
	LUIRE
	LEON
	style
	日経おとなのOFF
	JILLE
	melon
	ラズベリー
2002年	GIRLS DEPT.
	WOOFIN' girl
	TATTOO BURST
	PS
	STREET
	GAP PRESS メン
	STORY
	Invitation
2003年	Ocean Style
	In Red
	for Lilie
	ネイル　UP!
	ollie girls
	JJ bis
	Hana・chu
	Men's PREPY
	Ready Go!
	Huge
	ku:nel
	Safari
	BLENDA
	ネイルSUPER BOOK

出版年	雑誌名
2004年	NYLON JAPAN
	おとこのブランド HEROES
	Smart max
	Precious
	TUNE
	Men' JOKER
	TATTO TRIBAL
	Teen Girl
	411
	GLITTER
	PINKY
	NIKITA
	BOAO
	MAQUIA
	MARIA japan
	Gentry
	Urb
	Straight
	Mart
	Colorful
	My ベストヘア
	ヘア＆ビューティー
	ランティエ
2005年	UOMO
	FUDGE
	GLAMOROUS
	ネイルMAX
	Body +

出版年	雑誌名
2005年	美人百花
	REAL SIMPLE JAPAN
	GISELe
2006年	OCEANS
	GOETHE
	JELLY
	MEN'S KNUCKLE
	Hi PREPPY
2007年	ヌメロ トウキョウ
	Anecan
	GRACE
	HERS
	ecla
	marisol
	セレビッチ
	Z
2009年	GINGER
2010年代	
2010年	GLOW
	リンネル
2012年	LARME
2013年	DRESS
	GOLD
	& Premium
2014年	CLUEL
2016年	ハルメク
2019年	素敵なあの人

2. 携帯、ウェブとファッション

　90年代半ば以降、ポケベルや携帯電話、ウェブの急激な利用率の上昇に伴い、ファッション情報も、瞬時に送受信されるようになった。現在では、コレクション情報はショーが開かれた瞬間から世界中に配信され、かたや、ブログなどを使って、個人のファッションを公開している若者も多い。ファッション情報が双方向的に発信される現在を考察する。

（1）ポケベル・携帯電話の登場と口コミ・ファッションの波及
　ファッションにおける情報のやりとりについては、インターネットより先に、ポケットベルや携帯電話などの新しいツールの登場によって、変化の序章が始まった。ポケットベルは、本来は外回りの多い営業職のサラリーマンの通信手段として開発されたものである。国内では1968年よりサービスが開始されたが、1990年代に入り、女子高生を中心に若者に愛用され、独特な使われ方が広まった。待ち合わせの場所や約束時間を決めるのに融通が利き、個人の即時の通信手段が確保されたことで「ベル友」と呼ばれる、ポケベルで繋がる友情

関係が生まれるなど、新しいコミュニケーション・ツールとなった。

　特に、女子高生にとっては、彼女たちの間だけで交わしたい情報を自由に伝達することができるようになったばかりでなく、ポケベルを使用することによって、時間、空間の枠を超えた自由なコミュニケーションができるようになった。ファッションに関しても、買ったアイテムや行きたいお店の情報を、ポケベルを使ってこまめにやりとりでき、ファッションを伝達する頻度が増える結果となった。こうして、ポケベルの登場により、コミュニケーションの主導権は、消費者側にバトンが渡されたのである。

　やがて、1995年頃より、携帯電話・PHSの普及と引き換えにポケベルは使用されなくなり、代わりに携帯電話やPHSがコミュニケーション・ツールとして一般化していく。一時は携帯電話にかかる費用のために、ファッション消費の低迷を招いたといわれたが、筆者が行った1999年の女子大生を対象とした、携帯電話の使用とファッション消費との調査結果からも、携帯電話で頻繁にコミュニケーションする学生のほうがファッションに対する関心も高く、むしろ、携帯電話の普及でファッションに関する情報のやりとりが増大し、ファッションの伝わり方に変化をもたらせたと考えるほうが自然である。

　現在、若者たちは、携帯電話を使い、友達同士で新しく買った服のことや、気に入ったお店の情報などを巧みにやりとりしたり、携帯コンテンツでファッション情報を入手したり、携帯コマースのサイトや「モバオク」などのオークションサイトで欲しい服を入手するといったことが日常的となった。携帯電話という新たなメディアの出現で、ファッションの広まり方が変化したのである。

（2）インターネットの台頭とファッション伝播の変化

　2010年の総務省の通信利用動向調査によれば、インターネット利用者数は平成21年末で9,408万人、人口普及率は78.0％とある。携帯電話・PHSの普及率も96.3％にのぼる。さらにインターネット端末利用者数の推移を見てみると、ちょうどインターネットが普及し始めた1990年代半ば以降、現在まで利用者数は上昇の一途を辿っており、平成9年（1997年）から、平成21年（2009年）の12年間で、インターネット利用者数は8.15倍もの伸びを示している。

インターネットは、これまでのテレビや雑誌と根本的に異なり、発信側と享受する側との間が双方向にやりとりができる点が大きな特徴である。さらに、従来までは、雑誌やテレビが紹介するファッションの影響力が大きく、読者は雑誌を見て新しいファッションやブランドの情報、ショップの所在地などを確認してきたが、インターネットの登場で、ブランドやセレクトショップが独自にホームページをもつようになり、雑誌に紹介されずとも、ブランドの新しいファッションを知らせることができたり、セレクトショップの新製品を紹介することができるようになった。つまり、雑誌やテレビなどのマス・メディアを介在させることなく、インターネットを通じて、顧客に直接情報を発信することが可能となった。ブランドやショップそのものが直接メディア的な機能をも担えるようになったのである。
　これらの変化に加えて、インターネットは時間や場所が限定されることがなく、24時間、見たいときにアクセスでき、場所も制限されない。従来では、雑誌やテレビで編集された状態でしか見ることができなかった海外の情報でも、日本にいながらにして、雑誌より早く、最新のファッション情報を簡単に、大量に入手できるようになった。
　以上、インターネットの台頭により、「即時性」、「双方向性」、「グローバル性」、「一極集中から多極分散へ」、「総メディア化」など、情報を享受する新しい方法は、そのままファッション情報の享受の変化と重なっている。
　従来の新聞、ラジオ、テレビや雑誌をオールド・メディアと呼ぶのに対し、インターネットや携帯コンテンツなどの双方向的なものをニュー・メディアあるいはホット・メディアと称し、情報の発信者と受信者との関係が大きく変わったといわれている。つまり、インターネットの普及は、新しいファッションがストリートから生まれ、トリクル・アップし、トリクル・アクロス化するようになった1990年代半ば以降の様相と、オールド・メディアから、ニュー・メディアの登場の様相と、ちょうど平行している現象ということができる。
　ファッションに関連したインターネット・サイトは、おおよそ以下の7つに分類することができる。各特徴とファッションへの影響についてまとめておく。

①ストリートファッションのサイト

　街頭でのスナップ写真をもとにストリートの最新ファッションをホームページや携帯コンテンツで公開したもの。任意の頻度でファッション・エリアにて撮影を行い、更新をするものであり、雑誌よりはるかに、撮影してから更新するまでの時間が短縮でき、ほぼリアルタイムに公開できるメリットがある。ともすれば、雑誌では季節感やトレンドが掲載された時点では古くなってしまうこともある生きたストリートファッションの情報をリアルタイムで入手することができる。これらのサイトの多くは、運営者が一方的にストリートのファッションを提示するだけでなく、ユーザー投稿も受け付けており、スナップを見た人の意見が反映されるという、双方向のやりとりができる点が特徴である。

②個人運営によるファッション・サイトやブログ

　個人でサイトを立ち上げ、たいていは非営利でファッション情報を公開しているホームページやブログである。また、mixiやface bookといったSNS（ソーシャル・ネットワーキング・サービス）を使って情報を発信することも若者を中心に広まっている。ブランドの歴史、タレントやモデル、芸能人のファッション紹介、ショップやエリアのガイド、テレビドラマの登場人物のファッション、今日のコーディネート披露、クラブや野外イベントのファッション紹介、ショップ販売員の仕事日誌、コレクションやブランド批評など、実にさまざまである。

　特に近年では、ファッションブロガーの存在が注目されている。例えば、11歳から「スタイル・ルーキー（Style Rookie）」というファッション・ブログを始めたタヴィ・ジェヴィンソンは、そのユニークな内容が全米に知れわたり、コレクションに招待されたり、雑誌に登場したり、メーカーと契約したりと、一躍ファッション界のスターとなり「13歳のファッションブロガー」として注目されるなど、これまでのファッション評論のあり方そのものも問われはじめている。

　インターネットの登場以前は発信機会が限られていた個人が、自由に意見を交わすことが自在になったということであり、ノンプロの個人とはいえ、情報量や知識の幅、ホームページの質など、マス企業や雑誌を凌ぐものもあり、情報の質が高ければ、ファッションブロガーとして活躍の場が広がることも少な

くない。

③実店舗をもたないネットショップ

　「楽天」、「Amazon」などのネットショップの進出が目覚ましいなか、ファッションに特化したネットショップも数多く登場している。人気ブランドが購入できる「ガールズウォーカー」や「ゾゾタウン」をはじめとするオンラインショップは増加の一途を辿っている。通販会社やファッション雑誌、ブランドのホームページなどでもネット販売を実施しているところも多い。

　これらネットショップの大きなメリットは、店舗をもたず、家賃や人件費等のコストが大幅に削減でき、商品を安く提供することが可能な点にある。ネットショップの利用者は、価格のより安いサイトを探し、賢い買い物をする。日本未入荷品やネット販売限定といった希少価値のある商品も紹介される。また、共同購入者が増えるほど価格が安くなるものや、欲しいデザインをネットで募って商品化する試みなどが取り入れられているものもある。一方的に販売するのではなく、購入者が欲しいものを提案したり、国内外を問わず、時間も自分の都合のよい時に購入ができる利便性の高いショップとなっている。

④エリアやタウン情報のホームページ

　「表参道エリアガイド」、「原宿デジタルワールド」、「原宿新聞」、「でじたる渋谷」、「銀座コンシェルジュ」、「新宿サーチ」、「代官山ホームページ」、「代官山情報局」など、商店街や地域に馴染みの企業、NPOが出資したり、当該エリアに関心がある個人が作成しているものなどさまざまであるが、最新情報を地図とともに掲載したガイド的なホームページも数多く登場している。テレビの情報番組や雑誌の特集を通じなければ入手しにくかった情報が、ホームページを通じて、関心のある人に容易に届けられるようになった。これらの多くは、ホームページを見た人々によっておすすめのショップやグルメなどの紹介がなされており、サイト運営側だけでなく、見た人もサイトの編集に携わっており、双方向のしくみが備わっている。

⑤アパレルメーカーやブランドの運営するホームページ

　現在、ほとんどのアパレルやブランドでホームページが運営されており、サ

イトにアクセスすることで、ブランドコンセプト、新しいアイテムの紹介、デザイナーをはじめスタッフのコメント、新しい商品の店舗への入荷情報などが提示されている。雑誌やドラマでモデルやタレントが着用していたアイテムをホームページで紹介しているものも多い。また、サイト会員の募集をしているものも多く、メンバー登録により、商品情報やセール、キャンペーン情報などをメールで紹介するサービスを提供しているところも多い。これは、雑誌に掲載して不特定多数の顧客に宣伝するより、登録会員個人の情報を把握し、個人のニーズに応じた商品提案をするのに有効な方法である。

　さらに、ネット販売のページを設けることで、店舗に足を運ばなくても商品購入できるしくみになっている。従来は、現物をじかに見たり試着できないという理由から、ネットショッピングはビジネスにならないと考えられてきたが、サイズが既知なブランドや、Tシャツやアクセサリーなど、サイズに左右されないアイテムなどでは、ネット販売も非常に増えている。近頃は、アイテムを自由にコーディネートできるシミュレーションが可能なものや、3D画像でスタイルが確認できるサイトも登場しており、利用者が増加している。

⑥ファッション・ウェブ・マガジン
　インターネット上のマガジンを大別すると、大手の出版社から発行されているファッション雑誌のホームページと、雑誌媒体はもたずに、インターネット上のみでマガジンを発行しているものと2種類ある。雑誌社が運営する雑誌のホームページのメリットは、更新頻度の自由度が高いという点であり、例えば月刊誌なら毎月1回の新刊雑誌でのみ提供していた情報が、サイトでは、よりきめ細かい情報を提供することができる。また、雑誌の読者でなかった人が、ホームページを見て興味をもち、購読に繋がるケースも考えられる。新刊雑誌のページ紹介、モデルのプロフィール、ブランド紹介など、より細かな情報を頻繁に紹介することで、親近感を抱かせ、雑誌と読者の距離を近づける媒体ともなっている。また、コメント書き込み覧や、読者の関心事のインタビュー覧などもあり、こうした読者情報を得ることで、雑誌作りの参考に活用されている。雑誌のホームページを提供することで、読者の関心をダイレクトに知ることができる。一方、ホームページを見ている読者側は、自由に意見を投稿する

ことで情報を発信する行為を通じ、雑誌に自分の好みが反映される楽しみを共有するといったやりとりが交わされているのである。

　雑誌媒体をもたず、始めからウェブのみの運営を行っているウェブ・マガジンもある。サイト自体の閲覧は無料であるため、バナー収入やネットショップを併設して運営されていることが多い。雑誌を作成するコストに比較すると、少ない資本で開設でき、流通に関わるコストがかからないというメリットがある。これらのページでは、雑誌のホームページと同様、BBSやブログのトラックバックなど、意見を投稿するページが設けてあり、従来のマス・メディア的なものが一方的にトレンドを提示し、消費者に受け入れさせるといった流れとは全く異なった媒体となっている。

⑦コレクション情報のウェブサイト
　従来は、コレクションで提案されたファッションが人々の目に触れるのは、業界紙の速報を除いては、ファッション雑誌などで紹介されるのを待つのが一般的であった。ところが、インターネットでは写真を撮ったそばからアップすることが可能であり、ファッション・ショーの様子は翌日にはインターネット上で流布されるようになった。1996年より運営がスタートしたコレクションサイトとして著名な「firstVIEW」では、ショーで発表されたアイテムのほぼ全てのコレクションの写真が閲覧できる。また、「VOGUE.com」や「ELLE online」といったファッション誌が運営しているサイトや、「読売オンライン」、「朝日ドットコム」、「毎日jp」といった新聞社のポータルサイトでも、最新コレクションが紹介されており、雑誌よりも早くコレクション情報を一般の人々が簡単に見ることができるようになった。

　このことは、ファッション・トレンドの加速化を招き、消費者の新しいトレンドの取り入れ方に大きな変化をもたらせることになった。一般的に、コレクションで発表された新しいスタイルが、アパレルメーカーによって咀嚼され、実際に市場に現れるまでに数ヶ月〜約半年先になるが、ネットでコレクションを見た視聴者のなかには、コレクションで発表されると同時に、既存の服やセレクトショップ、あるいは古着屋などで最新コレクションに似たものを探し、いち早く着用し街に出てアピールし、人より早いファッションをしたいと思う

ものが当然現れる。そうした先取りしたい気持ちを十分に理解しているセレクトショップなどでも、コレクションがネットで流布されるやいなや、コレクションに近いものを展示会で探し、海外のビンテージショップでコンディションのよい古着を仕入れて店頭で取り扱う。すると、最新コレクションが市場に出るであろう半年後には、すでに人々の目に慣れてしまい、新しさや魅力の点で劣ってしまう、過去のファッションとして消費された後に大量に販売されるといったミスマッチな事態も起こっている。

　そして、ファッションに対する評価の絶対性が崩壊しつつある点も見逃せない。ファッション誌や業界紙が信頼されていた時代には、編集者やファッション評論家、バイヤーのコレクションに対する評価が大きな影響力をもっていた。ところが、インターネットによって、発表後すぐにホームページ上で公開されるコレクションを誰もが見られ、思い思いの意見を書き込み発表することで、しがらみのない、自由な評価がなされ、これら一般の人々の評価が影響力をもつようにまで変化している。

（3）ファッション情報におけるトリクル・アップ化とトリクル・アクロス化

　以上見てきたように、1990年以降のインターネットの普及により、ファッション情報は、単に雑誌のウェブ版だけでなく、ストリートファッションのサイト、コレクション情報サイト、アパレルサイト、無店舗のバーチャルサイト、個人のポータルサイトなど、極めて多様になり、多角化することとなった。この結果、ファッション情報の時間差、限定性、秘密性は消滅、解消されて、情報の流布のスピード化、情報の拡散の劇的な変化がもたらされた。メーカーやリテーラーは、これらのサイトで新しいファッションを見ることで、直ちに消費者ニーズに対応でき、また消費者は、サイトを見ることで、瞬時に流行に参画できるようになった。誰でもが瞬時の内にファッション情報を受容するとともに、送り手の対象となることで、ファッションの受け手が、同時に発信者になるという二重の役割を担うようになったのだ。

（4）トリクル・アクロス化の帰結としてのガールズコレクション

　今や雑誌やテレビを頂点とするファッション情報の流布のヒエラルキーや、

ファッション情報の秘密性や時間差は、いよいよ形骸化している。大きな企業も、ファッション好きの個人も、コンテンツに価値があれば、見る側は等価にみなし、情報を享受し、またその情報に関して、何らかのリアクションを返すことが当たり前となった。

　このことは、従来のファッション情報のトリクル・ダウンにおける上から下への一方向の流れであったものが、トリクル・アップやトリクル・アクロスへと双方向化、循環化へと転換しつつあることを表すものである。同時にファッションサイクルの短縮化とスピードアップ化が加速度的にもたらされたゆえの帰結でもある。1990年代半ば以降のファッションとメディアの変化が、ファッション享受のあり方に大きな変容を与えたのである。

　この帰結として、立ち現れている一例が「東京ガールズコレクション」のようなファッション・イベントの隆盛であろう。当然、ガールズコレクションは、運営者側のマーケティングに基づくファッションを中心とした一大プレゼンテーションであり、何を呈示するのかについては予め決定されている。しかし、ランウェーを歩くモデルの着る服を、「欲しい」「欲しくない」と瞬時に判断するのは着用者側のダイレクトな感覚に委ねられており、あるいは会場の「かわいい！」の声の大きさがバロメーターとなる。そこにジャーナリストやバイヤーといった第三者の判断は組み込まれていない。間接的なファッション批評が介在しない、モノと着用者との直接対峙の是非を問う声もあるが、東京ガールズコレクションの会場に足を運ぶ、女の子たちの生き生きした眼差しを見る限り、トップダウンで与えられてきたファッション情報の享受は、すでに過去のものとなったことを、まざまざと見せつけられるのである。

3. SNSから生まれるファッション

　FacebookやX（旧Twitter）、LINE、Instagram、YouTube、TikTokなどのSNS（ソーシャル・ネットワーキング・サービス）は、2000年代以降に登場した新しいメディアである。写真や文章を気軽に投稿できたり、周りの人がどんなことに関心があるのかを知ることができ、様々な情報収集に役立つのと、スマートフォンで手軽に閲覧できることが大きなメリットになっている。

第5章　ファッションを伝達するメディア

　中でも、ファッション情報の公開と収集に大きな力を持っているのが、Instagramであり、「フォトジェニック」という言葉が巷に溢れ、「インスタ映え」が2017年の流行語大賞となり、インスタグラマーが新たなファッションリーダーとして台頭した。
　インスタグラム（Instagram）とは、アメリカのベンチャー企業が開発した写真や動画共有無料アプリのことで、2010年10月にAppStoreに登場して以来、瞬時に広まり、2014年には日本語アカウントが開設された。簡単に写真や動画を撮影・加工・共有ができ、見たい写真を見つけたり、自分が投稿した写真を見つけてもらうための目印（ハッシュタグ）があり、投稿写真に「いいね！」をしたり、コメントを書き込んだり、気に入った投稿者をフォローするなどのカスタマイズにより、様々な機能が簡単に使えるメリットがある。
　Instagramでは、自分が関心のあるユーザーやインフルエンサー、ブランドや企業を中心にフォローするため、好ましくない投稿をわざわざ閲覧する機会が少なくなり、自分が見たいもの、関心を寄せるものが優先され、望まない情報を遠ざけることが起きる場合がある。こうした状況を、イーライ・パリサーは「フィルターバブル」と命名し、インターネットで、利用者が好ましいと思う情報ばかりが選択的に提示されることにより、たくさんの情報を得ていると思っていても、思想的に社会から孤立し、偏向が広がる問題を指摘している（Pariser 2016）。
　Instagramによるフィルターバブルの状況は、これまで雑誌やブランドが提供してきた見た目に分かりやすいファッション・ジャンルへの憧れや模倣、そしてあるスタイルに飽きて卒業するといった、ファッションにおける通過儀礼を見えにくいものにし、これらの結果、これまでに存在していた雑誌のターゲットのくくりである、ギャル系、ストリート系、コンサバ系、モード系など、自分が支持するファッションのジャンルや系統の垣根は見えにくいものとなった。さらに、スマホを触れば絶えずたくさんの情報（とはいえ、似たような情報が無数にあるという状況）が入手できるため、ファッションに敏感で情報を受容する頻度が高い人ほど、選ぶ服の同質化が進むという不思議な状況がSNSで生じている。

第6章

街とファッションを考える

1. 街とファッションの関係

　戦前に繁華街だった浅草や銀座、戦後に栄えた渋谷や原宿、そして1990年代から話題のエリアとなる代官山など、街は訪れる人たちによって絶えず変化している。本章では、代表的な東京の繁華街の変遷を見ることで、街とファッションの関係を考察する。

(1) トリクル・アクロス化する東京のファッションストリート
　戦前からおしゃれの街だった銀座に始まり、戦後の混乱期にヤミ市ができたアメヤ横丁などを有する戦後の復興を担った上野、1960年代以降、ブティックや飲食店などが登場して注目された原宿、1960年代後半から1970年代の時代のアングラ文化を支えた新宿、1980年前後のパルコの隆盛と渋カジ・ファッションに代表される渋谷、1990年代後半からヒルサイドテラスや代官山アドレスの登場で変化した代官山、小さなセレクトショップやおしゃれな飲食店の並ぶ恵比寿、中目黒、六本木ヒルズやミッドタウンなどの開発が進む六本木、さらに目下再開発が進みファッション・エリアとしても注目を集める東京や大手町など、東京都内にはストリートファッションを受け入れ、醸成し、育ててきた街が多数存在する。
　これらの街のほとんどが、時代の変化とともに変化を繰り返している。東京随一の繁華街として栄え、多数の若者を取り込んだかと思えば、時が過ぎて従来の賑わいや新鮮味が維持できなくなり、やがては他の街に話題が移り、別の場所に注目が集まるという具合に、絶えず新陳代謝をしている。話題のエリアは、それこそアメーバーのように変幻自在に移動し、リアルな生命こそもたないものの、街もある種の生き物のように変化を繰り返している。

(2) ファッションストリートの拡大と共鳴
　注目すべきことは、1990年以降、東京のファッションストリートは、中心のストリートから同心円状に限りなく広がり、やがて隣接したストリートと共鳴しあって、やがてさらに大きなファッションストリートに変容しているということである。原宿の竹下通りから始まったファッションストリートは、明治

通りから裏原宿や奥原宿へ、そしてキャットストリートへ広がっていき、一方で表参道から青山通り、奥青山へと拡大を続けている。若者たちはメインの竹下通りから明治通りに出て、裏原宿の路地を抜け、表参道を横切ってキャットストリートに入り、やがて渋谷に出て、再び明治通りに戻るという回遊を楽しみながら、ショッピングに興じている。逆に渋谷のギャルたちも「渋谷109」からセンター街やスペイン坂を抜け、神南から明治通りを通って、原宿に出るなど、今では原宿と渋谷が共鳴し合い、2つのファッションが混合し合って、新しいファッションを生み出している。狭い路地を行きつ戻りつして、ぐるぐると楽しみながら回遊できること、つまりトリクル・アクロスできることが、街が繁栄する条件の一つなのである。東京のファッションストリートは、銀座と丸の内、代官山と原宿、新宿の東口と西口など、街がトリクル・アクロス化することによって発展している。

　本章では、東京都内のファッションストリートである、原宿、渋谷、銀座、代官山、新宿、青山のエリアそれぞれについて、これまでの街の歴史を、主にファッションの面を中心に辿る。併せて、その時代のファッションをいち早く取り入れて、周囲に広め、享受してきた族や集団、あるいはある共通の嗜好をもったクラスターについても列挙し、その時代の、それぞれのエリアの隆盛および、当時のファッションやそれを支えた人々との関連をとりまとめてみたい。

2. 代表的な東京の繁華街の変遷

1 原宿

　原宿は、1960年代の原宿族の出現以降、1980年代の竹の子族、DCブランド・ブームの登場など、若者の自己表現としてのファッションを表現する場として確固たる地位を築いてきた。1990年以降では、リニューアルした「ラフォーレ原宿」を筆頭に、明治通りに大型路面店が並び、また表参道には「表参道ヒルズ」などの商業ビルが次々に登場し、海外ブランドの路面店が立ち並び様変わりしている。

　ここでは、1990年以降の原宿エリアの変遷を、ファッションの変化、なら

びにその街に訪れる人々の変化について、以下に時系列に沿ってまとめてみる。

第1期：戦後〜1970年代

①原宿という名称の由来

　原宿と呼ばれているエリアは、ＪＲ原宿駅から西側に伸びたエリア一帯、表参道をほぼ中央にして、南は渋谷、北西は千駄ヶ谷、西南は青山に囲まれた一帯を指す。「原宿駅」「ラフォーレ原宿」など原宿の名前を有する建物は多数あるが、原宿という地名は、1965年の住居表示変更以来、行政的には存在していない。

　古くは、現在の神宮前１〜４丁目あたりが「原宿町」と「竹下町」、表参道をはさんで向かい合った5、6丁目が「穏田町」と呼ばれていた。原宿の由来は古く、江戸幕府が開幕される半世紀ほど前から、旅人の訪れる宿場町だったことから命名されたといわれている。

　もともと、原宿全体は文教地区や第2種住居専用地区に指定され、大規模なビル建設や大規模な地域開発が行われなかったため、表参道と明治通りにはアパートやマンションが並ぶ閑静な景観を形成してきた。さらにこれらの大通りの裏手には、細い路地が縦横無尽に走っており、この路地がやがて、現在の裏原宿やキャットストリートなどのファッションストリートを形成することになる。新宿や渋谷のような歓楽街がなく、セレクトショップやブティック、ヘアサロン、おしゃれなカフェや飲食店の店舗に特化していることも特徴である。

②ワシントンハイツ、セントラルアパートによる西欧文化の流入

　原宿が栄えだしたのは戦後以降のことである。さかのぼれば、1923年の関東大震災を受けて、1927年に表参道にある同潤会青山アパートが完成して、早くから住宅地としての基盤が揃いつつあった。同潤会は1924年に「関東大震災に対する善後処置」として設立された財団法人である。その名は「淋同江海之潤」―広く庶民を潤すという意味―に由来する。アパートメント建設の他に田園都市というイメージの郊外普通住宅や新中間層への分譲住宅建設事業も行った、日本初の政府による住宅供給組織である。原宿の他に代官山、三田、江戸川、東上野など、都内を中心に建設されたアパートは他にも多数ある。

その後、1945年の戦後間もないときに、明治神宮の南にあった代々木練兵場跡地にワシントンハイツというアメリカ軍将校用の宿舎が建設された。当時、一般庶民は物資の乏しい生活を余儀なくされていたが、それでも、原宿在住のアメリカ兵やその家族たちが身につけているアメリカのファッションや文化に触れるにつれ、日本人の間に少しずつ浸透していった。

1958年にはセントラルアパートが建立され、さらに、1964年には東京オリンピックの開催に伴い、代々木に丹下健三設計によるオリンピック屋内競技場が完成し、コープオリンピアというマンションもできた。東京オリンピックの賑わいとともに原宿に住む人、訪れる人の数が急激に増加していくにつれ、ドライブイン、洋品店、喫茶店、骨董店などのショップも点在するようになる。

ワシントンハイツのアメリカ兵をはじめ、オリンピック選手やその関係者など、多数の外国人が住んでいたこともあり、原宿の街は古くからインターナショナルな雰囲気を持っていた。その雰囲気に惹かれて、1960年代に入ると、デザイナーやモデル、タレント、ファッション業界の人など、おしゃれな人たちが原宿に住居を構えたり、事務所を持つようになった。整然としたアパートや洋風の店舗が軒を連ね、景観が整っていき、またそれに伴い時代を先取りしているクリエーティブな職業に就いているおしゃれな人たちが通りを行き交うようになった。フォトグラファーの浅井慎平、コピーライターの糸井重里などをはじめ、セントラルアパートに事務所を持つことがステータスとなり、カタカナ職業が若者の憧れとなった。表参道はパリのシャンゼリゼ通りにちなんで「日本のシャンゼリゼ」と呼ばれ、グレードの高い街として知名度が上がっていった。

③原宿族の登場

原宿が若者のファッションの発信地として確立されたのは、1960年代の原宿族の登場に端を発する。原宿族とは、馬淵公介著の『「族」たちの戦後史』によれば、1966年の夏に登場したとされる。セントラルアパートの1Fにあった深夜営業のレストラン「クレドール」や明治通りに面した「ルート5」に若者たちが集まり話題となった。トヨタスポーツ、日産シルビア、スカイラインGT、フェアレディなど、スポーツカーで原宿に乗り付けることがステー

タスとされ、路上の女性に声をかけたり、バーやレストランでリクエストしたジュークボックスから流れるグループサウンズやエレキソングの音楽に合わせ、モンキーダンスをあまり気合を入れずに踊るなど、ちょっと退廃的なムードをとるポーズがおしゃれとされていた。

　原宿族のファッションについては、特に彼ら独自の特徴的な格好というものはなく、1964年頃に銀座をエリアとして広まったみゆき族を引き継いだスタイルが中心だったとされる。男性はアイビー・ファッションを基本とし、女性の間では、みゆき族時代のロングスカートから変化して、短いタイトな花柄のスラックスにニットトップ、ヘアはショート・カットで大きめの付けまつげをつけるなど、ロンドンのストリートから流行したモッズ・スタイルを取り入れてみたり、ノースリーブのボーダーのトップスにミニスカートのツィッギー風スタイルを真似するなど、1960年代風ファッションが好んで取り入れられていた。

①深夜営業のレストラン「クレドール」前にたむろする若者たち（1967年）【毎日新聞社】

④マンションメーカーとDCブランドの黎明期

　1960年代の後半になると、原宿に小さなブティックが出現し始める。当時、渋谷や青山、銀座に比べて、まだ地価の安かった原宿のマンションの一室を借りて、デザインから販売までを少人数のスタッフで運営する、いわゆる"マンションメーカー"と呼ばれる小規模なメーカーが出現したのである。

　荒牧太郎の「マドモアゼル・ノンノン」や大川ひとみの「ミルク」、松田光弘の「ニコル」など、1960年代後半から続々と登場したこれらのマンショ

ンメーカーは、80年代に入り本格化するDCブランドの流行へと繋がっていった。また、1970年創刊の『an・an』、1971年創刊の『non-no』らのファッション雑誌では、これらのマンションメーカーが作ったブランドの服が多数紹介され、1970年代を通してファッションをリードする役割を担っていった。

　こうして、1970年代に入って原宿は、たびたび『an・an』、『non-no』などの誌面を賑わし、雑誌を通じて原宿＝若者ファッションの街として全国的に知れわたるようになった。この『an・an』と『non-no』では、ファッションの情報はもちろんのこと、旅行の情報を取り上げており、京都、奈良、飛騨高山など、日本の伝統的な街をおしゃれに旅する提案をしていたため、実際に若い女性の国内旅行者が増えた。彼女たちは、1970年代風のフェミニンなロングスカートや、レイヤード・ファッション、パステル・カラーのアイテムといった当時の最先端のおしゃれをし、またスヌーピーなどのキャラクター・グッズやファッション雑貨などにもこだわりを持っており、そういった嗜好の若い女性たちはアンノン族という名で呼ばれるようになった。

　1974年には明治通り沿いの竹下通りの角に原宿で初めての大型のファッション・ビル「パレフランス」がオープンした。「カルティエ」や「ゲラン」などの大人の女性やお金持ちの奥様をターゲットとした高級なヨーロッパの輸入服などを扱うショップが入っていて、原宿ファッションのランドマーク的な存在となった。原宿駅からパレフランスまでの通りに人の往来が増えるようになり、1970年代半ば頃から、それまで住宅街だった竹下通りに少しずつお店ができるようになった。

　こうして、戦後から1970年代の約30年の間で原宿のファッションストリートとしての基盤は整った。当時の原宿は、原宿駅とセントラルアパート、そしてパレフランスの3つのポイントを結ぶエリアが栄え、表参道と竹下通りに囲まれた区画とその周辺が活性化していった。原宿駅をスタートして、表参道を通って明治通りに出て、パレフランスの手前の竹下通りを通って駅に戻る（あるいはその逆方向）という回遊ルートが整っていき、表参道、明治通り、竹下通り沿いにさまざまなお店が軒を連ねるようになった。

第2期：1970年代後半～1980年代

①ラフォーレ原宿のオープン

　1978年「ラフォーレ原宿」がオープンする。開店当初はナショナルチェーン展開のテナント構成であったが、売上げ低迷により路線を変更し、周辺のマンションメーカーを中心に小さなブティックを集めたことにより、ラフォーレ原宿は一躍注目を集めるようになる。ここから「DC（デザイナーズ・キャラクター）ブランド」ブームが生まれ、ラフォーレ原宿はパレフランスに取って代わる原宿のメッカとなり、ファッションの発信地となった。年に2回のセールの期間には、早朝からセール目当ての若者が多数並ぶ姿も見られた。こうして、1983年頃には「コムデギャルソン」、「コムサデモード」などのブランドで全身黒ずくめのスタイルのカラス族が登場するなど、デザイナーズ・ブランドやキャラクター・ブランドのファッションが若者の間で大流行した。

　1982年に創刊されたティーンズ向けのファッション雑誌『Olive』では、「パーソンズ」や「JUSTBIGI」、「ニコルクラブ」などのティーンズ向けのDCブランドを多数取り上げて話題となり、これらのブランドを身につけたリセンヌ・スタイルを基本とするOlive少女なども登場した。Olive少女の登場は、前出のアンノン族よりもさらに幼い10代の若者のファッション化に拍車をかけ、ファッションの低年齢化をもたらせた。こうして、DCブランド・ファッションはストリートに瞬く間に広がっていった。

　ラフォーレ原宿のオープンと同年の1978年、表参道の交差点近くに「ハナエモリビル」が開店し、その後1984年にはビブレが表参道に登場する。1960年代の原宿の商圏は、ほぼ原宿駅〜明治通り〜竹下通り周辺の規

②1978年にオープンした原宿のランドマーク「ラフォーレ原宿」（2004年）

第6章　街とファッションを考える

模であったが、1970年代〜1980年代に入ると表参道が明治通りを超えて、青山方面へ伸びて原宿が拡大していった。

　こうして、DCブランド・ブームの流行に従い、瞬く間に、ラフォーレ原宿をはじめとして、表参道、竹下通り、明治通りとたくさんの店舗が軒を連ねるようになった。現在の竹下通りは、ティーンをターゲットとした安価なアクセサリーの店や、修学旅行生のためのお土産ショップ、芸能人の生写真やポスターを並べるタレントショップなどが大半となり、ファッションビギナーの登竜門として多くの人が溢れている。

②ホコテンと竹の子族
　1977年、表参道と代々木公園の歩行者天国がスタートし、ホコテンの愛称のもと、フィフティーズやローラー族などの多数の若者が出現した。1972年にデビューした矢沢永吉率いる「キャロル」や、当時大人気だった「ダウンタウン・ブギウギバンド」などの、ロックンロールのミュージシャンの影響を受け、彼らに憧れる若者が歩行者天国となったストリートに登場し、フィフティーズ・ルックが大流行した。

　男性はリーゼント・ヘアに黒い革ジャン、サングラスのスタイル、女性はポニーテールにプリント柄のロングキャザースカート、三つ折ソックスにボーリング・シューズのフィフティーズ・ファッションできめて原宿の歩行者天国に現れ、ロックンロールをラジカセから大音量で流し、ツイストやジルバを踊っていたのである。1975年にオープンした渋谷の外れ

③歩行者天国でハーレムパンツの衣装でラジカセの音楽に合わせて踊る竹の子族の若者たち（1980年）【毎日新聞社】

にあった「クリームソーダ」という店は、フィフティーズ・ファッション御用達として、長蛇の列ができるほどの人気を集めた。

　1979年には竹の子族が登場する。もともと新宿のディスコで踊っていたハイティーンのグループが、あまりに目立ち過ぎて未成年であることがわかってしまい、ディスコを追われて原宿の歩行者天国に辿り着いたことがきっかけといわれている。竹の子族の名前の由来は、1978年に竹下通りにできた「ブティック竹の子」にあり、このショップでは竹の子族独特のファッションである、黄色や白、ピンク、青など色とりどりのサテン素材のルーズフィットのハーレムスーツ、数珠のようなネックレス、サングラス、同じ色とりどりのサテンのはちまきなどが売られていて、ディスコや路上で踊るための服として、若者の間で人気のショップとなった。

第3期：1990年代

①原宿駅周辺から明治通りの繁栄と平成ブランド人気

　原宿族の登場以降、1980年代までに多くの若者を魅了してきた竹下通りに加え、1990年代に入ると、原宿駅周辺からさらに広域に広がり、明治通り沿いに「ジグソー」、「ナチュラルビューティー・ベーシック」、「インデックス」、「イーグル」などの路面店の出店が相次いだ。これらはみな、従来のDCブランドのようなキャラクター色の強いブランドではなく、着回しのできるカジュアルなブランドであり、デザインはベーシックなものが多い。つまり、着用者のオリジナリティーがポイントとなるファッションが志向されて、ショップ側の提案するファッションをそのまま鵜呑みにするのではなく、着る側のコーディネートに委ねた単品アイテムを中心としたショップが支持されるようになったのである。

　やがて1990年代前半には、フレンチ・カジュアルをベースとしたシンプルなコーディネート・ファッションがブームとなったが、これも「BEAMS」や「SHIPS」といったセレクトショップが提案した編集的なセレクトによる販売方法が評判になり、アパレルメーカーが後続して、これらのマーケットに参入したと思われる。

　また、「チャイルドウーマン」、「ビュルデサボン」など国内ブランドが人気

を集めるようになった。これらのブランドは、平成元年（1989年）頃を中心に台頭したことから、平成ブランドという呼称で呼ばれ、特に「ナイスクラップ」、「オゾック」、「イネド」が平成ブランドの御三家といわれ、ストリートのトレンドをほどよく取り入れた、コーディネートのしやすいベーシックなアイテムに注目が集まった。これを契機に、原宿にはSPA型のショップが続々とオープンするようになった。特にラフォーレ1Fにあった「ナイスクラップ」や表参道沿いの「ベネトン」などのショップが人気となった。

②セレクトショップから発信される新しいファッション

　1990年以降には、セレクトショップが新たな流行の発信源となったが、そのさきがけは原宿における1976年にオープンした「BEAMS」である。それに続いて、1990年代には「ユナイテッドアローズ」、「イエナ」、「フリースショップ」など、多数のセレクトショップが出店し、東京のストリートのなかでも、いちはやくセレクトショップが集積するエリアとなった。

　そして、「ユニクロ」のTシャツを着て、「ルイ・ヴィトン」のバッグを持つ若者が街に増加していくのにつれて、1999年には低価格なカジュアルショップ「ユニクロ」が明治通りに路面店をオープンし、同時に「ルイ・ヴィトン」、「グッチ表参道」といった高級な海外ブランドの路面店が並行して出店されるようになった。ファッション、そしてストリートは、プレステージ性のある高級ブランドと、日常着として消耗品感覚で着用するカジュアル・ブランドとの二極化が進行し、かつ、従来の感覚では相反する二極のブランドを同時に着用するといった、ミックス感覚のファッションがごく当たり前のものになっていったのである。

③裏原宿という下位から上位へのアプローチ

　1960年代に竹下通りが若者たちの人気スポットとなり、1980年代までは「ラフォーレ原宿」を筆頭に、駅の周辺がファッションのメッカとなった。ところが、1990年代の半ばになると、こうした駅に近い店舗は、すでに既存のショップで埋め尽くされて賃料も高価であり、お上りさんに店の雰囲気が荒らされるなどの思いから、駅から遠く離れたひっそりとしたエリアに知る人ぞ

知るショップを構えるケースが増えた。
　その代表的なケースが裏原宿と呼ばれるエリアである。規模の大きなアパレルメーカーに属さない独立系のデザイナーが、1990年代の半ば頃から裏原宿と呼ばれるエリアから独自のファッション発信するようになった。裏原宿は、具体的には明治通りと表参道にはさまれた北側の一角のことで、以前は古着ショップなどが数店集まっていたものの、もともとは静かな住宅街だったところである。裏原宿がメインストリートになったきっかけは、1993年に「UNDERCOVER」のデザイナー高橋盾と「A BATHING APE」のディレクターNIGOが共同で、原宿の明治通りと表参道に挟まれた一角に「NOWHERE」という店を出した頃とされ、ストリート感覚のカジュアルなウエアはたちまちのうちに人気となった。
　やがて、こうした裏原宿発信のメンズ・ファッションは、同世代の女の子たちを取り込んで、ボーイッシュなファッションが10代後半の女の子たちの間に人気を集め、「ボーイズ・ストリート系」という、新たなクラスターが生まれた。これまで、ファッション・トレンドのイニシアチブは女性が担う場合が多かったが、この裏原宿発のカジュアルなメンズ・ファッションは、男性の間で広まった流行が逆に、女性の間にトリクル・アップしたケースであり、こうした男女間の流行の伝播の仕方も従来とは変化している。

④サブ・ストリートにこそ実現できる界隈性～キャットストリートの開拓
　裏原宿のエリアに多数のショップができるのと同時に、明治通りに並行して通る細いキャットストリート沿いのショップが1990年代後半に入り注目を集めるようになる。
　かつては車が通らず、比較的のんびりと歩ける道として、明治通りの人ごみを避けて原宿と渋谷を回遊するためのバイパスとして使われていた程度で人通りもまばらであったが、1990年代の後半以降、瞬く間にショップができて、現在では、竹下通りに匹敵するくらいの人通りとなっている。
　キャットストリートは、渋谷の宮下公園前から明治通りの裏を並行し、2007年に開業したファッション商業施設「ジャイル」の横に出る約700メートルの遊歩道である。1987年頃から始まった渋谷区の整備事業でキャットス

第6章　街とファッションを考える

トリート一帯の整備が進み、遊歩道の原型はこの頃に整った。

「ラフォーレ原宿」をはじめとする表の原宿がクローズアップされていた1980年代、まだまだこの辺りは非常に静かな住宅街であったが、1982年にフィフティーズ調のファッションを扱う「ピンクドラゴン」がオープンし、歩行者天国で踊るフィフティーズ族の若者たちが足を運ぶようになった。当時、キャットストリートの周辺の店舗といえば、「ピンクドラゴン」の他に雑貨店の「NICE」、「オイカワパンツショップ」と喫茶店が1軒だけだったという。

その後もしばらくは、キャットストリートの名前の由来とされる野良猫の行き交う静かな通りだったが、明治通り、表参道に人が押し寄せ、多数のショップが並び、人もショップも飽和状態となった1990年代後半以降に入り、大きな通りを避けて、あえて一本裏にあるキャットストリートに新しいショップの出店が続くようになった。

「Xガール」や「アールジーン」などのカジュアル系の人気ショップや、「リアルマッド・ヘクティック」などのエクストリーム系のショップなどを目当てに10代半ばから20代前半の若者の数が圧倒的に増えて、スポーツ・カジュアルやミリタリー・ファッションなどがキャットストリートから生まれた。

さらに2000年代に入り、お兄系ショップやギャルのお姉さん版ショップ、ゴシック&ロリータ系のファッションをセレクトしたショップなど、従来のエクストリーム系ショップ以外の店舗が次々に登場したりと、今もなお、変化の激しいエリアとなっている。また、車の通らない、歩行者専用の通路であることで、通行する人たちも安心してショッピングを楽しんだり、行き交う人たちのファッションをチェックしたりなど、表の通りとは異なる界隈性に満ちあふれている。

④ゆったりとした遊歩道の左右には人気のショップが建ち並ぶキャットストリート（2004年）

⑤コスプレという自己表現ルックの街への表出

　いわゆる、シーズンごとのファッション・トレンドとは質を異にするものの、原宿独自のコスプレ・ファッションがストリートから形成されたのも、1990年代に入ってのことである。一例をあげれば、デザイナー沢田卓矢の「卓矢エンジェル」のブランドに見られる着物をアレンジした服で全身を固めた、現代の婆娑羅とも呼べるエンジェラー、「W&T」などの蛍光色を用いたスペースエイジ風の服を着て街を闊歩するサイバー・ファッション、黒ずくめのゴシック・スタイルやロマンティックなゴスロリ・ファッション、モヒカンやスキンヘッドで鋲打ちの革ジャン、タータンチェックのボンデージ・パンツに身を包んだパンク・ファッション、アニメやマンガの主人公のコスチュームを模倣したレイヤー・ファッションなど、まさしくコスチューム的なスタイルで歩く若者が見られるのもやはり原宿らしい光景の一つである。

　原宿駅にほど近い明治神宮前の神宮橋付近では、週末になるとコスプレ・ファッションに身を包んだ若者が大挙して集まり、それぞれのファッションを披露している光景を目にすることができる。原宿に観光に訪れた海外からの旅行者などが一緒に記念撮影をしているシーンもよく見られる。こうした動きが海外のコスプレ・ファンの登場をもたらした。観光で訪れる海外の若者が、アニメやゴスロリの格好で原宿や秋葉原を歩く姿を見ることが当然のものとなり、またこうした関心が、毎年名古屋で開催される「コスプレサミット」に繋がるなど、新たなイベントの創出にも寄与したのである。

　こうした状況の背景には、

1. すでに原宿がコスプレをしていくことのできる場所であるという認識が若者の間で広く知れわたっていた
2. 実際にコスプレ・ファッションをしている人に原宿で遭遇し、触発されて、自分も体験してみようという動機がもたらされた
3. コスプレ・ファッションを好む若者が多数原宿に足を運ぶことで、コスプレ・ファッションを扱うショップが増え、さらにコスプレ好きが原宿に集まったといった相互作用が関連していると考えられる。

⑥裏原宿エリアの変容

現に、1990年代半ばに話題となった裏原宿のエリアは、当時はスポーティーなエクストリーム系ファッションに身を包んだ、いわゆる裏原系と呼ばれる男性をターゲットにしたショップが点在していたが、2003年にゴスロリやパンクテイストのファッションを扱う「h.NAOTO」のレディスショップ「H」がオープンした頃より、ゴスロリ、パンク、和柄を取り入れた着物風のウエアを扱うショップなどが増えて、裏原宿の雰囲気にも変化が見られるようになった。

さらに2000年以降に入り、若い女性の間で、コスプレ・ファッションの一般化が進み、その裾野が広がっている。親しい人でも同一人物とわからないような、完璧なコスプレを体現しているケースもあれば、ソフト・コスプレという風情の、少しばかりの変身願望を満たし、普段の格好よりは派手な格好をしている女の子たちも登場している。

⑤1990年代後半よりメジャーなストリートに変容した裏原宿（2004年）

第4期：2000年代以降

①ブランド・ブームが生んだ海外大型路面店の進出ラッシュ

2000年以降、原宿はさらなるステップを踏むことになる。一つは海外のブランド・ショップの進出の激化、もう一つは小さなセレクトショップの林立、そして既存店舗のリニューアルが相次いで起こった。

この背景には、生活者の要求水準が高まってきたことがあげられる。従来の百貨店の商品や、国内ブランドのクオリティーに満足できない、経済的に豊かな若者が増加し、ステータスの高い海外の高級ブランドに関心が集まることによって、街が海外ブランドのショップで覆われるようになった。こうして、明治通りと表参道沿い路面店の多くが海外ブランドのショップとなった。この傾

向は、1990年代後半から進み、出店が相次いだ。
　そのさきがけは、1999年に「原宿セントラルアパート」があった角地にファッション・ビル「T'sハラジュク」が建ち、外資系の衣料専門店「GAP」の旗艦店が開業したことに始まる。2001年には「シャネル」、「イヴ・サンローラン・リヴゴーシュ」などのブティックが入った「エスキス表参道」がオープンし、単独路面店では、「エンポリオアルマーニ」、「マックス＆コー」、2000年に「ベネトン」など、いずれも外資系のショップの出店が相次ぐようになった。そして、2002年には「ルイ・ヴィトン表参道」のショップがオープンしたが、開店当日には、限定品のバッグや時計を求めて、青山学院大学の方面まで長蛇の列ができた。
　2003年には「クリスチャン・ディオール」、「プラダ」、「トッズ」など、海外のステータス・ブランドの出店ラッシュが続き、表参道の通りに面する路面店のうちの約6〜7割が海外ブランドのショップで占有されるようになり、海外ブランドの進出はさらに拡大している。併せて、「クリスチャン・ディオール」の建築は妹島和世と西島立衛によるSANAAが手がけ、菱形のガラス・ファサードがそびえ立つ表参道の「プラダ」はヘルツォーク＆ド・ムーロンの建築によるものであり、表参道のけやき並木を建築に取り組んだ有機的な構造体をもつ伊東豊雄による「トッズ」など、販売されている商品のみならず、今やインテリアやファサード、建物そのものがファッション化され、表参道の景観そのものを大きく変容させている。

②原宿エリアのクラスター化、大人のための表参道への変貌
　「ラフォーレ原宿」は1978年のオープン以来、2001年に約2ヶ月の休館を経て大リニューアルを実施。新たに31のショップが登場し、24の既存店がリニューアル、2つのショップが店名変更を行うなど、「ラフォーレ原宿」を構成する約3分の1が生まれ変わり、これまでの10代の若者を中心としたターゲットから年齢層の幅を広げた店舗展開がなされ、客層が少し大人になった。
　表参道の顔として親しまれてきた同潤会アパートも、2003年に取り壊しが着手され、建築家の安藤忠雄による「表参道ヒルズ」が2006年に完成した。地域の歴史性を尊重し、けやき並木と周辺の街並みとの調和を十分考慮した施

第6章　街とファッションを考える

設になるような検討がなされ、新しいビルは地上5階、地下4階のビルに40戸の住居と商業施設の他、数百台が収容できる駐車場が設備されている。この「表参道ヒルズ」に入っている商業施設を見てみても、「イヴ・サンローラン」、「ドルチェ＆ガッバーナ」、「セオリー」など、20代後半から30代以上の大人をターゲットとしたショップが中心となっており、竹下通りや裏原宿、キャットストリートにあるような10代の若者をターゲットにした店舗が連なるエリアとは明らかに異なっている。表参道に30代前後の大人をターゲットにした商業施設ができたことで、これまで青山界隈でショッピングを楽しんでいた大人の層が新たに表参道に足を運ぶようになり、通りの雰囲気を変えていったのである。

こうして、「表参道ヒルズ」周辺には、オフィス・カジュアルに身を包んだキャリア女性たちや、ステータス・ブランドをさりげなく身につけたビジネスマンの男性たちが増えたことで、さらに2008年には、開業して2年足らずで、メンズ・ファッションのショップや宝飾・アクセサリーなど、大規模なテナント刷新が行われた。各クラスターのファッショ

⑥表参道の顔だった今はなき同潤会アパート（2003年）

⑦2006年にオープンした安藤忠雄建築の表参道ヒルズ（2009年）

ンの変化に併せて、ショップの入れ替えのサイクルも加速度的に短くなっている。

　かくして、竹下通りから「ラフォーレ原宿」、明治通りの「東急プラザ表参道原宿」を中心とする10代〜20代の若い世代が訪れるエリアと、裏原宿〜キャットストリートそして、「BEAMS」や「ユナイテッドアローズ」を中心としたセレクトショップを好む、こだわりのカジュアル・スタイルを支持する20代前後の若者が集まるエリア、海外ブランドの路面店が揃うプレステージ性の高い表参道〜青山のエリアと、原宿のエリアのセグメンテーションが明確になった。これらは、ファッション・クラスターの増大と連動しており、クラスターが増大した結果、それぞれのエリアのショップの個性が確立され、足を運ぶ人の特徴とがそれぞれ明確にセグメントされ、エリアのクラスターもまた差異化されたのである。

③ファストファッション路面店の林立

　2000年代に入ると、ファストファッションのショップが建ち並ぶようになった。その先がけだったのは1999年の「GAP」であり、2002年の「ZARA」、2008年には日本初上陸となった「H&M」がオープンした。2009年には、「FOREVER21」、「ローリーズファーム」などのブランドを集積した「コレクトポイント」のオープンが相次いだ。当時、原宿の明治通り交差点付近には、海外ブランド「GAP」、「ZARA」、「H&M」、「FOREVER21」、ファッション複合施設「ラフォーレ原宿」（この中に「トップショップ」、「キットソン・スタジオ」がある）、日本のユニクロのTシャツショップ「UT」が並び、低価格のファッション店舗がしのぎを削るようになった。

⑧スウェーデン発のH&M（中央）と、ロサンゼルス発のFOREVER21（奥）の並ぶ明治通り（2010年）

第6章 街とファッションを考える

図表6-1　原宿年表

1927年	同潤会アパート
1945年	ワシントンハイツ
1950年	キディランド
1958年	セントラルアパート
1963年	ワシントンハイツ返還
1964年	マドモアゼル・ノンノン
1965年	コープオリンピア
1967年	ニコル
1970年	BIGI
1970年	MILK
1973年	パレ・フランス
1974年	ブティック竹の子
1976年	BEAMS
1976年	クリームソーダ
1977年	歩行者天国開催
1978年	ラフォーレ原宿
1978年	ハナエモリビル
1981年	ピンクドラゴン
1982年	ラフォーレミュージアム原宿
1982年	原宿テント村
1984年	原宿ビブレ21
1985年	COXY188
1985年	RAGTAG
1986年	ラフォーレ原宿パート2
1987年	アイドル・ワンダーランド
1987年	元気ハウス
1988年	原宿クエスト
1992年	ユナイテッドアローズ原宿本店
1993年	BEAMS東京
1993年	NOWHERE（アンダーカバー、A BATHING APE）
1996年	J.CREW
1997年	ナンバーナイン
1997年	CA4LA
1998年	ユニクロ
1998年	プラダスポーツ
1998年	ヘッド・ポーター
1999年	ティーズハラジュク（GAP）
1999年	グッチ青山
2000年	ラフォーレ原宿リニューアル
2000年	フォレット原宿
2000年	X-girl
2000年	hhstyle.com
2000年	ベネトン・メガストア表参道
2001年	エスキス表参道
2001年	ワイ・エム・スクウェア原宿
2002年	ルイ・ヴィトン表参道
2003年	ONE表参道（ロエベ、セリーヌ他）
2004年	クリスチャン・ディオール
2004年	トッズ
2006年	表参道ヒルズ
2006年	b6
2006年	ラルフ・ローレン表参道
2006年	神宮前トーラス（DKNY）
2006年	ジ・アイスバーグ
2007年	ジャイル（シャネル、ブルガリ他）
2008年	H&M
2008年	TOPSHOP&TOPMAN
2009年	ナイキ・フラッグシップストア
2009年	キットソン
2009年	FOREVER21
2009年	コレクトポイント原宿
2009年	GAPフラッグシップ原宿
2010年	キディランドキャットストリート店
2010年	ラグビー表参道
2012年	東急プラザ表参道原宿
2015年	Q Plaza HARAJUKU
2018年	原宿ZERO GATE
2020年	@cosme TOKYO
2020年	原宿駅新駅舎開業
2020年	WITH HARAJUKU（ユニクロ、IKEA）
2024年	東急プラザ原宿「ハラカド」

2 渋谷

　現在の渋谷のストリートファッションが本格的に若者の間に広まったルーツは、1980年代後半の渋カジにある。さらに、若者たちの思い思いのファッションが、渋谷という街を媒体として、同じ若者間で水平に伝播し、やがて若者の間で広まった渋カジ・ファッションの感覚をメーカーやブランドが汲み上げるという、トリクル・アップ的な伝播の本格的なスタートであったと考えることができる。さらに渋谷は、1990年代後半、「渋谷109」によるギャル系ファッションの台頭により新たなトレンドの発信地となった。2000年代を前後して、駅から離れた神南のエリアに「BEAMS」、「SHIPS」、「ジャーナルスタンダード」、「アメリカンラグシー」などのセレクトショップが続々と登場し、おしゃれ好きの若者が集中しているとともに、渋谷駅周辺から神南への回遊性も高まっている。

第1期：戦後〜1960年代

①渋谷の由来

　渋谷という地名の由来は、昔この付近は入り江で「塩谷の星」と呼ばれ、「しおや」が「しぶや」に変わったという説や、平安時代の終わり頃、このあたりの領主であった河崎重家が、京都の御所に侵入した賊を捕らえ、その賊の名が渋谷権介盛国といった。堀川院は、重家に「渋谷」の姓を与えたことから「渋谷」になったとする説、さらには、この地を流れる川の水が鉄分を多く含み、赤錆色の「シブ色」だったため「シブヤ川」と呼ばれていたとする説、渋谷川の流域の低地が、しぼんだ谷あいだったからとする説など、諸説ある。

　渋谷は元来、古くからの華族・名士の邸宅が多く、私立大学などの教育機関が周辺に集まっていることから、行き交う人の多い街として栄えていた。1930年代に建築ラッシュが訪れ、1934年に東横百貨店（現在の東急百貨店東横店）が開店したのを始めとして、1935年には渋谷〜吉祥寺間に鉄道が、1939年には渋谷〜浅草間に地下鉄が開通した頃より渋谷はターミナルとしての機能を担う街となっていった。

②ヤミ市からの出発

　戦後のヤミ市やバラックの街を経て、渋谷の街がクローズアップされたのは1960年代のこと。DIG、スウィング、ありんこなどのジャズ喫茶ができて、音楽好きの学生たちが集まるようになった。同時に1960年代後期には、ジャズ喫茶だったブラックホークが輸入盤を中心に欧米の新しいロック・ムーブメントを紹介しはじめ、はっぴいえんどなど日本の新しいロックバンドの拠点となったBYG、泉谷しげるなどのフォーク・ムーブメントの拠点となった青い森、アンダーグラウンド・アーティストを積極的に紹介したJean Jeanなどのライブスポットの存在により、渋谷は新しい音楽の供給地としても注目されるようになった。

第2期：1970年代〜1980年代

①若者の「西武」と大人の「東急」による渋谷開発

　1968年に「渋谷西武」が開店し、1970年代に入ると、渋谷は東急と西武という2大ディベロッパーのバトルとも呼べる大型の資本投入による開店ラッシュが続き、デパートやファッション・ビルが続々と登場する。これまで渋谷の代表的なデパートであった東急百貨店が大人をターゲットとしていたのに対し、西武は学生や若い社会人に焦点を絞り、彼らの求めるファッションやカルチャーを提案していくようになる。こうして、渋谷は東急の形成する大人ゾーンVS西武グループが手がける若者エリアとの棲み分けが進み、渋谷のエリアの区分けが次第に進行していったのである。

　西武グループの開発が進み、渋谷の若者化が顕著となったのは、1973年の「渋谷パルコ Part1」オープンがきっかけだった。その後、1975年には「パルコPart2」、1981年には「パルコPart 3」、1985年にはアンテナ・レストランを集積した「THE PRIME」がオープン、1986年には高感度なデザイナーズ系のアイテムを揃えた「SEED」がオープンし、これまで原宿のラフォーレなどに通っていた若者がこぞって渋谷に訪れるようになった。

　1980年代のDCブランド・ブームの流れに乗って、瞬く間に渋谷がファッションストリートとして話題のエリアとなったのである。「パルコ」、「丸井」、「渋谷西武」など、当時のファッション・ビルは注目のブランドを数多く集積

しており、非常に魅力的な存在であった。次第に駅から公園通りに向かう道は若者で溢れるようになり、大人を締め出した渋谷は、若い世代の文化を表現する街へと変わっていく。さらに1980年代を前後して、これまでのファッションと音楽に加えライフスタイルを提案するショップが渋谷に登場し、新たな消費意欲を喚起させるようになる。1978年の「東急ハンズ」の開店、1987年「渋谷ロフト」の開店など、ファッショナブルな生活のためのインテリアや食器、各種のケアグッズ、ギフト商品などを扱うショップが新たな集客を集め、渋谷は衣・食・住・遊のファッション化とともに、若者のニーズに対応する街に変貌していったのである。

⑨パルコpart1の周辺には、ギャップやモヴィータなどの店舗が並び、公園通りは高い回遊性がある（2004年）

②渋カジ登場

　1970年代〜1980年代の前半までの東急ＶＳ西武のバトルが話題だった頃は、ストリートやエリアごとの開発の方向性が明確だったが、このようなディベロッパーのコントロールとは異なる、次の新しいトレンドがストリートの若者主導によって生まれ、新たな場面を迎えることになる。

　1987年頃、渋谷のセンター街をたむろする周辺の高校生や大学生などの学生の間で、「渋カジ」と呼ばれるファッションが大ブレイクした。チーマーと呼ばれるちょっと不良風の高校生たちが、仲間である証として、お揃いのスタジアムジャンパーとジーンズ姿にシルバーのアクセサリーを身につけたり、また大学生のキャンパス・ファッションがトレンドとなり、ジーンズにポロシャツ、紺のブレザーにスニーカーのスタイル、女性の間では、ポリパンと呼ばれるポリエステル製のストレートなパンツやデッキシューズを履いて、ヘアはワンレングスのストレートかソバージュのロングヘアが大流行した。こうし

て、若者主導によるヤング・ファッションが定着していったのである。また、1987年にオープンしたロフトは、ファッション＝ライフスタイルのニーズを上手くつかんだ雑貨やインテリア、アクセサリーなどを集積した品揃えがヒットし、黄色に黒のロゴが入ったロフトのビニル袋を持つことがファッションとなった。

　当時人気を集めていたブランドは、「ポロ・ラルフローレン」を筆頭にトラッド調のファッションが注目を集め、アメリカのカジュアルな古着を扱うショップや、カジュアルなトラッドのアイテムを扱うセレクトショップなど、これまでのファッション・ビルが得意としてきたキャラクター・ブランドやDCブランドのショップに代わる店舗が好まれるようになり、現在のセレクトショップ人気に繋がる小さな路面店が注目を集めるようになったのである。

　その大きな原動力の一つとなったのが、1977年に渋谷神南に出店した「BEAMS」のショップある。1976年、原宿の神宮前でわずか6.5坪の店でスタートした「BEAMS」が神南1丁目に出店した。開店当時はラブホテルが数件あるだけで、ファッション店といえば「BEAMS」とおニャン子クラブの衣装として一世を風靡した「セーラーズ」くらいしかなかったエリアであった。ちなみに「セーラーズ」には中高生を中心に毎日400〜500人が並び、ピークの1986年には1人10万円までの制限つきで、45人ずつ15分の入れ替え制だった。こうして、センター街から神南エリアを結ぶ公園通りの回遊性がますます高まったのである。

③文化を発信する拠点としての渋谷

　1980年代以降に入ると、EGG MAN、クアトロ、オンエアなどの新しいライブスポット、東急文化村のオーチャードホール、HMVをはじめとする大型CDストアなどが登場し、渋谷は新しい音楽を発信する街として、さらに活気を呈するようになり、小山田圭吾率いるフリッパーズ・ギターなどの渋谷系と呼ばれるアーティストをも輩出するようになる。こうしたバックグラウンドを持ちながら、劇場、ライブスポット、クラブ、FM放送局、そしてストリートと、あらゆるシーンで、渋谷は絶えず刺激的でクリエーティブな文化を発信し続ける街と化していった。

第3期：1990年代以降

①ストリートから生まれたギャルと「渋谷109」

　髪は金髪、焼けた素肌を露出するファッションにガングロ・ヤマンバと呼ばれた歌舞伎の隈取りのようなメタリックなアイシャドーにグロスリップを塗った突飛なメイクなど、何かと話題となるギャルは、1990年代の半ばに突如として渋谷で生まれた新しい若者である。

　当時の渋谷はといえば、渋カジ・ブーム以降、来街年齢がどんどん下がり、お金を落とさない若者ばかりが集まるという危機感から、「渋谷西武」がリニューアルをし、キャリア層をターゲットにしたり、「東急bunkamura」や「東急本店」が大人をターゲットにして、海外ブランドのフロアを充実させた高級感のある店構えを進め、大資本が渋谷の街を大人をターゲットとしたエリアに変革させようとしている最中であった。2000年にオープンした「渋谷マークシティー」も大人の街としての渋谷の復権を図ったものである。

　そのようななか、センター街には多数のプリクラショップやファストフードショップ、レコード店、ゲームセンター、日焼けサロンなどができ、大人とヤングの棲み分けや差別化が進んでいく。あるいは、スペイン坂には雑貨ショップやファストフードショップ、カフェなどが並び、ショッピングや飲食を楽しみながら街を回遊する格好のルートとなった。

　そして、大手のディベロッパーの目論見に反して、渋谷に来る若者の年齢はさらに低くなり、大学生がメインだった1980年代に比べ、1990年代には女子高生を中心としたギャルがこぞって足を運ぶようになった。おりしも、1996年、女子高生の援助交際が社会問題化され、マスコミでの取り上げ方が激しくなり、センター街には絶えずマスコミの取材光景が見られるようになった。

　ギャルの増加に呼応して、これまで大人をターゲットにしてきた東急であったが、「渋谷109」のファッション・ビルを1996年に全館リニューアルを行い、ギャルの女の子たちが好むブランドのショップを揃え集客を図り、大成功を収める。「エゴイスト」、「マウジー」、「セシルマクビー」、「マテリアルガール」など、最新のトレンドをいちはやく具現化させたギャル系ブランドがすべて揃

うとあって、休日ともなれば、人がすれ違うこともままならないほどの大にぎわいを見せる。

「渋谷109」内の人気ブランドの共通点は、タイトでセクシーな体のラインを強調したデザインが多く、サイズも細めに作ってあり、スタイルのよい人しか着ることのできないアイテムも少なくないこと。また、トップブランドのエッセンスを上手く取り入れ、なおかつ高校生くらいの若者でも手に入れることができる高くない値段であることも大きい。これらの新しいアイテムを颯爽と着こなすファッション・アドバイザーたちは、時に「カリスマ店員」と呼ばれて、雑誌やテレビをはじめとしたマスコミで取り上げられ、ファッション・モデル以上の人気を博するという現象も起こったほどである。

⑩渋谷109のオープンによって、渋谷がギャルファッションの発信拠点となった（1989年）【毎日新聞】

ここでは、百貨店やファッション・ビルといった、リテール主導による提案力というものが、もはや従来のように権威を持たなくなり、渋谷でいえば、ギャルのニーズをいかに捉えられるかが、ショップやブランドが存続するための条件となったのである。

②サブカル志向の若者に呼応するサブカルショップの出現

1990年代後半に入り、あえてわかりにくい雑居ビルに店を構えた個人経営のマニアックな小さいセレクトショップが増えたり、レコードショップがウエアも置くようになったり、さまざまなショップが台頭している。消費者のニーズの多様化に応じて、ショップもまた、多角化してきている。こうしたショップは、派手な広告や宣伝は行わず、口コミでファンが増えていくという"知る人ぞ知る"という点がポイントとなっている。

1990年以降、小さなファッション・ブティックをはじめ、ミニ・シアター、CDショップ、小劇場、セレクト書店、ギャラリー、サロン、エンターテイン

メント施設など、いずれもマス・メディア的な集客をねらわず、ショップのポリシーに合う人にだけ来店してもらうといったマイナーなショップが増えて、サブカルチャーのエリアとしての、もう一つの顔が渋谷に存在する。
　こうした傾向は、秋葉原において鮮明であり、渋谷では宇田川町の界隈など、一部の限られたエリアのみにサブカル志向の若者が集まったことで、そのエリアが特化していったが、秋葉原では街全体がアニメの趣味に応じて大きく変貌を遂げている。

③セレクトショップ志向の若者と神南エリアの発展
　公園通りとファイヤーストリートに囲まれる神南は、1977年の「BEAMS」のオープン以降、1990年代に続々と人気のショップが集積し、今やセンター街や公園通りとはまた違った新たなファッション・エリアとして、多数の若者が訪れるエリアとなっている。
　1972年にNHKが愛宕から神南2丁目に移転し、翌1973年「NHKホール」がオープンした頃から少しずつ人が集まるようになった神南だが、当時の渋谷のメインストリートといえば「パルコ」を擁する公園通り、そしてスペイン坂であった。1978年には公園通りに「たばこと塩の博物館」が、1984年には「電力館」および「12カ月ビル」がオープンし、神南の知名度は向上するものの、あえて若者がショッピングしに訪れるエリアではなかった。
　それまでの渋谷エリアの概況はといえば、「渋谷西武」、「丸井」、「東急」などの大手デパートのテナント店が主流であり、渋谷駅の周辺、そして道玄坂や公園通りへのアプローチがなされている程度であった。ところが、「BEAMS」の神南における成功により、従来の百貨店や専門店にない、新しいバイイングセンスに基づくセレクトショップが、神南を中心にオープンするようになり、1990年代後半以降、急速な勢いで発展を遂げるようになった。これと並行して、既存のブランドや百貨店、専門店のファッションに飽きて、新しいファッションを求めていた、20代前後のおしゃれに敏感な若者たちが神南エリアへと足を伸ばしていくようになり、街の導線の変化をもたらせたのである。

④ファッションストリートの拡張と回遊性の向上

　この流れは後に、渋谷消防署にちなんだファイヤー通りやキャットストリートの誕生へと波及していく。NHK、渋谷公会堂方面から、ファイヤー通りへ降りていく道は、バスティーユ通りと呼ばれ、1990年代半ば頃から「アニエス.b」、「NICE CLAUP」や「アメリカンラグシー」、「ミッドウエスト」などのショップが相次いで出店、注目を集めるようになった。

　2000年には、これまで原宿を拠点としていた「ユナイテッドアローズ」が、神南1丁目に渋谷公園通り店をオープンし、翌年2001年には明治通りにあった「トランスコンチネンツ」が、NHKに程近いエリアに引越しをする。さらに2002年には「SHIPS」も路面店を神南にオープンさせたことで、セレクトショップの御三家と称される「BEAMS」、「SHIPS」、「ユナイテッドアローズ」が一同に揃った。これも、神南エリアが新たにセレクトショップのエリアとして認知されることで、さらなるファッションに敏感な若者たちを集積し、エリア一帯がポテンシャルを高めていったケースといえる。

　一方、公園通りは、1980年代に西武グループにより開拓が進められたストリートだったが、当時は公園通りを境に、パルコや西武のある宇田川町方面のみに人が集まっていた。1980年代後半の渋カジ・ブームとともに裏通りカルチャーが人気を呼び、人の流れも道玄坂、公園通りなどのメインストリートから、ファイヤー通り、バスティーユストリートなどの、一歩裏道のストリートへと変わってきた。さらに、1995年、「東急ハンズ」の近くにあった「タワーレコード」が現在の明治通りと公園通りの交差点に移転したことにより、「タワーレコード」前の交差点にも人だまりができるようになり、「タワーレコード」から「東急ハンズ」を結ぶストリートの通行量が大幅に増えたことも神南人気を加速した。

　神南はもともと渋谷と原宿の中間に位置していたため、どちらからも遠くの立地というイメージが強かったが、全国的な影響力を誇るセレクトショップが集まってからというもの、ファッションと縁の深い雑貨ショップやレコード店、カフェなどの人気ショップを周辺に生み出し、着々と若者に注目されるエリアを形成してきた。その結果、従来の渋谷の商圏とは異なる新たなセレクトショップ集積エリアとして一層の期待が集まるエリアとなり、さらに、渋谷の駅周辺

から神南、そして原宿への回遊性が高まり、街の活性化にも繋がっているのである。

⑤ビットバレーとベンチャー・ファッション

　若者たちの渋谷への参入は、ファッション面のみならず、ビジネス面でも1990年代後半に大きな変化を遂げた。携帯電話やインターネットの普及が進み、これまで、あらゆる情報を雑誌、テレビ、新聞などから一方的に入手する側であった若者たちが、積極的に発信する機会が増えた。コンピュータ・リテラシーの高い若者が増え、有名企業でさえ倒産や合併が起こる不透明感の高い昨今では、大学を卒業後、企業に就職せずに、自分で会社を興す若者が増えた。

　彼ら新世代の起業家たちが仕事場として選んだのは、普段から遊び慣れていた渋谷だった。ネットベンチャーの仕事の多くは、スピードが要求されるものであり、従来の9時～5時といった決まった就業時間とは異なる時間帯でも仕事をするケースが多く、深夜まで飲食店が開いており、また打ち合わせなどがあっても移動に便利な渋谷が選ばれたといえる。さらに、これらのベンチャー系のオフィスが渋谷に集まることで、新しいビジネス・エリアとして活性化が進んでいった。

　こうしたネットベンチャー系のオフィスが集積している渋谷をして、「ビットバレー」という名前がつけられたが、これはビター（渋）バレー（谷）に、情報単位のビットを掛け合わせた造語で、ベンチャーのメッカ、米国シリコンバレーにちなんで命名されたものである。これまでの日本企業と、ことごとく異なるビジネススタイルが生まれ、大企業が集まる"大手町経済"に対し"シブヤ系経済"とも呼ばれた。ベンチャー系の若者たちは、ネクタイに背広といったサラリーマンスタイルではなく、ラフなTシャツに短パンといった、普段着のまま仕事を行う。そういったラフなベンチャー・スタイルも渋谷のカジュアル・ファッションの土壌に適合しているといえるだろう。

　これらは純粋にファッションが街を変えたケースではないが、同じ仕事やライフスタイルを持った若者が集まったことで、あるエリアが変貌したケースとしてあげることができる。

第6章 街とファッションを考える

図表6-2 渋谷年表

年	出来事	年	出来事
1934年	東横百貨店（現 東急東横店）	1995年	タワーレコード移転オープン
	ハチ公像建立	1996年	club asia
1945年	渋谷駅周辺にヤミ市ができる		GAP
1956年	東急文化会館		渋谷109リニューアル
1957年	渋谷地下街開設	1998年	ブックファースト
1958年	丸井渋谷店		ジャーナルスタンダード
1964年	渋谷公会堂		ZARA
1965年	渋谷東急プラザ	1999年	Q FRONT
1967年	東急百貨店本店		ユニクロ
1968年	渋谷西武		モヴィーダ
1970年	渋谷西武「カプセル」		ナノユニバース
1972年	NHK放送センター	2000年	渋谷マークシティ
1973年	パルコ part1	2001年	SHIPS移転
	NHKホール		渋谷109-2ジュニアステーション
1974年	文化屋雑貨店	2002年	ZERO GATE
1975年	パルコ part2		ナノユニバース東京移転オープン
	ミウラ＆サンズ（現 SHIPS）	2003年	コーチ渋谷店
1976年	パーソンズ	2004年	PICASSO347（現 ココチ）
1977年	BEAMS	2005年	神南坂フレーム
1978年	東急ハンズ渋谷店	2006年	渋谷西武リニューアル
1979年	渋谷109		パルコリニューアル
1981年	パルコ part3		渋谷109-2メンズフロア
	タワーレコード		WEGO
1982年	ユーロスペース	2007年	アルマーニエクスチェンジ
1984年	12カ月ビル	2008年	ヤマダ電気
1985年	丸井渋谷店2館増床開店		サウンズ・グッド
	ザ・プライム		フランフラン
1986年	西武SEED館	2009年	ルミネマン渋谷
	ワン・オー・ナイン		ZARA
1987年	渋谷LOFT		H&M
	渋谷109-2		リーバイスストア渋谷
1988年	ワン・オー・ナイン30'S		オープニングセレモニー
	クアトロ・バイ・パルコ	2010年	ユニクロ渋谷道玄坂店
1989年	東急Bunkamura	2012年	渋谷ヒカリエ
1990年	ユナイテッドアローズ1号店	2015年	渋谷モディ
	HMV	2018年	渋谷ストリーム
1991年	トランス・コンチネンツ	2019年	渋谷スクランブルスクエア
	インザルーム		渋谷パルコ・ヒューリックビル
	ON AIR		渋谷フクラス
	Dr. ジーカンズ		東急プラザ渋谷
1993年	BEAMS東京	2020年	MIYASHITA PARK
	BEAMSタイム	2024年	渋谷アクシュ

3 銀座

　「考現学」を築いた今和次郎が1920年代に調査エリアとして選んだ銀座は、日本のなかでも、有数の歴史ある繁華街である。特に1960年代にみゆき族が闊歩していた頃は、銀座は日本随一のファッション・エリアとされ、「和光」、「三越」、「松屋」など、有名なデパートや格式のある専門店、老舗の名店などが並び賑わっていたが、1970年代以降、新宿や原宿、渋谷方面が繁栄するに従って、クラシカルな街というイメージが定着した。

　ところが、1980年代の半ばの「有楽町マリオン」完成や、「プランタン」、「西銀座デパート」のリニューアルなどを経て、若い女性やビジネスマンが注目するようになった。

　1990年代の半ば以降、海外の高級ブランドの路面店が続々と立ち並ぶようになり、落ち着いた雰囲気で高級感の溢れる銀座のイメージが確立した。一方、1990年代後半にはカジュアルショップやブランド物の古着を扱う店舗なども登場し、2010年前後のファストファッションのブランドの台頭の影響から、さらに年齢層の若い人々にも支持されるエリアとなっている。

第1期：1920年代～1950年代

①銀座の由来

　銀座という地名は、もともとは役所の名称だった。日本橋の金座（金貨鋳造あるいは鑑定・検印を行った場所）があったあたりを両替町と呼んだことに合わせて、銀座は新両替町と呼ばれており、通称として銀座という呼び方がされていた。銀座が町名になったのは、明治2年、1869年のことである。

　銀座は、古くから数多くの新聞社が集まり、文化的なエリアだった。居留地に近いことと、当時の丸ノ内の政治、日本橋の経済という2大拠点に近いことなどがその理由とされているが、明治時代に建てられた煉瓦建築が印刷機械の設置や使用に向いていたこともあげられる。こうして、新しい情報の発信地として通信社、雑誌社、出版社などが相次いで銀座に進出し、ジャーナリズムの中心地になっていた。

　また、銀座には古くから、現在のショッピングセンターやデパートの原点と

なる基盤が整っていた。明治の中期から、江戸時代の自営職人が住み、店舗を構える街に、ショッピングセンターの原型ともいえる勧工場（明治・大正時代、多くの商店が一つの建物のなかで種々の商品を陳列・販売した所。デパートの隆盛とともに衰退。勧商場、博品館とも呼ばれた）ができていたのである。次いで大正期になって、1924年に松坂屋、1925年に松屋が進出し、1930年に三越が開店する。文明開化の象徴でもあった勧工場は短命に終わり、銀座は百貨店と専門店の共存する商業地として、成長を遂げた。

②戦前からのモボ・モガの集うファッションの発信地

　銀座がファッションストリートとして注目されたのは、モガとモボが銀座を闊歩した頃にスタートする。モガはモダンガール、モボはモダンボーイのことで、開放的で享楽的な若者を指した。モガの女性たちは、ショート・カットの断髪に、当時まだ着物が圧倒的ななかで洋装をいち早く取り入れたり、モボの男性は、ちょび髭を生やし、ステッキなどの小道具を持ったり、らっぱズボンを好んで着用するなど、ハイカラなファッションでも話題を呼んだ。キネマ（映画）を観て、ダンスホールで遊び、テニスやゴルフなどの西洋のスポーツも楽しんだ。銀座には、このモボ・モガを支える映画館やカフェ、ダンスホールなどがあり、おしゃれの中心地としても知られるようになる。

③建物の接収とアメリカ軍の進駐

　1945年、戦争が終わると、連合国軍のうちアメリカ軍が進駐してきた。日比谷の第一生命ビルに連合国軍最高司令官総司令部（GHQ：General Headquarters）の本部を置き、都内600カ所の建物を次々と接収していった。銀座では服部時計店、次いで松屋がPXとして接収された。PXとは、米軍用語でポスト・エクスチェンジ、つまり駐屯地内の売店のことであり、他に伊東屋、千疋屋、東宝ビアホールなどは駐留軍慰安施設（RAA：レクリエーション・アミューズメント・アソシエーション）として将校用の施設となり、日本人は立ち入れない場所となった。敗戦の結果、占領され、接収されたとはいえ、銀座はいち早く街が復興するきっかけをつかみ、銀座の国際化はこの時期に、一挙に加速した。街路の表示板は英語で書かれ、キャバレーやダンスホール、ビ

リヤード場など、焼け野原には不似合いながらも、賑わいを見せるようになった。

⑪銀座のランドマークといえば時計台のある「和光（服部時計店）」(2004年)

⑫「服部時計店」は戦時中はPXとして、駐留米兵向けの売店として接収されていた（1946年）【毎日新聞社】

その直後から、進駐軍兵士を相手にした街娼が登場する。物資の乏しいさなかに、進駐軍経由で手に入れたワンピースやフレアスカート、スカーフ、ハイヒールやショルダーバッグなどのアクセサリー類、パーマヘアと真っ赤な口紅やマニキュアなどの、派手なファッションに身を包み、タバコを吸ったりガムをかんだりする行為は、当時は、非常にセンセーショナルなスタイルだった。一般の女性の間では、着る物すら十分にないときであったから、華やかな街娼の女性は半ば軽蔑されながらもファッション的には憧れの存在となっていたのである。

1953年、NHKラジオの連続ドラマを映画化した「君の名は」では、銀座の数寄屋橋を舞台に展開された。岸恵子が演じるヒロインがまとった長いストールの真知子巻きが若い女性の間で大流行したが、これに合わせて、銀座が憧れのファッションストリートということが全国に広まったのだ。

第2期：1960年代〜1970年代

①みゆき通りとみゆき族

銀座が若者のファッションの街として最も注目されたのは、1964年頃に登場したみゆき族たちのファッションの流行による。

銀座のみゆき通りを中心に、銀座通りや並木通りに集まっていた若者たちの集団ということにちなんで、みゆき族という名前で呼ばれるようになった。ハイティーンを中心として、多い日には、1,000人とも2,000人ともいわれる若者が通りに群れをなし、ショーウィンドウやビルの壁にもたれかかって立ち話をしていたり、喫茶店でおしゃべりをしていた。そのファッションも特徴的であり、みゆき族の女性は頭に三角に折った色物のハンカチを被り、ウエストの後ろに大きく結んだリボンのついたロングスカートを穿き、化粧っけはあまりなく、濃い目の茶色のストッキングに足元はローヒール、そして、みゆき族のトレードマークとされていた麻でできたズタ袋、通称フーテンバッグ、または雑材の大きなカゴを抱えている人もいたという。

男性は、1964年に創刊されて若い男性のファッションのマニュアルとして親しまれた雑誌『平凡パンチ』の提案するアイビー・ファッションの影響を強く受け、七三に分けたレザーカットのヘア、アイビーストライプやマドラスチェック柄、淡いブルーや白のオックスフォード素材などのボタンダウンシャツを着ていたが、これらのシャツのブランドはもっぱら「VAN」、「JUN」のものが大人気だった。ボトムでは、マドラス柄のバミューダパンツ、あるいはスネが見えるほどに短い白のコットンスラックスを穿き、ハンティングのような形のアイビー・キャップを被る者もいた。また、小道具にはVANの紙袋や、女性と同じように麻のズタ袋、細身の傘などを持っていた。

「VAN」と1962年にオープンした「銀座JUN」、これに加えて、1960年に銀座通りにオープンしていた「テイジンメンズショップ」から提案されるトラッド・スタイルは、雑誌『メンズクラブ』で組まれた銀座の街角のおしゃれな人のスナップ写真の特集などとも相まって、本格的なトラッド・ファッションを日本に定着させていく。現在でも「リーガル」や「ブルックス・ブラザーズ」、「ポールスチュアート」、「ポロ・ラルフローレン」、「バーバリー」など、有数のトラッドショップが銀座に数多くあるのも、1960年代に根付いたトラッドの影響によるものと考えられる。

みゆき族のスタイルは、今からすれば、さほど奇異な格好とは思えないが、当時、東京オリンピックを控えた東京では、外国人に恥ずかしくないようにとの思惑から、各地でクリーンナップ作戦が行われ、悪書追放運動、風俗営業

取締法改正などとともに、若者の集会などにも規制がなされた。みゆき族も1964年、築地警察署が一斉補導を行い、およそ1年の間の風俗として、一気に姿を消してしまった。

②日本初の歩行者天国の施行

　原宿のホコテンより早く、日本で初めて歩行者天国が施行されたのは銀座である。1970年8月2日の日曜日、銀座通りの1丁目から8丁目まで、晴海通りを除く約1,100メートルで始まったのが最初のことである。歩行者天国施行のきっかけとなったのは、交通渋滞と大気汚染に対する強い反省の気持ちによるものとされている。その後、銀座歩行者天国はすっかり定着するようになり、1973年からは、土曜日の午後3時から6時までも実施されるようになった。

第3期：1980年代～1990年代

①有楽町マリオンとOLファッションによる銀座再生

　1960年代のみゆき族以降、銀座の街は成熟化していき、若者たちは新しく台頭してきた新宿や渋谷へと移っていき、銀座はしばらくの間、ファッションストリートとしての求心力がやや弱まっていく。老舗や高級デパートを中心とした、よくいえば伝統的な、悪くいえば時代に取り残された銀座というイメージが長い間定着していたが、1980年代に入り、再び銀座が注目を集めるようになる。

　1984年に「有楽町マリオン」が完成し、「有楽町西武」、「阪急百貨店」が完成し、さらに「プランタン」や「西銀座デパート」のリニューアルなどを経て、大手町で働くOLを中心に、20代～30代のキャリア層が銀座に注目するようになり、街としての魅力が再び高まってきたのである。同時に、みゆき通りや並木通り、ソニー通りなどに海外の高級ブランドの路面店が立ち並ぶようになり、バブル景気の影響とともに、再び注目のエリアとして若い女性を中心に人気が回復してきた。原宿や渋谷が低年齢化してゴチャゴチャとした街になるにしたがって、落ち着いた雰囲気で食事のできる飲食店やゆったりと買い物ができるブティックのある大人の街として、20代～30代の男女の間から、

銀座の良さが再び見直されるようになってきたのである。

②ブランドバリアの崩壊と海外の高級路面店のオープン・ラッシュ
　1990年代に入り、ブランドのショップが出店されることで新たな街並みに変化する動きが出てきた。銀座の並木通りは銀座外堀通りと中央通りの間に位置し、古くからの老舗の呉服屋などが軒を連ねるエリアであるが、以前はバーやクラブなどの飲食店が多く、社用族の集うイメージが強かった。ところが、1994年の「シャネル」、「フェンディ」の開店を契機にして、翌年には「クリツィア」、「セリーヌ」、1997年には「サルヴァドーレ・フェラガモ」などの出店が続き、古くからあったインポート・ブティックの老舗「サンモトヤマ」や、バブル期に出店した「カルティエ」や「ルイ・ヴィトン」、「グッチ」などが並び、銀座の並木通りは、世界有数の高級ブランドのブティック街であるイタリアのモンテナポレオーネ通りにちなみ、"日本のモンテナポレオーネ通り"と表現されるほどの賑わいをみせるようになった。

③オフィスのファッション化～大手町・丸の内・有楽町地区の再開発
　並木通りやみゆき通りへの出店がほぼ揃い、満杯状態になり、ポスト並木通りとして注目されたのが、オフィス街としてのイメージが強かった丸の内エリアである。なかでも銀行の支店の吸収合併などを筆頭に、賃料が安くなり、入居しやすくなったエリアに目をつけ、ショップの出店が相次いでいるのがオフィス街を南北に貫く丸の内仲通りである。1995年にオープンしたクリスタルの食器やアクセサリーを扱う「バカラ」をはじめ、忙しくてショッピングに時間が割けないビジネスマンのウエアやギフトを目的としたショップが出店し始めた。
　次いで1996年にはイタリアの皮革ブランドの「ジャンフランコ・ロッティ」、イギリスの皮革ブランドの「マルベリー」など、ビジネスマン向けのショップが数店オープンした。その並びには、「エルメス」、「イヴ・サンローラン・リヴゴーシュ」、宝飾品の「ヴァン・クリーフ＆アーペル」、「ロイヤルコペンハーゲン」などが並び、一大ショッピング・ゾーンとなった。さらに、OLに人気のブランドの「プラダ」、「ナチュラル・ビューティー・スタイル」、「ケートス

ペード」、セレクトショップの「マルティニーク」などが相次いで出店した。ちょうど1997年に「東京国際フォーラム」が完成し、新しい人の流れが生まれたのも契機となり、有楽町エリアが注目を集めるようになった。

　当初はビジネスマンや丸の内に勤めるOLを対象としていたため、土・日曜日は休業の店舗が多かったが、現在では、週末に銀座に訪れ、丸の内仲通りへと回遊する客が増えていることもあり、無休のショップが大半である。

第4期：2000年代以降

①デパートのリニューアル

　2000年代に入り、デパートでもリニューアルが盛んに行われるようになった。2000年の「松屋」のリニューアルでは「ルイ・ヴィトン」が中央通りの路面に大々的にオープンしたり、「ティファニー」が路面店を出店したりと、高級ブランドの誘致によって新たな集客を募るケースが増えている。さらに2001年には、「ソニービル」の隣に「メゾン・エルメス」の路面店がオープンした。その後も、新規オープン、リニューアルの勢いは衰えず、2002年の「コーチ銀座」、2003年の「プラダ」、「カルティエ」、さらに2004年には中央通りに「シャネル」、旧交詢社ビルの建て替え跡地に「バーニーズ・ニューヨーク」がオープン、2005年には「ミキモト」、2006年には「グッチ銀座」、2007年には「ボッテガ・ヴェネタ」、「ジョルジオ・アルマーニ」、「ブルガリ」などの海外高級ブランドのオープンに加え、「プランタン」の改装、ファッションとグルメを集積した「マロニエゲート」の開業など、めまぐるしいオープン・ラッシュが続いた。

　では、なぜこのように、非常に高価なブランドのショップが相次いで銀座にオープンするのだろう？　これは、従来は購買できなかった、あるいはしようと思わなかった層、例えば、若年齢層や十分な経済力のない人たちが、ブランドを求めるような環境が整ったからに他ならない。"ファッションはカジュアルでも、バッグはヴィトン"という、一点豪華主義でファッションを楽しむといったように、ブランドに対する認識が変化したのである。

　また、中国、韓国、香港をはじめとする東南アジアの富裕層がショッピング目的で来銀するケースも増えている。産業労働局の発表によれば、東京都

へ訪れた外国人数は平成20年度で約534万人、21年度では不況や新型インフルエンザの影響もあり約476万人であったものの、ほぼ年々増加傾向にある。海外からの訪日動機として、平成21年度のデータでは、訪問目的の1位はショッピング（45.6％）であり、次いで散策（42.6％）、飲食（34.5％）、伝統文化・歴史的施設の観光（27.5％）と続いている。かつて80年代、90年代には、日本人がパリやミラノに渡航し、ブランド品のショッピングに興じていたが、現在では、東京は"東洋のパリ"として、東南アジアをはじめとする海外渡航客にとってのショッピング・タウンとなっていると思われる。

②丸ビル・新丸ビルのオープン

　2002年には改築中の「丸の内ビルディング」が完成する。敷地面積10,029平方メートル、地下4階、地上37階のビルには、「BEAMSハウス」、「アクアガール」、「セオリー」、「ユナイテッドアローズ」などの人気ショップや、ライフスタイル・ショップの「コンランショップ」が入っていたり、「アンティカ オステリア デルポンテ」、「オザミトーキョー」といった、イタリアンやフレンチのハイグレードな飲食店が入り、ターゲットの中心となる丸の内界隈のサラリーマンやOL層はもちろんのこと、中高年の女性にも人気のエリアとなっており、東京めぐりの観光名所の一つに加わっている。

　さらに2007年には「新丸の内ビルディング」が完成する。モダンなアール・デコ様式を取り入れた空間には、「ユナイテッドアローズ丸の内店」、「ドレステリア・マルノウチサロン」といったセレクトショップ、ネイルやコスメのサロン、ジュエリー・アクセサリーショップ、ギフトショップ、そして世界のさまざまな飲食店が入り、上層階はオフィス・フロアとなっている。

　丸の内エリアの再開発に続き、大手町、有楽町の再開発計画も推進され、東京駅周辺の丸の内駅舎・駅前広場の再整備、「大丸」のリニューアル、有楽町駅周辺の「有楽町マルイ」の開業、2010年の「有楽町西武」の閉店と「ルミネ」の出店など、近隣エリアの再計画が続いている。こうして、従来は単なるオフィス・エリアであった場所が、ファッション・ブティックやおしゃれな雰囲気の飲食店と共存したエリアとなり、ビジネス目的以外の、ファッションを楽しむために足を運ぶ人が多くなった。

③銀座の若返りを促す、若者たちの銀座返り

　カフェブームの火付け役とされる「スターバックス」の日本第一号店が銀座に出店されるなど、1990年代後半に入ると、高級なイメージの銀座とは異なる、カジュアル化の波が押し寄せてくる。老舗のデパートの低迷をよそに、「BEAMS」や「ユナイテッドアローズ」など、原宿や渋谷の顔として存在しているセレクトショップが銀座にも出店をするようになった。特に銀座1丁目駅周辺のエリアは、古くからの画廊や中古のカメラ店などが並ぶ、これまでは少し寂れたエリアだったが、1990年代後半に入り、生活雑貨を扱う「アフタヌーンティー・ジェネラルストア」やコンサバティブで上品なファッションのセレクトショップの「ノーリーズ」などの新しいショップが登場しており、10代後半〜20代くらいの感度の高い若者が足を運ぶようになり、エリアの雰囲気が変化した。かくして、1960年代にトラッドやアイビーのメッカだった銀座が、再び、若者たちに注目を集めるようになった。

　2000年代に入って、ファストファッションの流入により、さらなる変化が訪れている。2003年の「ZARA」のオープンを皮切りに、2005年「ユニクロ」、2008年「H&M」、2009年「アバクロンビー&フィッチ」、2010年「FOREVER21」と、ファストファッションの激戦区である原宿と匹敵、あるいはそれを超える勢いでショップがオープンしている。90年代後半に、20代の好感度な若者を取り込んだ銀座は、2000年代に入りさらに、よりカジュアルでリーズナブルなファッションを求める若者たちをも足を運ぶエリアとなった。

⑬銀座中央通りには2000年代後半に入り「ユニクロ」をはじめ、ファストファッションのショップが並ぶようになった（2010年）

第6章　街とファッションを考える

図表6-3　銀座年表

1904年	伊東屋
1907年	ヨシノヤ靴店
1923年	丸の内ビルディング
1924年	松坂屋
1925年	松屋
1928年	資生堂パーラー
1930年	三越
1930年	壱番館洋服店
1932年	服部時計店（現 和光）
1933年	ワシントン靴店
1940年	英國屋
1946年	小松ストアー（ギンザ・コマツ）
1948年	ダイアナ靴店
1949年	銀座かねまつ
1949年	三愛
1956年	数寄屋橋阪急
1957年	数寄屋橋ショッピングセンター
1957年	有楽町そごう
1957年	銀座マギー
1957年	鈴屋スキヤ橋店
1958年	有楽町フードセンター
1958年	西銀座デパート
1960年	テイジンメンズショップ
1963年	三愛ドリームセンター
1964年	サンモトヤマ
1964年	銀座JUN
1966年	ソニービル
1970年	日本初の歩行者天国タート
1971年	銀座コア
1971年	銀座メルサ
1971年	銀座プラザ
1971年	三越にマクドナルド日本第一号店
1975年	ザ・ギンザ
1977年	ニューメルサ
1984年	有楽町マリオン（有楽町阪急、有楽町西武）
1984年	プランタン
1987年	ギンザ・コマツ
1996年	ティファニー本店
1997年	ブルガリ（ギンザ・コマツ）
1997年	フェラガモ並木通り店
1998年	オペーク銀座
1998年	フォクシー銀座本店
2000年	トゥモローランド
2000年	ブルックス・ブラザーズ
2000年	エポカ・ザ・ショップ丸の内
2000年	ルイ・ヴィトン
2000年	ハリーウィンストン
2000年	ABCマート
2000年	バーバリー銀座店
2000年	rt
2001年	メゾン・エルメス
2002年	丸の内ビルディング（改築）
2002年	アフタヌーンティー・ザ・ゼネラルストア
2002年	ソフマップ
2002年	無印良品
2002年	コーチ銀座店
2003年	フェラガモ
2003年	プラダ
2003年	ZARA
2003年	カルティエ銀座通り店
2003年	アップルストア銀座
2004年	シャネル
2004年	モザイク銀座阪急
2004年	丸の内オアゾ
2004年	交詢社ビル（バーニーズ・ニューヨーク）
2005年	ユニクロ銀座店
2005年	ZOE銀座
2005年	ミキモト銀座2
2005年	東京ビル トキア
2006年	松屋改装
2006年	有楽町西武改装
2006年	グッチ銀座
2006年	ドルチェ＆ガッバーナ
2007年	ボッデガ・ヴェネタ
2007年	新丸の内ビルディング
2007年	マロニエゲート
2007年	プランタン改装
2007年	ジョルジオ・アルマーニ
2007年	ブルガリ銀座タワー
2007年	有楽町イトシア
2007年	丸井
2008年	H&M
2008年	ギンザ・クラッセ
2008年	ジュエルボックス・ギンザ
2009年	ユニクロ増床
2009年	アバクロンビー＆フィッチ
2009年	ポーラ銀座ビル
2010年	新ヤマハ銀座ビル
2010年	FOREVER21
2010年	銀座三越増床
2010年	バーバリー銀座マロニエ通り店
2010年	銀座トレシャス
2010年	IDC大塚銀座ショールーム
2011年	阪急メンズ東京
2014年	キラリトギンザ
2016年	東急プラザ銀座
2016年	銀座プレイス
2017年	GINZA SIX
2017年	マロニエゲート銀座
2019年	無印良品 銀座・MUJI HOTEL GINZA
2020年	阪急阪神銀座ビル

4 代官山

　渋谷や原宿の喧騒を避けて、個性的な店のオーナーが開店場所に選んだのが代官山である。1990年代前半までは「ハリウッドランチマーケット」や「DEP'T」など、アメリカン・カジュアルの衣料品ショップや、こだわりのあるインポートアイテムを揃えるセレクトショップなどが何軒かある程度で、ファッション好きな若者のみが来街した静かなエリアであった。

　1990年代後半に入り、若者をターゲットにした高感度なブティックやセレクトショップが複数開店し、ファッション雑誌に代官山のショップが紹介されるようになり、おしゃれの街として広く知られるようになった。さらに、1999年に「アドレス」、翌年に「ラ・フェンテ」といった商業コンプレックスが登場したことで、代官山に訪れる人の数はもちろん、年齢層の幅も広がり、特に駅周辺の人の流れに大きな変化ができた。

第1期：戦前の代官山

①代官山の由来

　代官山のエリアは、渋谷区代官山町という行政地番上の限られたエリアではなく、東京中央部の山手線の渋谷、恵比須、中目黒の駅に囲まれたエリアととらえることができる。代官山の名前の由来は定かではないが、「代官居住の地」とする説や、「関頭郡代（代官）の持ち地の山林であったため」という説などがある。

②代官山アパートメントの着工

　街の成立のきっかけは、原宿の表参道と同様、1923年に関東一円を襲った大地震後に設立された財団法人同潤会によって「代官山アパート」が着工されたことによる。被災者の居住対策が主な着工理由ではあったが、共同浴場や水洗トイレ、ダストシュート、食堂、児童遊園地や娯楽室など、当時としては珍しい最新の設備を有し、新しい集合住宅のモデルとなるような建物であった。着工から4年が経過し、「同潤会代官山アパート」が完成した1927年、東急東横線が開通し、鉄道が整備されるようになる。少し隔てて、1955年には最

初の外国人向けの集合住宅として「東急代官山アパート」が竣工される。この東急代官山アパートには、イラストレーターや芸能人、カメラマン、フィルムディレクターなど、業界人が住居やオフィスを構えていた。1964年の東京オリンピックのときに、駒沢通りが整備され、地下鉄の日比谷線が中目黒駅で東横線と相互に乗り入れされるようになると、渋谷がターミナルとしての機能を担い、様変わりをして栄えるようになっていく。高度成長期を迎え、都市の発展が急成長で進化していった当時ではあったが、代官山は原宿と同様、用途規制があり、第1種、第2種の住居専用地区がほとんどであり、大型の商業施設の計画は事実上取り入れることが認められておらず、渋谷、恵比須、中目黒のようなターミナルではないといった理由から、まだまだ静かな住宅街だった。

第2期：1960年代〜1970年代

①ヒルサイドテラスの登場

　代官山がファッションストリートになった歴史は浅く、雑誌やテレビなどで頻繁に取り上げられ出したのは、1980年代に入ってからのことである。現在のおしゃれな街、代官山のイメージを作り上げたものとして、なくてはならない存在が1969年に旧山手通りに作られた「ヒルサイドテラス」のプロジェクトである。ヒルサイドテラスが登場して以降、代官山の街の様相が一変してモダンな雰囲気に変化していく。

　「ヒルサイドテラス」は、渋谷の猿楽町の旧山手通りに面した広大な敷地の所有者である朝倉不動産が、建築家の槇文彦に依頼して設計が進めた集合住宅、店舗、オフィスなどから成る複合施設である。第1期が竣工した1969年から1998年まで30年の歳月をかけて建てられていたプロジェクトである。

⑭モダンな建築により代官山のファッションストリート化を促した「ヒルサイドテラス」(2004年)

当時、この地域は第1種住居専用地区ということもあり、開発し得る対象は主として住居、それに一部商業施設であった。ヒルサイドテラスの開発間もない頃の代官山は、現在のおしゃれな環境から想像できないほど、八幡通り、あるいは並木橋から代官山に上るところも含めて、古い商店街は存在していても、お洒落なブティックやレストランなどは、皆無に等しい地域であった。ヒルサイドテラスが完成した当初は、アパートの借り手がなかなかつかなかったものの、建築雑誌に取り上げられることが多く、次第に話題となっていったのである。のちに、「レンガ屋」というフランス料理の店、美容室の出店などが具現化するにつれて、次第に認知されるようになった。

②アトリエ・メーカーの代官山参入

　当時、人の往来の少ない代官山では、なかなか店舗を構えても商売にならないケースが多かった。その一方で、当時、青山や原宿周辺に多かった店舗とアトリエを兼ねてマンションの一室を借りる小さなアパレルが増加して、いわゆるマンションメーカー・ブームが到来すると、この代官山のおしゃれなヒルサイドテラスの雰囲気を好んで参入してきたアパレルも出てきた。

　なかでも一番有名なのが「BIGI」である。1970年に既製服製造をスタートさせた「BIGI」は、当初は港区白金に本社を設立し、同年、原宿に「ブティック・BIGI」を開店させた。その1年後の1971年には渋谷区猿楽町に本社を、借り手のつかなかったヒルサイドテラスの住居部分に移転させ、急成長を遂げた会社の規模に応じて居住スペースを広げていき、1期〜3期までのヒルサイドテラスのプロジェクトでは、建物を拡張するとみなBIGIが借りていくというほどの勢いであった。おりしも、1970年代の初頭は、高度経済成長に支えられ、団塊世代の若者たちがファッションの主導権を握り始める頃である。ユニセックス・ファッションやカジュアルなジーンズの着用、コーディネート・ファッション、そしてレイヤード・スタイルなど、思い思いのファッションが華開いた時代を迎え、のちに続く1980年代のDCブランド・ブームに繋がる日本人デザイナーが活躍をし始めた胎動期であった。「BIGI」の菊池武夫をはじめ、「ピンクハウス」の金子功、「ニコル」の松田光弘、高田賢三、山本寛齋、そして川久保玲、三宅一生、靴のデザイナーの高田喜佐などがプレタポルテに

よる新しいファッションを提案し、おしゃれな若者たちの間で話題となりだした頃と重なっている。

1970年には『an・an』、1971年に『non-no』が創刊され、従来のファッション雑誌がハイ・ファッションのコレクション紹介や型紙付きの洋裁手引書のスタイルが大半だったなかで、スタイリストを起用し、単なるアパレルメーカーのカタログではなく、既製服を新しい感覚で提案していくファッション情報誌として若い女性に絶大な支持を得ていったのである。当時、これらの新しいファッション雑誌のロケーションに、度々ヒルサイドテラスが使われていたことも重なり、代官山の知名度が上がった。この頃から都市のライフスタイルとファッションと雑誌メディアとの関連は一層強くなっていった。

さらに、ヒルサイドテラスでは、絵画や写真、建築のドローイングなど、数々の展覧会をはじめとした文化的なイベントを行ったり、バザールを開いて盛んな活動をアピールしたことにより、それを目当てに、これまで代官山に足を踏み入れたことのなかった人々も週末にやってくるようになり、次第におしゃれな街・代官山として認識されていった。槙文彦によるモダンなヒルサイドテラスの一連の建物に続き、安藤忠雄が手掛けた「BIGI本社ビル」、1Fに「J.P.ゴルチエ」のブティックが入った鈴木エドワードによるポスト・モダンの「オンワード代官山ファッション・ビル」など、有名な建築家が手掛けたビルが続々と作られるようになり、代官山の景観形成に大いに貢献した。

他方、旧山手通りには、1970年代半ば以降、エジプト・アラブ大使館をはじめ、セネガル、デンマークなどの大使館が点在し、外国人の往来が多いこともおしゃれな雰囲気を助長させた。

第3期：1980年代～1990年代

①老舗セレクトショップが牽引した代官山のファッション化

代官山の老舗的なショップといえば、1979年開店の「ハリウッドランチマーケット」があげられる。若者の間ではハリランの名で親しまれているこの店は、もともとは、1972年に千駄ヶ谷でカジュアルな衣料を扱う店をオープンさせたが1978年に閉店し、翌年に代官山の現在の場所に移ってきた。オーナーは聖林公司というクリエーターであり、まだセレクトショップという名前

がなかった時代に、早くからアメリカやヨーロッパのセンスの良いカジュアルなシャツやジーンズ、アクセサリーなどを集め、おしゃれに敏感な若者たちが好んで足を運ぶショップとなった。その後、聖林は1982年に「ハリウッドランチマーケット」の横道を下がったところに「ハイ！スタンダード」というショップを作った。さらに「ホームズアンダーウエア」を出店し、Tシャツなどのアメリカン・カジュアルが人気を呼び、また古い蔵を改築して店舗にしたユニークな店構えの「オクラ」では、藍染めのTシャツなど、和をイメージしたアイテムを揃えたことが話題となり、いずれもが若者に大人気のショップとなった。この聖林公司グループのショップを目当てに若者たちが代官山に来るようになり、ファッションストリートが形成される発端となった。

　こうしたオーナーのこだわりで選んだアイテムを扱うショップが代官山にオープンしたことで、原宿や渋谷の主要なショップに飽き足らない、人と違ったファッションを求めていた若者たちが代官山に足を運ぶようになり、少しずつファッション・エリアとして広まりを見せるようになった。1970年代の原宿がそうであったように、1990年代当時の代官山は、エディターやスタイリスト、デザイナーなどが事務所や住まいにしていたり、大使館の外国人たちが散歩する光景なども見られ、原宿や渋谷のように地方から上京したばかりの少しやぼったいファッションの人たちのいない、知る人ぞ知るエリアであった。

　こうして、ビンテージファッションや、レイヤード・スタイルなど、カジュアルながらも、こだわりのあるファッションを好む若者が代官山に集まるようになった。

　さらにフレンチ・カジュアルのブランドの「A.P.C.」、1990年代の後半に入り、「ヴィアバスストップ」や「スピークフォー」などのセレクトショップ、ベトナムや中国の民族服をモチーフにしたエスニックなテイストのブランド

⑮代官山の老舗ショップ「ハリウッドランチマーケット」（2002年）

第6章　街とファッションを考える

「コキュ」、デザイナーズ・ブランドの「アツロウタヤマ」など、旧山手通りをはじめ八幡通り周辺に複数のファッション系のショップが林立するようになる。従来の原宿や渋谷のファッション・ビルのテナントに入っているようなショップに飽きてしまい、オリジナリティー溢れる個性的なショップを求めに代官山に来る若者が急増しはじめた、1990年代が終わろうとしていた時であった。

⑯旧家の蔵を改造した「オクラ」。和をベースにしたカジュアル衣料を扱っている（2002年）

第4期：2000年代以降

①代官山アドレスとラ・フェンテの登場で変貌する代官山

　同潤会のアパートから約50年以上を経た1980年、老朽化の目立つアパートの建て替えを目指して、住民による「再開発を考える会」が発足した。さらに調整に16年の歳月を要し、1996年「代官山再開発プロジェクト」として工事着工に至る。

　計画は、同潤会アパート36棟を建て替え、36階建の超高層住宅を中心とした集合住宅501戸と商業施設、公共施設などを備える大規模再開発で、ランドスケープ基本計画は、自由の女神島やニューヨーク近代美術館を手掛けた世界的に有名なロバート・ザイオンがあたった。周辺地域との調和に配慮した開放的な空間のなかに、もともと同地にあった樹木を再び植栽計画に生かしたり、低層部の外壁デザインに同潤会アパートのイメージが取り入れられた。

　「再開発を考える会」の発足から20年、総事業費590億円をかけて2000年に「代官山アドレス」が完成した。1969年に「ヒルサイドテラス」が登場して30年が経ち、独自の雰囲気を形成し、渋谷の奥座敷的な雰囲気のあった代官山も、「アドレス」や「ラ・フェンテ」の誕生で、旧山手通りから八幡通りにかけて商圏が拡大し、従来には来街することのなかったような層で、代官山に訪れる人の数が増えた。ローティーンやシニアなど、年齢の幅が広がり、

ある意味で、原宿と同様、物見遊山的な気分でやってくる観光客のような人たちも多く足を運ぶようになった。現在では、週末になると、代官山駅を使う人の数が膨大に増えた。

　アドレスが完成して代官山の変化が広く浸透した矢先、2001年には、「ラ・フェンテ」が登場した。テナント構成もユニークで、見慣れたナショナルチェーンは皆無に等しく、代わりに初出店や商業施設初出店の店が多く、好奇心旺盛なトレンドリーダーの集客に結びついた。ショップとショップの間に階段や通路を取り入れ、一つの商業施設ではなく、あたかも路面店同士が集まったような作りの「ラ・フェンテ」は、いわば、セレクトショップをセレクトした一つの集合体となっているのである。

⑰集合住宅と商業施設、公共施設等を備えた大規模な「代官山アドレス」（2004年）

②商業施設の登場と代官山のセグメント化

　一方、こうした大型の商業施設が駅周辺にできると、地価の高騰や客層の変化を察知したショップのオーナーが、駅周辺の喧騒を避けた比較的遠い場所や奥まった路地の先に店舗を移転させるようになった。1997年、代官山の住宅街にオープンした「グレース」などの高感度なセレクトショップのいくつかは、地図を見ても辿り着けないような入り組んだ路地に店を構えたり、恵比寿や中目黒にほど近い場所に移った。話題のスポットとして誰もが知る前から代官山に好んで足を運んでいた人たちは、大型のショップを避けて、さらに路地裏や奥といったエリアにあるショップを求めるようになった。代官山のエリアは、従来は代官山のエリアそのものが、「知る人ぞ知るエリア」であったが、現在では、メジャーなエリアと、限られた人のみが足を運ぶエリアとにセグメント化が進んでいるのである。

第6章 街とファッションを考える

図表6-4　代官山年表

1927年	同潤会代官山アパート
1955年	東急代官山アパート
1969年	代官山ヒルサイドテラス
1972年	代官山プラザビル
1979年	BIGI本社ビル
1981年	ハリウッドランチマーケット
1982年	キネティクス
1982年	ハイ！スタンダード
1983年	ヒルズ代官山
1984年	トキオ クマガイ
1984年	49AV.ジュンコ シマダ
1986年	オンワード樫山ビル
1986年	ジャン・ポール・ゴルチエ
1989年	NEST代官山
1990年	東急代官山駅新装
1991年	A.P.C.
1992年	オクラ
1993年	ブティック アシダ
1996年	コキュ
1997年	代官山プラース
1999年	A.T.
1999年	ヴィアバスストップ

2000年	代官山アドレス
2001年	ラ・フェンテ代官山
2003年	BEAMS
2003年	フラボア
2006年	アパートバイローリーズファーム
2006年	リキエルウーマン
2007年	代官山プラザ
2007年	デロンギズトーキョー
2007年	アクタスキッズ代官山
2008年	代官山ラヴェリア
2008年	イータリー代官山
2008年	こどもビームス
2008年	ビルケンシュトック代官山
2009年	MHL.（マーガレットハウエル）
2010年	GDC
2011年	代官山T-SITE
2014年	テノハダイカンヤマ
2015年	LOG ROAD DAIKANYAMA
2019年	KASHIYAMA DAIKANYAMA
2023年	フォレストゲート代官山

5 新宿

　1970年代には西口広場を拠点として、学生運動やアングラ・ヒッピー族の集う若者の街として栄えたものの、原宿や渋谷が隆盛するにつれ、街のアイデンティティーがやや薄れ、新しいファッションが生み出されるエリアとしての側面は後退した印象が否めなかった。1980年代には、新宿は高層ビル街と都庁のある西口、「伊勢丹」や「丸井」などのデパートや専門店、繁華街が連なる東口、「ヨドバシカメラ」や「ビックカメラ」などの大型家電店の並ぶ西新宿エリア、「京王」、「小田急」などのデパートや駅ビルの「ルミネ」、地下のショッピング・エリアの「サブナード」などの新宿駅周辺など、基盤整備は揃っていたものの、個性や主張の少ない新宿は、話題性に欠ける街として、1980年代以降はこれらのファッション・エリアに仲間入りできない状態が続いていた。ところが、1990年代の後半より、南口再開発を皮切りとし、再び新宿が新たな様相を呈している。2000年代に入って、「丸井」、「ルミネ」のリニューアル、2010年に前後して「H&M」、「TOPSHOP」、「ユニクロ」などのファストファッションの大型旗艦店が建ち並ぶようになり、20代半ばの若い女性にとって、駅に近い範囲でリアルクローズが入手できる利便性の高いエリアとなっている。

第1期：戦前〜1950年代

①新宿の由来

　江戸時代、甲州街道の起点である日本橋から、次の宿場である高井戸までの距離が長過ぎるので、1698年（元禄11）に浅草の名主高松喜兵衛らが中継ぎ宿場の設立を願い出てて、新しい宿にしたのが、現在の新宿区内藤町であった。このため、昭和初期まで「内藤新宿」という行政区画名が残っていた。

　この地は江戸四宿（東海道・品川宿、中仙道・板橋宿、日光奥州道・千住宿、甲州道・内藤新宿）の一つとして、旅人を擁する宿場町として商業や娯楽が盛んになり、江戸最大の遊興歓楽地として発展を遂げた。

　やがて明治時代に東京へと名が改まり1885年に日本鉄道品川線（赤羽〜品川）が開業、追分に新宿駅が完成すると、「内藤新宿」は南豊島郡内藤新宿町から、

豊多摩郡内藤新宿町へ、1920年には、東京市四谷区に編入され、現在の新宿という名称になった。やがて、1947年には四谷区、牛込区、淀橋区の三区が合同し新宿区となった。

②新宿の成立と百貨店の登場

　新宿が初めに大きな発展を遂げたのは、1923年の関東大震災の後のことになる。この震災で新宿駅をはじめ、新宿通り第一の建物の武蔵野映画館、市電車庫など、駅前から新宿2丁目にかけての一帯が焼失したものの、第一次世界大戦の好況下にあり、新宿がまさにこれから発展していく時期と重なっていたため、街を一から整備するには好都合でもあった。

　今まで街はずれにあった二幸（現在の「スタジオ・アルタ」）前に、青バスのターミナルができて、市営自動車が運行を開始、市電も二幸前まで延長された。新宿駅は震災の被害を受けたこともあり、1925年に従来の甲州街道沿いから青梅街道（新宿街道）沿いへと移転し、鉄筋コンクリート2階建てのモダンな駅舎として開業した。これを契機に市電やバスターミナルと連結し、新宿のターミナル機能は一段と向上していった。これに伴い周辺が交通の要衝となっていった。やがて新宿通りを中心に、商業ビルや娯楽施設などのビルの建築ラッシュが始まり、なかでも三越、ほてい屋、松屋、新三越、三福、伊勢丹百貨店が次々に建てられ、近代的な商業施設が整備されていき、新宿がおしゃれな街になる発端を作ったのであった。

③戦前・戦後の歓楽街と西口ビジネス街の繁栄

　戦前・戦後の一時期は、新宿3丁目の武蔵野館から三越裏あたりが新宿を代表する繁華街であった。戦前から戦後の数年にかけての間、新宿の繁華街といえば、三越裏から追分交差点の一帯で、同地区には武蔵野館、新宿文化劇場、フランス座、ムーランルージュなどといった映画館や演劇場が20余館も立ち並んでいた。敗戦直後は、東口前から中村屋の焼けビルが残る一帯にかけて尾津組の32軒のマーケットがあり、その後を追うように武蔵野館から南口にかけて400軒からの和田組マーケットが立ち並んでいた。

　1940年代の頃から次第に歌舞伎町がにぎわうようになる。かつては1950

年に東京産業文化博覧会を開くまで、今のコマ劇場一帯は沼地で、ヨシが根を張っていたが、1928年前後から、急速に繁華街として整備され、若い街に一気に人が流れるようになった。やがて、1957年に売春防止法が施行され、新宿2丁目の赤線が廃止されると、そこで働いていた女性たちが歌舞伎町に流れてきた。その後、歌舞伎町界隈には小料理屋、居酒屋、キャバレー、クラブなど、さまざまな飲食店や風俗店が並び、しだいに新宿随一の歓楽街・盛り場へと特化されていったのである。

第2期：1960年代～1970年代

①新宿副都心のインフラ始動

1960年代に入ると、昭和の経済成長期を象徴するかのように、新宿の副都心の基盤整備がスタートする。この時期、東京の街はオリンピックを控え、幹線道路の整備とともに、首都高速道路の建設が進められていた。新宿副都心計画は、1958年に首都圏整備委員会が地方計画・広域都市計画としての首都圏整備計画を策定し、このうちの既成市街地における建築物の高層化計画と宅地整備計画において、新宿・渋谷・池袋の三地区を副都心として定めたことに始まる。1960年になると、新宿副都心について新たな整備方針が示され、副都心の育成強化、宅地整備、幹線道路、首都高速の設置、地区の主要部分を都市施設を完備した事務所街・官庁街とし、一部を商業施設用にあてること、高度地区（6階以上の建物）の指定、景観の整備、立体交差式の街路、駐車場や公園の配備などの計画が竣工されていった。

高層ビルの建設ラッシュがスタートしたのもこの頃である。それまでは市街地建築物法および建築基準法において、建築物の高さは最高でも東京駅前にあった旧丸ビルの31メートルの高さに抑えられていた。この背景には、関東大震災により浅草の12階のビルが崩壊した例や、建物の高さを揃える意識などがあったのであるが、ビルの新築・建て増しが加熱するようになりビルの需要が高まるにつれ、1961年には特定街区制度が導入され、1970年代～1980年代にかけて、ビルの高層化が本格的に進んでいった。1971年の京王プラザホテル、1974年の新宿住友ビル、新宿三井ビル、1980年代に入ると新宿ワシントンホテル、ヒルトンホテル、新宿エルタワービル、新宿モノ

リスなど、次々に高層ビルが林立し、新宿は東京の新しいビジネス・センターとしての役割を担うようになる。ついに1991年には、丸の内にあった都庁が新宿に移転して業務を開始するようになる。新宿は副都心ではなく、新都心としての機能を担い、ビジネスマンの街として現在に至っている。

②西口の発展と副都心計画の拡張
　1960年代に入ってから約20年の間、新宿駅西口はたえず開発のための大きな工事が行われていた。京王デパートや西口会館、小田急デパートが駅の増改築に並行して次々と建築されていった。1964年から本格的にスタートした新宿西口の副都心計画は、まずは幹線地下道から工事が着手された。新宿駅西口から新市街地の中央に向かってまっすぐ伸びる地下道は、車両6車線、両側に7メートルもの歩道がついた大きな地下道である。この幹線地下道の出発点となったのが、新宿駅西口広場であり、地上はバスターミナル、地下1階は車道と歩道でタクシー乗り場を有し、地下2階は駐車場、広場の中央には吹き抜けの開口部のある壮大な地下道が1966年に完成した。西口広場からは国鉄（現在のJR）、小田急、京王各線への往来が地下で繋がるようになった。

③フーテン族、アングラ族、ヒッピー族、カミナリ族
　新宿の発展に伴い、1960年代に入るとストリートファッション的にも、新宿が新しい流行の発信源として注目されるエリアになっていた。都市基盤の整備、高層ビルの建築ラッシュなど、高度経済成長期の輝かしい面が台頭していく一方、アンダーグラウンドな新宿もクローズアップされていく。
　当時の新宿は、銀座のみゆき族や、原宿の原宿族といったように、一つの街に一つの族がおり独自のファッションを形成していくのではなく、フーテン族、ヒッピー族、サイケ族、アングラ族、そして全共闘あるいは反戦青年がおり、さらにアイビー族などもおり、大小さまざまな若者の群れが混在していた。
　新宿をメインステージとしていたフーテン族とヒッピー族は、長髪でひげを生やし、ジーンズ姿が決まりのファッションであったが、なかには週末ヒッピーと呼ばれる、普段は普通に社会人をしていて、週末だけ、スタイルとしてヒッピー風の格好をして気分に浸る若者もいたといわれている。

ちょうどその頃、新宿を好んで訪れる若者たちが、独特のファッションをし始めて、話題となっていた。
　新宿のエリアによって異なるタイプの若者が集まり、またファッションでも思い思いの格好で存在をアピールするようになる。まず、東口付近には、汚い格好のフーテンが多く、シンナーを吸ったり、駅前広場の芝生（通称グリーンハウス）にたむろしている若者が多かった。西口広場には全学連の学生が集まり、ヤッケやジャンパー姿でカンパを要求したり討論集会を開くなどの活動をしていた。そして西口広場から新市街地に伸びて中央公園に至る新幹線地下道のほうは、1968年の半ばまで自動車は乗り入れ禁止であって、近隣オフィスの憩いの場になっていた。さらにこの幹線地下道の先に、中央公園そばに真新しい道路ができ、新宿カミナリ族の若者たちが土曜の夜から日曜日の朝まで曲乗りと音楽に夢中になっていたのである。その場所が通称「ゼロヨン広場」と呼ばれていた。

⑱新宿駅西口広場でのベトナム戦争反戦フォーク集会。約5000人が大合唱した（1969年）【毎日新聞社】

④モータリゼーションとカミナリ族

　1950年代に入り、高度経済成長期を迎える少し前、自動車やバイクなどが日本に普及するようになり、モータリゼーションの波が押し寄せた。このような背景からバイクを街で乗り回す若者が登場してきたのだが、その後10年ほどして1960年代に登場した新宿カミナリ族は、バイクの排気量も従来のものより大型になり、ゼロヨン走行（400メートルを何秒で走れるか）や、後輪走行のウィリーなど、アクロバティックな走行をするなどを互いに披露し合っていた。バイクの改造にも積極的で、ハンドルはカマキリのように大きく彎曲

したチョッパー型、万歳スタイルでハンドルを握って走行するのが流行していたという。ファッションも象徴的なものが多く、1970年代に入って男性の間に流行した長髪に革ジャン、ジーンズ姿がカミナリ族のトレードマークとなった。

こうして、1960年代は学生運動、アングラ文化の中心地だった街も、1970年代には新宿新都心ができ、超高層ビルが林立し、世界的なホテルが開業し、商業圏としても伊勢丹、三越、丸井、小田急、京王、MY CITYが集積し、やがて都庁までも移転してきて成熟した街へと変貌を遂げた。

第3期：1980年代～1990年代以降

①南口再開発による新しい新宿の誕生・点移動型から回遊型への変化

1980年代に入る頃には、渋谷や原宿が街の個性をさらに発揮し、若い人を中心に来街者が増加し、新たな代官山や青山など、後続のファッション・エリアが発展・拡大していく。一方で、新宿は1980年代にほぼ都市基盤の整備が揃い、高層ビル街と都庁のある西口、デパートと繁華街が並ぶ東口、「ヨドバシカメラ」や「ビックカメラ」「さくらや」などの、パソコンやカメラを中心とした大型の家電ショップの並ぶ西新宿のエリアなど、それぞれに異なる機能と性質で特化されながら、また駅ビルやデパート群が並ぶ利便性には長けているものの、街のアイデンティティーがいまひとつ稀薄であった。個性や主張の少ない新宿は、話題性に欠ける街として、1980年代以降はこれらのファッション・エリアに仲間入りできない状態が続いていたのである。

ところが、1990年代の後半より、南口再開発がスタートし新たな脚光を浴びるようになると、再び新宿が新たな様相を呈してきたのである。新しい新宿の誕生の発端となったのが、新宿駅南口に開発されたサザンテラスのエリアである。従来は古びたビジネス宿が点在する、どこかさびれたイメージのあった南口であったが、1995年に生命保険会社6社が協同で出資して作ったマインズタワーの完成頃より注目を集めるようになる。続いて、小田急線の路線上空を利用して、JRと小田急電鉄による共同の都市開発が行われ、小田急の線路上にふたをかける形で人工地盤「サザンテラス」が造成された。さらに駅の南側に建設された東西をつなぐデッキ「イーストブリッジ」を介して高島屋に直

結され、南口全体の回遊性が高まっている。

　現在、サザンテラスのエリアには、小田急サザンタワーをはじめ、「スターバックス」などのカフェ・レストラン、インテリア雑貨の「フランフラン」、カジュアル衣料の「エディバウアー」などのショップに加え、宮崎県の観光案内所と郷土の名産品販売所が並んでいる。さらにデッキを渡って「タカシマヤタイムズスクエア」、「東急ハンズ」、「紀伊國屋書店」と連なる複合商業施設となっており、新しい形態の施設が大きな関心を呼んだ。

　この一連の南口の再開発によって、南口のみならず、新宿の街全体の回遊性が高まり、東口、南口、そして西口と、駅の全方位が繋がったことが特筆すべきことである。これまでデパートで買い物なら東口、カメラを買うなら西口、飲食なら歌舞伎町と、どちらかといえば点移動で、ある目的を達成するだけの利用が多かった新宿が、南口エリアが進展して以来、単に買い物をするだけでなく、ぶらぶらと散策して楽しむといったショッピング環境が整ってきたことは新宿のリニューアルの大きな特徴であった。

⑲新宿南口のランドマークとなった「タカシマヤタイムズスクエア」（2000年）

②新宿の渋谷化、原宿化現象

　「サザンテラス」の完成以降、デパートとファッション・ビルだけでなく、渋谷や原宿に出店しているセレクトショップや飲食店が続々と新宿に出店するようになった。1998年にはセレクトショップの「BEAMSジャパン」がオープンしたり、1999年にはファッション・ビルの「フラッグス」がオープンし、若者に人気の「ユナイテッドアローズ」、「アメリカンラグシー」などのセレク

トショップ、「タワーレコード」などのテナントを集積し、現在も多くの若者が訪れている。さらに2000年にはカジュアルなセレクトショップの「ジャーナルスタンダード」、2001年には大型レコードショップの「ヴァージンメガストア」が開店したことで、10代〜20代の若者たち、小さい子供をもったヤングファミリー層が増えて、エリアの雰囲気が渋谷や原宿と匹敵するようになっている。

　一気に若者が回帰してきた南口の発展に伴い、東口エリアもブティックの出店など、ファッション関連のショップが増加している。1999年には新宿高野に「グッチ」が入ったり、「スタジオアルタ」ではギャル系のブランドを集積して渋谷を卒業した年齢層の高いギャルの集客が増加しているなど、流行の発信地として新宿が注目を集めてきている。

　なかでも「ファッションの伊勢丹」というスローガンのもと、高感度なファッションを提案し、おしゃれ好きの人でにぎわっているのが「伊勢丹」百貨店である。「ドルチェ＆ガッバーナ」や「ディオール・オム」など、話題性の高いトレンディなブランドのブティックをいち早くフロアに展開したり、食器、ボディケア・グッズ、ペット用品、CDなどの雑貨を集積したライフスタイル・ショップの「B.P.Q.C.」を手がけたり、高感度なセレクトショップに匹敵するバイイングで定評のある「リ・スタイル」のコーナーがあるなど、百貨店不況の現在でも、たくさんの集客を誇っている。伊勢丹は、ファッショナブルなデパートとして、おしゃれ好きなキャリア女性を筆頭に、経済成長率の高い上海や香港、台湾などの東南アジア圏をはじめとした海外からの買い物客も多く集める百貨店である。

⑳「ファッションの伊勢丹」として知られる伊勢丹百貨店（2011年）

図表6-5　新宿年表

年	事項	年	事項
1920年	新宿初映画館・武蔵野館	1996年	タカシマヤ タイムズ スクエア
1926年	ほていや百貨店（1935年伊勢丹と合併）	1997年	パークタワービル
1927年	紀伊國屋書店	1998年	フラッグス
1929年	三越		サザンテラス
1931年	ムーランルージュ新宿座		BEAMS ジャパン
1933年	伊勢丹	1999年	グッチ新宿
1948年	丸井新宿駅前店	2000年	ユニクロ
1956年	新宿コマ劇場		ジャーナルスタンダード
1960年	新宿副都心計画スタート	2001年	ヴァージンメガストア
1962年	小田急百貨店	2002年	ベネトンメガストア
	丸井新宿店	2003年	新宿ルミネリニューアル
1964年	新宿駅改装		伊勢丹メンズ館リニューアル
	マイシティ	2005年	新宿三越ALCOTT
	京王百貨店	2007年	マルイシティ-1
1966年	新宿西口広場完成		新宿バルト9
1968年	伊勢丹・男の新館	2008年	モード学園コクーンタワー
1969年	新宿タカノ		新宿ピカデリー
1971年	京王プラザホテル	2009年	ザ・ボディショップ
1973年	サブナード		ユニクロ西新宿店
	新宿タカノ		H&M
1974年	新宿住友ビル		新宿マルイ本館
	新宿三井ビル		新宿マルイカレン
	丸井ニュー新宿店		FOREVER21
1976年	新宿ルミネ		コムサストアリニューアル
1977年	西武新宿ペペ	2010年	TOPSHOP / TOPMAN
1980年	スタジオアルタ		コレクトポイント新宿
1984年	ヒルトンホテル		LABI新宿東館
	丸井インテリア館		ユニクロ新宿高島屋店
	丸井スポーツ館	2012年	新宿イーストサイドスクエア
	小田急ミロード	2013年	新宿伊勢丹リニューアル
1990年	バーニーズ ニューヨーク	2014年	新宿中村屋ビル
1991年	都庁舎新宿移転	2016年	バスタ新宿
1992年	丸井フィールド		JR新宿ミライナタワー・NEWoMan
	LLビーン日本直営1号店		BEAMS JAPAN
1994年	コンランショップ	2018年	新宿M-SQUARE
		2023年	東急歌舞伎町タワー

6 青山

　ファッション＝衣服という枠を越えて、食もファッション、住もファッションというアプローチを街に反映させた先駆的エリアである。ヘアサロンやネイルサロンなど、美容室の数も多い。青山は、1964年に「VAN」が東京本社を青山に移転した頃からファッションストリートとしての人気を集めた。1970年代には、青山3丁目交差点を中心とする青山通り、通称・キラー通り、および原宿・明治通りなどにいくつもの社屋や「VAN」関係の施設が点在していたことで、この辺りは"VANTOWN 青山"と呼ばれ、アイビー・ファッションのメッカとなった。このようにして、「ニコル」、「ビギ」といったマンションメーカーや、「ピンクハウス」、「イッセイミヤケ」、「コムデギャルソン」などのデザイナーズ・ブランドのブティックが青山に集まるようになり、最新ファッションの発信地として知られるようになった。

　これに続いたのが、おしゃれな飲食店の出店ラッシュである。南青山を中心としたエリアには、カフェをはじめ、イタリアン、フレンチ、和食店、ダイニングバー、無国籍料理の店など、さまざまな飲食店が並ぶようになった。しかも、ブティック同様、モダンなインテリアや効果的な照明を施し、料理だけでなく、その空間にいること自体に価値をおいたおしゃれな飲食店ばかりであった。これらの飲食店の多くは1990年以降にオープンし、食に敏感な大人が集まる街にもなった。

第1期：戦前〜1950年代

①青山の由来

　青山の地名の由来は古く、1591年、徳川家康の譜代の重臣であった青山忠成が、原宿村を中心に赤坂の一部から上渋谷村にかけて屋敷地として拝領したことに由来するといわれている。現在、青山家の屋敷跡は大半が青山墓地となっている。また、青山忠成の別邸以前から、赤坂から往来する宿駅で青山宿という名称がすでにあったという説や、青々とした雑草に覆われていたところを青山と称したという説もある。

　現在、数多くのブティックが並び、交通量の多い青山通りは、江戸時代には

厚木街道と呼ばれ、五街道に次ぐ重要な道とされ、参勤交代の大名行列や商品の輸送、旅人の交通などが盛んであった。明治時代になると、交通機関が発展し、1904年に路面電車が開通し、地元の人々の足として大いに活躍をする。その後、1938年に初めての地下鉄として銀座線が開通するようになると、路面電車は1968年に廃止となる。

②戦前からのインターナショナルなエリア

　東京大空襲でほとんどの建物が焼失してしまったが、戦後、神宮外苑は進駐軍が接収したことで、米軍の兵士が青山を闊歩するようになり、米国文化がどんどん入る国際的な街となった。1964年の東京オリンピック開催で代々木の国立競技場がメイン会場になったことから、青山通りは現在の幅に拡張工事がなされ、以来、繁栄の一途をたどっている。

　1952年には日本初のボーリング場が青山にでき、1960年代に入って、ボーリング・ブームが訪れる。中山律子、須田開代子らのトップ女子プロボウラーの活躍は、芸能人をしのぐ勢いだったという。ミニ丈のキュロットやスカートに身を包んだスポーティーなスタイルは、1960年代のミニスカート・ブームに拍車をかけ、ストリートファッションに取り入れられていった。

　1953年、日本で最初のセルフサービス方式によるスーパーマーケットの「紀ノ国屋」が青山にオープンする。多数の輸入品を扱い、外国人の客の多いスーパーマーケットの出店により、青山のもつインターナショナルな雰囲気が醸成されていった。

第2期：1960年代〜1980年代

①時代を先導するブティックの出店

　「ファッションの街・青山」にふさわしいエリアが形成されたのは1960年代以降から1980年代のこと。この20年間でほぼ、現在の青山の土台となるようなショップが揃った。1951年に大阪で開業され、東京は日本橋に会社のあった「VAN」が、1964年に青山に引っ越して以来「ニコル」や「BIGI」、「コムデギャルソン」、「ヨージヤマモト」、「イッセイミヤケ」など、時代を代表するブティックが続々と青山に出店をしてきたのである。また、「フロムファー

第6章 街とファッションを考える

スト」、「コレツィオーネ」といった、従来のデパートや専門店の形態とは異なる、複数のブランドのショップが入った複合商業施設が最初に登場したのは、青山がいちばん先であった。

㉑前衛的な新しいファッションを絶えず提供している「コムデギャルソン」青山店（2004年）

②名のあるストリートの登場・骨董通りの由来

　原宿のキャットストリート、渋谷の公園通りのように、地図に示されている本名とは異なる愛称がつけられるストリートは少なくない。青山には骨董通りという名で親しまれているストリートがある。国道246号（青山通り）青山5丁目交差点から、六本木通り高樹町交差点を結ぶ一本道のことで、白いファサードのモダンなブティックや複合ファッション・ビルが整然と並んでいる。

　「骨董通り」の名付け親は、古美術商でエッセイストの中島誠之助である。骨董店が集積していた南青山に1976年、「からくさ」の屋号で古伊万里専門店を出店（2000年閉店）。1980年代初めに骨董店のPRを兼ねて、中島は青山5丁目交差点から、六本木通り高樹町交差点を結ぶ通りを「骨董通り」と命名した。呼称が浸透し始めたのは、1980年代後半、女性向けのブティックが骨董通りに進出し始めた頃で、ファッション誌や情報誌が誌面で「骨董通り」を使ったことで広がっていった。

　現在は、1950年代後半に60～70店もあった骨董店で今日でも店を開いているのは約40店といわれ、減少の一途を辿っている。地価の高騰で個人事業として経営をしていた骨董店の経営が成り立たなくなったこと、デパートにアンティークモールが開店し、人気を集めているためか、一般客が個人の骨董店に出向くということ自体が減っていることなど、いくつかの理由があるが、1950年代半ば以降「骨董通り」に出店した店の多くは、すでに現存していな

いケースが少なくない。代わりにスーパーブランドのショップやブティックが急増している影響で、骨董店と同じく古物商の範疇に入る高級ブランド物のリサイクルショップが増加しており、時代の移り変わりを反映している。
　現在は、「ケンゾー」、「コシノジュンコ」、「マルニ」などの世界有数のブティックが並ぶエリアとなっている。

③キラー通りの由来
　外苑西通りの外苑前駅と交差する地点から北の通りの通称がキラー通りである。このキラー通りの由来は諸説あって、一つは終戦後の1940年代後半、昭和20年頃から売春防止法が成立した1958年あたりまで、この付近に米兵目当ての売春婦がたむろし商売していた。米兵の間ではこの通りを「キラーポイント」と呼んでいたという由来がある。
　また、デザイナーブランド全盛の時代にコシノ姉妹、カンサイなどのブティックが近辺に集中するようになると、おしゃれなマダムたちがついついお財布を開いて散財してしまうということで、別名「マダムキラー通り」といわれたという説、そして、デザイナーのコシノジュンコが1970年代に言い出したという説もあり、その由来は、当時の青山はとても静かで、特に外苑西通りは、青山墓地の脇を通っているので人殺しがあっても不思議はないということで「キラー通り」といわれたという説などがある。
　現在では、ワタリウム美術館や「フリーランス」など、おしゃれでこじんまりとしたブティックや飲食店が連なるエリアとなっている。

④"衣食住すべてがファッション"を提案するショップの台頭
　インテリアと生活雑貨を提案するショップがいちはやくできたのも青山である。「IDEE」は1979年には南青山に本社を構え、1985年に骨董通りにショップを開店。1995年には本社を移転して店舗併設とし、「IDEE」の知名度も上昇した。出版事業を開始する一方、カフェ・ブームの先駆けとなった併設する「Cafe@IDEE」も抜群の人気となり、骨董通りに若者を動員する大きな要因となった。
　1983年には「無印良品」の青山店第一号が出店される。シンプルで機能的、

環境にも配慮した「無印良品」のインテリアや雑貨は、たちまちのうちに話題となった。これまでファッションには興味があっても、インテリアにはあまりこだわらなかった層にも、「無印良品」の提案するシンプルで美しい住まいの提案が見事に当たり、インテリア・ブームが起こった。これらのように、衣服にかぎらず、衣食住すべてがファッショナブルでありたいというニーズをいちはやく汲み取り、ライフスタイルすべてにまつわるショップが揃ったのも、青山の魅力である。

第3期：1990年代以降

①ストリートファッションの伝播による新しい青山

　骨董通りに並ぶインターナショナルなデザイナーズのブティックなど、スノッブなイメージが定着している青山が、1990年代の後半以降も、確実に変化を遂げている。これまでの青山のブティックは、主に30代以上のファッション業界人や、デザイン関係者をターゲットとしていたが、1999年頃より骨董通りやその裏通りに、セレクトショップや雑貨ショップ、靴、コスメの店舗が出店したり、リニューアルが相次いだことで、従来からの顧客層に加え、20代～30代のOL、ファッションが好きな10代のヤング層も来街するようになり、訪れる人の幅が広がった。

　新たなエリアとして発展している場所の一つが、表参道の交差点の裏通りの通称"裏表参道"のゾーンである。2000年にツモリ・チサトの雑貨ショップ「etc」がオープンし、さらに「アベス」、「ムーラ」といった靴や雑貨、アクセサリーのショップが出店した。また2002年には代官山の人気ショップ「WR」がこの裏表参道に新規店を開き、20代前後のおしゃれの大好きな女の子たちが訪れるようになった。

　さらに骨董通りと表参道の間の路地を入った南青山5丁目のエリアも若者が増えている。裏原宿発のブランドである「NOWHERE」が、この地に路面店をオープンさせた2000年頃より、今までは裏原宿やキャットストリート、渋谷の神南エリアなどに好んで足を運んでいたような、10代後半から20代前半の若者も青山に訪れるようになったのだ。

　さらに「ドゥージエムクラス」、「ミュウミュウ」など、20代の女性をター

ゲットにしたセレクトショップやブティックが林立するようになり、2002年には「ディエチコルソコモ・コムデギャルソン」、「UNDERCOVER」、「ベイプカフェ」など、ファッション業界人が注目するショップを集めたビルができたことで、休日はもちろん、平日もたくさんの若者が訪れるゾーンになっている。従来、都会的な大人のファッションピープルが訪れるエリアとして認知されていた青山が、多数のショップができたために、訪れる人の層も確実に変わってきており、近頃では地図を片手にお目当てのショップをめぐる、おのぼりさん風の若者も少なくなく、原宿や代官山のように、なかば観光地化していることも確かである。

㉒ミラノのセレクトショップ「10 Corso Como」とコラボレーションしてできた「ディエチコルソコモ・コムデギャルソン」(2004年)

　以上、原宿、渋谷、銀座、新宿、代官山、青山のファッション化する街について考察した。ファッション・エリアは、その街に足を運ぶクラスターと密接に結びついてエリアを形成していることがわかる。

図表6-6 青山年表

1927年	同潤会アパート
1940年	根津美術館
1953年	紀ノ国屋スーパーマーケット
1964年	VAN青山本社
1965年	マドモアゼル・ノンノン
1966年	COLETTE（コシノ・ジュンコ）
1968年	ニコル
1972年	ピンクハウス
1973年	ブティック寛斎
1974年	イッセイ ミヤケ
1975年	フロムファースト
1975年	コムデギャルソン
1976年	ベルコモンズ
1977年	青山ラミア
1978年	ハナエモリビル
1978年	新青山ビル
1979年	ボートハウス
1982年	ナチュラルハウス
1983年	無印良品第一号店
1984年	ワイズ スーパーポジション
1985年	スパイラル
1985年	こどもの城
1985年	IDEE
1989年	コムデギャルソン移転オープン
1989年	コレツィオーネ
1990年	ワタリウム美術館
1998年	ミュウミュウ青山店
1998年	ダ・ドリアデ
1998年	KENZO
1999年	ルシェルブルー
1999年	トラサルディ
1999年	インディヴィライフ
1999年	ジル サンダー
1999年	グッチ青山
1999年	NOWHERE
2000年	etc
2002年	グラッセリア青山
2002年	ディエチコルソコモ・コムデギャルソン
2002年	UNDER COVER
2002年	マルニ
2002年	WR
2003年	クリスチャン・ディオール
2004年	プラダ青山
2004年	ラブレス
2004年	エスコルテ青山
2005年	ラ・ポルト青山
2005年	エチカ表参道
2006年	クロエ青山
2006年	Y-3
2006年	サロット青山
2007年	ディーゼルデニムギャラリー
2007年	フレッドペリー青山
2007年	フィリップリム
2008年	ラフシモンズ
2008年	ステラマッカートニー
2009年	Ao
2009年	プリーツプリーズイッセイミヤケ
2009年	紀伊国屋インターナショナル
2010年	アオヤマ フランフラン
2013年	オーク表参道
2014年	ソーカルリンク表参道
2018年	SHARE GREEN MINAMI AOYAMA
2020年	the ARGYLE aoyama

第7章

これからのファッションを考える

1. 現代ファッションが直面する問題

　ファッションにまつわる情報の増大に伴い、ファッションの多様化、トレンドの加速化が一層激化している。ブランドのし烈な競争、グローバル化するファッション、着用者の細分化によるファッション・ジャンルの増加、ファストファッションの人気など、直面するファッションの様相を考察するとともに、今後、どんなファッションを選択し、享受したらよいのか模索する。

（1）ファストファッションがもたらしたファッション革命
　2000年代に入って、SPA業態のなかでも、ファストファッションと呼ばれる企業が台頭し、注目を集めている。「ファストファッション」とは、マクドナルドなどの早くて、安いファストフードになぞらえて、流行鮮度が高く、比較的安価なアパレルを呼び、国内のユニクロをはじめ、アメリカの「GAP」、スペインの「ZARA」、イギリスの「TOPSHOP」、スウェーデンの「H&M」などがある。「ユニクロ」のように、ベーシックで良質な商品をリーズナブルに買えるものと、「TOPSHOP」のように、最先端のトレンドが低価格で入手でき、新しいファッションに気軽に挑戦できるものとがある。
　ファストファッションによって、高感度な商品が低価格で入手できるようになり、ファッションの迅速化、単サイクル化、少量生産・多品種化が進み、消費者ニーズに合致した商品提供が、実に迅速に調達されるようになった。これにより、おしゃれを楽しむハードルが低減されて、ファッションのボトムアップに繋がっている。

（2）ファストファッションをめぐるファッションのグローバル化
　他方、問題にされる点もある。1点目として、ファストファッション化の進展とともに、欧米を中心としたアパレル企業に資本が集中する結果、流行のファッションがグローバルに世界を駆け巡り、ファッションにおけるイメージや流行の集中化が生じる点。第2点として、こうしたファストファッション企業は欧米を中心としながら、その生産・労働を下支えするのは、賃金の安い国に集中し、ファッションを享受する人間と、生産しながらも享受できない人間

第7章 これからのファッションを考える

との格差が生じている点にある。

(3) ファッションのグローバル化は必然の流れなのか

　国境を越えた競争の激化に伴い、ファッション・ビジネスの展開にも変化が生じている。90年代以降、IT革命、効率化、生産拠点の移動による低コスト化が進展し、国内ブランドのほとんどが、生産を海外に移し、他方ではM&Aなどの業界再編が進み、大企業がブランドを買収してコングロマリット化され、資本力や競争力の乏しい小さなブランドや伝統のある老舗店舗がビジネスを閉じる動きが後を絶たない。その結果、資本力と機動力のある一部のSPA企業が世界中を凌駕し、ファッション商品の生産・流通・販売ルートを有利なかたちで独占しつつある。

　この結果、日本はもとより、世界の大都市は同じブランドで埋め尽くされることとなった。さらに、2008年以降のサブプライムローン問題を皮切りに、高級ブランドに代わって、ファストファッション系ブランドが林立する状況を招いている。

　こうして、SPA企業がファッションの中枢に置かれるやいなや、新しいファッションに付随して現れる、好ましいイメージや流行も、地域や文化の差異をまたいでグローバル化されていく。Tシャツとジーンズが国際服となったように、ファストファッションで量産されるトレンドは、新しさや価格にのみ関心が集まり、流行の加速化から逃れることができなくなり、これまでと違うデザインや色柄といった差異ばかりに注目が集まる事態を招いている。

　アントニオ・ネグリとマイケル・ハートは『＜帝国＞』（P.200）のなかで以下のように述べている。

　ポストモダニズムの思考は―差異や多数多様性といった概念の強調、フェティシズムやシミュラークルの賞揚、つねに新しいものやファッションに魅了されていること、とともに―、商品の消費についての理想的な資本主義の図式のすぐれた描写であり、またそのようにして完璧なマーケティング戦略の機会を提供する。（略）マーケティングそれ自体が差異にもとづいた実践であって、より多くの差異があたえられているほど、より

いっそうマーケティング戦略は発展できるのである。よりいっそう異種混交的で差異化された人口は、特定のマーケティング戦略によってそれぞれ的をしぼった「ターゲット市場」の増殖を表わしている。

ここで述べられている、「ポストモダニズムの思考が商品の消費についての理想的な資本主義の図式のすぐれた描写である」という観点からすると、ファストファッションのブランドが台頭したのは、必然だったと考えることができる。ただし、ファストファッション企業の多くがそうであるように、商品のあらゆる差異を1社が担っており、差異をめぐる製造や創造の巨大資本化を招いている。かつて創造的なファッションが生まれてきたのは、小さなブランドやアパレルメーカーからであり、こうした＜きら星＞が複数集まった結果生じる多様な差異の輝きとは異なる点を留意しなければならない。

流行のサイクルが加速化するなかで、安くて、トレンド感の高い、手に入れやすいファストファッションの台頭は不可避であっただろう。現に多くの人々が、このメリットを享受しており、ファストファッションのあるブランドでは、この状況を「ファッションの民主化」と表現して、トレンドのアイテムを誰もが入手できる現況を推奨している。

ただ、他方では、鮮度の落ちた衣服は使い捨てのように処分され、さらには、販売時期に一度も手にとってもらえなかった大量の商品は、誰にも袖を通されずに処分される。これから目指すべく、資源に配慮した循環型社会の方向性とは異なる、「新しいファッションが欲しい」という、過度の欲望が生み出したメカニズムが引き起こす問題も無視できない。

ジャン・ボードリヤールが『象徴交換と死』で述べる、「モードの記号には内在的規定が存在しないので、際限なく置き換えられたり、入れ換えたりすることが可能になる。この前代未聞の解放の論理の帰結として、モードの記号は狂気じみた綿密な循環性に従っている」という言説が、いま限りなく、事実のものとして、現前している。

（4）グローバル化をやわらかく回避するストリートファッションの可能性

現在の状況を、不況だから消費者は安いものを求め、その帰結として、ファ

ストファッションが台頭し、ファッションがグローバル化されたと考えるだけでは、短絡的ではないだろうか。日本の若者たちの装いを見ていると、単に不況が理由でブランド離れを起こしているのではなさそうだからだ。「H&M」が話題だからといって、全身同じブランドで揃える着こなしなどは皆無で、インナーは安価なもので済ませても、ジャケットは比較的高価なものを合わせたり、古着を組み合わせたり、「ユニデコ」など、自分たちで手を加えて、思い思いのファッションを楽しんでいる。

　彼らの高いコーディネート感覚は、すでにブランドの威力を借りる必要もなく、むしろその数段上を進んでいて、お仕着せでない着こなしを自然に体現している。顔も小さく、スタイルも格段に良くなり、ヘアやメイクにも関心の高い若者たちが、程よくおしゃれに見える着こなしとして、こうしたファストファッションに関心を寄せているのは必然といえるだろう。

　あるいは、『東京グラフィティ』に登場するような、全身古着や友達にもらった衣服をまとい、およそ市場経済には貢献していないけれども、ユニークで流行の衣服が素敵であるという価値観を覆す勢いの若者や、ロリータやパンク、コスプレなどの、趣味の世界に没頭する若者などがいる。

　こうした若者たちのイメージは、各種のメディアを通じて「ジャパンクール」の対象となり、海外から賞賛のまなざしを集めている。流行が世界を巡り、画一化し、誰もが入手可能となった現在だからこそ、流行の衣服ではない、新たなファッションの可能性が開けようとしているのかもしれない。

2. 日本のファッションの可能性

　近年、マンガやアニメ、ゲーム、映画をはじめとした日本のポップカルチャーは海外で高く評価されており、ファッションも例外ではない。現代日本のファッションに関心が寄せられたのは1980年代前後の日本のデザイナーを端緒とするが、現在、海外が注目する新たなファッションはといえば、等身大の若者たちのストリートファッションである。日本のファッションがなぜ海外から注目を集めるのだろうか。終章ではその理由を探る。

マンガやアニメ、ゲーム、映画をはじめとした日本のポップカルチャーは海外で高く評価されており、日本のファッションが憧れの対象となっている。原宿や渋谷、銀座のファッション・ビルでは、日本のファッションを求めにやってくる海外からの観光客を頻繁に見ることができるし、秋葉原ではメイド服に扮した外国人の姿も珍しくない。「無印良品」や「ユニクロ」の海外での関心も高く、パリ、ロンドン、ニューヨークなどに旗艦店がオープンしている。パリ郊外で開催される「ジャパン・エキスポ」では、ゴスロリ・ファッションを楽しむ若者が国内外から訪れるし、2009年からスタートした「tokyoeye」プロジェクトは、日本のブランドを海外に発信する目的で、パリのセレクトショップ「colette」でのテスト販売や、上海最大級の国際展示会場での商談会を実施しており、ビジネス展開も広まっている。

　伝統的な日本文化と異なり、現代の日本のファッションが注目を集めたのは、1970年代から1980年代に基盤がある。三宅一生、山本耀司、川久保玲といった日本人デザイナーが従来の西洋服の既成概念を覆す作品を提案し、ファッションが変化するターニングポイントを与えた。そして、現在、海外が注目する新たな日本のファッションはといえば、等身大の若者たちが思い思いのファッションで披露するストリートファッションに関心が向かっている。筆者は1994年からストリートファッションの観測を実施し、一部をホームページで公開しているが、海外から「日本のファッションはクール」といったメールが届くこともあり、注目を実感してきた。

　では、なぜ日本のファッションが海外から注目を集めるのだろうか。ここでは「かわいい」、「レイヤード」、「リアルクローズ」といったキーワードをもとに、その理由を探ってみる。

（1）「かわいい」という美意識

　『「かわいい」論』の著者・四方田犬彦が、「かわいい」という形容詞を21世紀の日本の美学と位置づけたように、小さくて、幼げで、懐かしさのある感覚を大切にする「かわいい」というイメージは、日本的な感覚であると解釈され、「Kawaii」という言葉は日本語ではなくなった。かわいいファッションの系譜は日本の得意とするところであり、1970年代の原宿で生まれたブランド

「MILK」に由来するロリータルック、1980年代のOlive少女が好んだレース・リボン・フリルを多用したロマンティック・ファッション、1990年代に登場したフリフリのゴスロリ、そして目下話題の「森ガール」に見られるナチュラルでガーリッシュな装いに続く。ロマンティックな服に、あえてハードなブーツや革ジャンを合わせたアンバランスさを好むというのも、均整美を理想とする従来的な西洋の価値観とは異なり、こうした感覚がいま、海外の若者をとりこにしている。

（2）自由なレイヤードによる新しい着こなし

　レイヤードとは重ねるという意味で、上着にさらに上着を重ねたり、スカートとパンツを合わせりしたスタイルを指す。1990年代半ばに、日本の若者の間から生まれたのを契機に、現在では、パリやミラノなどのコレクション作品にもレイヤードテクニックを見ることができる。レイヤードの特徴は、服の裏表を逆にしたり、左右で異なる形や色の靴下や靴を履くなどのアイテムを再構成させた面白さにある。また、スポーツとフェミニン、メンズとレディス、春物と冬物を重ねるなど、着装ルールが自由な点もあげられる。こうして、ルールやジェンダーやジャンルを超えた、ユニークなレイヤードが海外の人々に新鮮な感覚で享受されている。

（3）リアルクローズが与えた影響

　2005年にスタートした「東京ガールズコレクション」（TGC)は、「日本のリアルクローズを世界へ」をテーマに開催される、おしゃれな女の子のためのファッションフェスタである。先頃は、訪日外国人向けツアーなども挙行され、外国人の参加も見られる。TVや雑誌で活躍中のモデルが人気ブランドのファッションを披露し、アイテムがケータイでその場で購入できるしくみになっている。さらにはパリや北京で開催されるなど、海外での評価も高まっている。

　会場では、今すぐにでも着たいと思うアイテムが次々に披露される。観客たちはその場で、"欲しい！"あるいは"これはイマイチ？"とジャッジをする。こうして、各ブランドから提案されたファッションのなかから、次のトレンドが、まさに今、この会場で決定されていく、リアルクローズになる瞬間の醍醐味が

存在している。

　さらに、最新のファッションはランウェイ上のモデルだけが披露するのではなく、実はその下の会場内のさまざまな場所でも展開されるという面白さがある。おしゃれに敏感な若い女性たちは、今日のために、めいっぱいのファッションで参加しており、さまざまな展示ブースを回遊している間も、"あの人おしゃれ〜"、"私のほうが勝ってる"といった具合に、互いのファッションをチェックし合っている。いわば、会場全体がファッション・バトルの繰り広げられるコロシアムという、実にユニークな体験ができるのである。

　かつてパリ開催の実行委員であったトーマス・シルデ代表がこの東京ガールズコレクションを見学した際に、「日本のストリートファッションは世界で最もモダン。パリモードと違って、大衆まで降りているのがすごい」と評したように、消費者参加型という点が、バイヤーやジャーナリストを対象とした閉鎖的なコレクションと大きく異なっており、リアルクローズが次のファッションを切り拓くという、新しい流れが生まれている。

　以上のように、日本のファッションの特異性は、独特のかわいい美意識やユニークな組み合わせ、消費者がイニシアチブをとる点などにあるが、これは、洋服の歴史が長く、ともすれば固定概念にとらわれがちなファッション先進国の諸外国の人々にとって新鮮さを感じさせるポイントになっているのだろう。日本の若者のファッションに対する旺盛な好奇心やユニークな着装などの自由なファッションに加え、原宿、渋谷、銀座、代官山、青

①約3万人の若い女性が集まった東京ガールズコレクション会場のさいたまスーパーアリーナ（2010年）

山など、諸外国に前例のない、ファッションストリートの賑わいぶりも相まって、日本のファッションに注目が集まっていると考えられる。

（4）ストリートファッション観測の意味

　1980年代、西洋服の既成概念を超えた作品を提案した川久保玲や山本耀司らの日本のデザイナーの仕事を通じ、モード規範を越えたモードが最先端となる逆説が起こりえた。そして90年代以降、さらにその外縁のストリートファッションが、新たなファッションの発信源として注目を集め、少なからず影響を及ぼしている。ストリートファッション自身も、もとは社会や大人に抗（あらが）う形で登場してきたものだ。ところが、90年代以降の日本を見る限り、社会や大人に対峙して抗うといった反体制的な姿勢とは無関連に、コミュニケーションとしてファッションが享受されるようになり、アンチ・ファッションという自らの性質を脱ぎ捨てて変容した点に特徴がある。こうしたあり方が、洋服の歴史が長く、固定概念にとらわれがちな欧米に先んじて、日本で立ち現れている点は注目に値する。

　戦後長きにわたって、欧米を参照してきた日本のファッションが、いま海外から注目を集めるのはなぜだろう。ファッションのヒエラルキー、そしてシステムそのものが、ゆるやかに変容し、その根底に位置されていたストリートファッションから、逆に新しい着こなしが生まれる構造に一つの理由があるのかもしれない。

　過去のソースに従えず、新しいものを生み出すことの困難な時代であることに違いはないが、街の息吹や若者たちの装いを注意深く見ることで、次のファッションの方向性を感じとることの重要性が、より高まっていることは確かであろう。

　SNSの恩恵を受けて、あらゆるファッション情報があまねく入手できる現在においては、トレンドではない、さりとてやみくもに人との違いを誇示するのでもない、おしゃれの原点に立ち返った装いがシンプル・ファッションの次に現れてくるだろう。しかしながら、その状況は、ジャンル分けされたり、いくつかのカテゴリーに集約されたりするものではなく、シーズン毎にトレンドが変化するといった揃ったタイミングでもなく、一見、均質的で分かりにくい

ものにみえるかもしれない。ただ、確実にいえるのは、「これがトレンドですよ」という商業主義的なメッセージは相対的に力を失い、個々のオリジナルなファッションに関心が向かっていくことである。それぞれの人が美しく装うという、当たり前だったにもかかわらず、これまで看過されてきたファッションのもうひとつの側面が、再びクローズアップされている。

　一人ひとりの装いには明日の歴史を変える力がある。このことを念頭に、これからのファッションの豊かな可能性について、当事者として関わってくださることを願う。

【参考文献】

アクロス編集室　1989年.『東京の若者 渋谷・新宿・原宿-定点観測の全記録』：パルコ出版
　　――1995年.『STREET FASHION 1945-1995 若者スタイルの50年史』：パルコ出版
　　――1997年.「若者とファッション17年の記録」『流行観測アクロス』No. 278：パルコ出版

Antonio Negri,Michael Hardt　2003年.『〈帝国〉』（水嶋一憲ほか訳）：以文社（原書名：Empire. Harvard University Press. 2000)

石山城編　1999年.『BIBLE X：裏原宿完全ガイドブック』：夏目書房

伊藤忠ファッションシステム株式会社　1996年.『おしゃれ消費トレンド』：PHP研究所
　　――1998年.『平成ニューファミリー消費論』：ダイヤモンド社

今和次郎　1972年.「流行」『今和次郎集　造形論』第9巻：ドメス出版

今和次郎・吉田謙吉　1986年.『モデルノロヂオ（考現学）』：学陽書房

今和次郎・藤森照信編　1987年.『考現学入門』：ちくま文庫

岩橋謹次　2002年.『代官山―ステキな街づくり進行中』：繊研新聞社

岩高要子　2003年.『セレクトショップバイヤーへの道』：ファッション教育社

Veblen,Thorstein　1961年.『有閑階級の理論』（小原敬士訳）：岩波文庫（原書名：The Theory of Leisure Class: An Economic Study in The Evolution of Institutions. Macmillan Company,1899)

うらべまこと　1965年 a.『流行うらがえ史』：文化服装学院出版局
　　――1966年 b.『続・流行うらがえ史』：文化服装学院出版局

Entwistle ,Joanne　2005年.『ファッションと身体』（鈴木信雄監訳）：日本経済評論社（原書名：The Fashioned Body: Fashion, Dress and Modern Social Theory. Polity Press. 2000)

大沼淳　2003年.『文化学園80年史　代々木の杜から世界へ』：文化学園

岡部木綿子・アクロス編集室　1997年.『チャートでみる日本の流行年史』：パルコ出版

『オックスフォード・カラー　英和大辞典』1982年：福武書店

Katona, George　1964年.『消費者行動　その経済心理学的研究』（南博監修・社会行動研究所訳）：ダイヤモンド社（原書名：The Powerful Consumer, Psychological Studies of The American Economy, Hill Book Company, 1960)

Katz and Paul F. Lazarfel　1965年.『パーソナル・インフルエンス』（竹内郁郎訳）：培風館（原書名：Personal Influence: The Part Played by People in The Flow of Mass Communications, Glencoe, Ill: The Free Press,1955)

勝田三良監修・川村茂　1999年.『新宿・街づくり物語』：鹿島出版会

川添登　2004年.『今和次郎』：筑摩書房

川島蓉子　2002年.『TOKYO　消費トレンド』：PHP研究所
　　――2004年.『ビームス戦略』：PHP研究所

くろすとしゆき　2001年.『アイビーの時代』：河出書房新社

小島健輔　1986年.『ファッションベンチャーの成功戦略』：商業界

島泰三　2004年.『はだかの起原』：木楽舎

出版科学研究所　1998年.『出版月報』.6月号
　　――2006年.「出版月報」.2月号
　　――2002年.『出版月報』.12月号

城一夫　1986年.『'86 FASHION ANNUALファッション年鑑』：太洋交易株式会社
　　――1998年.『ファッションの原風景』：明現社

城一夫・渡辺直樹　2007年.『日本のファッション』：青幻舎

菅原健二　1999年.『2001年 流行の法則「だから、こうなる！」』：同文舘出版

鈴木理生　2002年.『東京の地名がわかる事典』：日本実業出版社

鈴屋マーケティング研究室・野村総合研究所　1976年.『離陸するファッション産業』：東洋経済新報社

世相風俗観察会　1999年.『現代風俗史年表』：河出書房新社

繊研新聞社編集局　2006年.『よくわかるアパレル業界』：日本実業出版社

Simmel,Georg 1970年.『現代社会学大系 第1巻 社会分化論』（居安正訳）：青木書店（原書名：Uber sociale Differenzierung,Sociologysche und Psychologische Untresuchungen, Duncer & Humbolt,1890）
　　――1976年.「哲学的心理学に寄せて－流行－」,『ジンメル著作集7 文化の哲学』（円子修平・大久保健治共訳）：白水社（原書名：Philosophische Kultur. Zweite um einige Zusatze vermehrte Auflage. Alfred Kroner Verlag in Leipzig, 1919）

代官山ステキ委員会　2002年.『代官山ステキガイドブック02/03』：株式会社アスピ

高橋靖子　2006年.『表参道のヤッコさん』：アスペクト

宝島特別編集　1985年.『1970年大百科』：JICC出版局
　　――1991年.『1960年大百科』JICC出版局

田口道子　2002年.『東京青山1940』：岳陽舎

田中康夫　1985年.『なんとなく、クリスタル』：新潮社

千村典生　1989年.『戦後ファッションストーリー』：平凡社

通商産業省・生活産業局　1974年.『70年代の繊維産業』：コンピュータ・エージ社

通商産業省企業局　1964年.『消費財の流通機構』：通商産業省企業局

土屋淳二　2009年.『モードの社会学』：学文社

Descamps, Marc-Alain 1982年.『流行の社会心理学』（杉山光信・杉山恵美子訳）：岩波書店（原書名：Psychosocialogie de la Mode. Presses Universitaires de France,1979）

電通消費者研究センター　2004年.『Dentsu広告景気年表－ビジュアル版』：電通

東京商工会議所　2008年『カラーコーディネーションの実際（第1分野）第2版 ファッション色彩』：中央経済社

『東京グラフティ』：グラフィティマガジンズ

東京プレタポルテ50年史編纂委員会 1982年.『東京プレタポルテ50年史　東京婦人子供服工業組合の歩み』：東京婦人子供服工業組合

邑遊作他　1996年.『70年代ファッション宝典』：英知出版

中島誠之助　1989年.『南青山骨董通り』：淡交社

中原蒼二　2003年.『中原淳一展　没後20年』カタログ：朝日新聞社

中林啓治　2001年.『記憶のなかの街　渋谷』：河出書房新社

成実弘至　2003年.「ファッション・システム 文化と流行の構造」,成実編『モードと身体』：角川書店

難波功士　2007年.『族の系譜学：ユース・サブカルチャーズの戦後史』：青弓社

日本色彩研究所　1990年.『カラートレンドを探るー女性服装色30年の変遷』：衣生活研究会

Bernard, Rudofsky 1979年.『みっともない人体』（加藤秀俊・多田道太郎訳）：鹿島出版会（原題 The unfashionable human body. Doubleday & Company1971）

博報堂生活総合研究所　1985年.『「分衆」の誕生』：日本経済新聞社
　　───1985年.『タウンウォッチング 時代の「空気」を街から読む』：PHP出版
　　───2006年.「ジェネレーションeの登場」『生活新聞』Vol.424：博報堂生活総合研究所

箱守廣　1979年.『ファッション・アイ』：繊研新聞社

浜野安宏　1970年.『ファッション化社会』：ビジネス社
　　───1971年.『質素革命』：ビジネス社

林邦雄　1987年.『戦後ファッション盛衰史』：源流社

原宿表参道欅会　2004年.『原宿表参道』：エイ出版社

Barthes,Roland 1972年.『モードの体系 その言語表現による記号学的分析』（佐藤信夫訳）：みすず書房（原書名：Systeme de la Mode. Editions du Seuil,1967）

Benjamin, Walter 1993年.『パサージュ論Ⅰ』（今村仁司・三島憲一訳）：岩波書店（原書名：Das Passagen-werk, Herausgegeben von Rolf Tiedemann, Suhrkamp Verlag, Frankfult am Main, 1982）

ファッション販売編集部　2001年.『ファッション販売』,1月号：商業界
　　───2002年.『ファッション販売』,8月号：商業界
　　───2005年.『ファッション販売』,8月号：商業界

婦人画報社　1975年.『ファッションと風俗の70年』：婦人画報社

Baudrillard, Jean 1979年.『消費社会の神話と構造』（今村仁司・塚原史訳）：紀伊国屋書店（原書名：La Societe de Consommation: ses mythes, ses strucurs (Preface de J. P. Mayer), Gallimard,1970）
　　───1982年.『象徴交換と死』（今村仁司・塚原史訳）：筑摩書房（原書名：L'echange symbolique et la mort, Gallimard, 1975）

文化女子大学教科書部編・大沼淳・荻村昭典・深井晃子監修　1999年.『ファッション辞典』：文化出版局

別冊宝島　1985年.『東京できごと史』：JICC出版

McCracen,Grant 1990年.『文化と消費とシンボルと』（小池和子訳）：頸草書房（原書名：Culture and Consumption: New Approaches to The Symbolic Character of Consumer Goods and Activities, Indiana University Press,1988）

マガジンハウス書籍編集部　1996年.『平凡パンチの時代－失われた六〇年代を求めて－』：マガジンハウス

正井泰夫　2000年.『この一冊で東京の地理がわかる！』：三笠書房

増田通二監修・アクロス編集室　1984年.『パルコの宣伝戦略』：パルコ出版

松平誠　2003年.「戦後服飾を中心とする風俗の変遷」日本生活学会編『衣と風俗の一〇〇年』：ドメス出版

馬渕公介　1989年.『「族」たちの戦後史』：三省堂

光岡健二郎　1989年.『ザ・渋谷研究』：東急エージェンシー出版部

南静　1975年.『パリ・モードの200年』：文化出版局

宮本悦也　1992年.『外来パラダイムからの脱出』：本の泉社
　────　1992年.別冊『私蔵版 流行サイクル時刻表』：本の泉社

森岡清美〔ほか〕編　1993年.『新社会学辞典』：有斐閣

山口孝・山口由二・小宮晶平　1997年.『日本のビッグビジネス　オンワード樫山・レナウン・青山商事・アオキ』：大月書店

山根一眞　1991年.『「ギャル」の構造』：世界文化社

山村貴敬　2003年.『ファッションビジネス入門と実践』：繊研新聞社

矢野経済研究所　2003年.『アパレル産業白書』：矢野経済研究所

指山雅美　2002年.『銀座半世紀』：文芸社

吉見俊哉　1987年.『都市のドラマトゥルギー』：弘文堂

吉田謙吉　1955年.『女性の風俗』：河出新書

米川明彦　2003年.『日本俗語大辞典』：東京堂出版

四方田犬彦　2006年.『「かわいい」論』：筑摩書房

Langner,Lawrence 1976年.『ファッションの心理』（吉井芳江訳）：金沢文庫（原書名：The Importance of Wearing Clothes. Constable,1959）

鷲田清一　1993年.『最後のモード』：人文書院
　────　2005年.『ちぐはぐな身体～ファッションって何？』：筑摩書房

渡辺明日香　2005年.『ストリートファッションの時代－今、ファッションはストリートから生まれる。』：明現社

[写真提供] 箱守廣、毎日新聞社
　　　　　提供者名のない写真は筆者撮影

さくいん

〔あ行〕

アイデンティティー……… 9, 11
アイビー……………… 88, 195
アシンメトリー…………… 132
アパレル……………………… 49
アルファベット・ライン…… 81
an・an ……………………… 98
アンチエイジング…………… 10
アンドレ・クレージュ……… 88
アンノン族…………… 36, 143
異化欲求……………………… 35
イタカジ…………………… 116
衣服の起源説………………… 1
イヴ・サンローラン…… 27, 89
裏原宿………………… 121, 173
エスニック…………………… 27
SPA ………………… 54, 228
オイルショック……………… 94
OEM ………………………… 60
オークション……………… 120
オートクチュール……… 16, 81
オードリー・ヘップバーン… 82
表参道ヒルズ……………… 178
Olive ……………………… 109

〔か行〕

階級…………………………… 15
カミナリ族…………… 85, 214
カラス族……………… 85, 105
川上…………………………… 43
川久保玲……………… 37, 53

川下…………………………… 43
川中…………………………… 43
キャットストリート……… 174
キャリア・ファッション… 33, 105
ギャル………………… 116, 186
CanCam ……………… 99, 143
グランジ・スタイル……… 118
クリスチャン・ディオール… 81
権威象徴説…………………… 4
高級既製服…………………… 17
考現学……………………… 192
合成繊維……………………… 42
ゴシック・スタイル……… 176
コスプレ…………………… 176
ゴスロリ……………… 125, 176
コレクション………… 18, 23
コングロマリット…… 42, 229
コンサバ・スタイル……… 127
コンビナート・キャンペーン… 44

〔さ行〕

サイバー……………… 125, 176
3R ………………………… 120
産業革命……………………… 16
三種の神器…………………… 80
ジーンズ……………… 36, 94
JJ …………………… 99, 143
ジェンダー…………………… 9
シックス・ポケット消費… 132
質素革命……………………… 96
シネモード…………………… 82

渋カジ……………………114, 184
渋谷109 …………………118, 186
シャルル・フレデリック・ウォルト ……… 16
周期説……………………… 24, 33
羞恥起源説…………………………… 2
ジュニア・ファッション……132, 148
JUN………………………………… 89
循環（説）………………… 24, 33
シラケ世代…………………………… 65
新規性………………………………… 35
身体保護説…………………………… 3
スタイルブック…………………… 140
ストリートファッション…………… 73
スポーツ・スタイル…… 30, 34, 107
性器呪術説…………………………… 4
性同一性障害………………………… 9
制服………………………………… 10
世代………………………………… 61
セレクトショップ……55, 188, 205
セレブ…………………………… 129
セントラルアパート……………… 167
専門店……………………………… 47
装飾本能説…………………………… 2

〔た行〕

太陽族…………………………36, 84
高田賢三………………………37, 95
竹の子族……………36, 108, 172
団塊ジュニア世代………………34, 66
団塊世代………………………34, 64
男女雇用機会均等法……… 37, 103
ツィギー…………………………… 88
T.P.O.……………………………… 45
定点観測…………………………… 24

DCブランド …………34, 103, 170
同化欲求……………………………… 35
東京ガールズコレクション…160, 233
東京コレクション………………… 50
同潤会……………………166, 202
トリクル・アクロス………159, 164
トリクル・アップ…… 112, 133, 159
トリクル・ダウン………………… 15
トレンド…………………………… 13

〔な行〕

日本流行色協会………………… 44
ニュートラ………………… 29, 105
ニュールック……………………… 81
non - no ………………………… 98

〔は行〕

Hanako ……………………109, 144
ハマトラ…………………………… 99
パルコ…………………… 51, 183
VAN ……………………… 89, 219
パンク・ファッション…………… 128
ピーコック革命…………………… 88
ViVi ……………………… 99, 143
ヴィヴィアン・ウエストウッド ……… 129
ピエール・カルダン……………… 89
ヒッピー…… 27, 85, 95, 213
ヒルサイドテラス………………… 203
ファストファッション…60, 180, 228
ファッション……………………… 12
ファッション・ウェブ・マガジン …… 157
ファッションストリート…… 74, 164
ファッションビジネス…………… 42
ファッションブロガー…………… 155
ファド……………………………… 13

フィフティーズ・ルック…………	171
ブーム…………………………………	13
フェミニン…………………………	33
フォークロア………………………	27
ブティック…………………………	219
フランス革命………………………	15
ブランド……………………………	42
フリーマーケット…………………	120
プリクラ・携帯世代………………	68
古着…………………………………	119
ブルジョワ層………………………	16
フレカジ……………………………	116
プレタポルテ……………………17,	94
分衆の時代…………………… 53,	103
平成ブランド………………………	173
平凡パンチ…………………… 142,	195
ベビーブーマー……………………	45
ヴォーグ……………………………	13
歩行者天国…………………… 171,	196
POS ………………………………	54
ポップカルチャー…………………	231
ボディ・コンシャス………… 34,	106

〔ま行〕

マニッシュ…………………………	33
マリー・アントワネット…………	14
マリー・クワント…………………	26
マンションメーカー……50, 168,	204
マンボ族……………………………	84
ミニスカート………………… 33,	88
三宅一生……………………… 37,	111
みゆき族………………… 27, 90,	194
ミリタリー…………………………	30
民族衣装……………………………	9

メゾン………………………………	17
モード………………………………	13
モッズ・ルック……………………	88
モガ・モボ…………………………	193

〔や行〕

山本耀司……………………… 37,	53
ユニクロ……………………………	60
ユニセックス………………… 28,	96

〔ら・わ行〕

落下傘スタイル……………… 36,	82
ラフォーレ原宿……………… 98,	170
リアルクローズ……………………	233
リサイクル・スタイル……………	119
リバイバル…………………… 34,	127
ルック………………………………	14
レイジ………………………………	13
レイヤード…………………… 28,	130
ロカビリー族………………………	85
ワシントンハイツ…………………	167

〔著者紹介〕

渡辺明日香(わたなべ　あすか)

共立女子短期大学生活科学科教授
1972年生まれ。共立女子大学大学院家政学研究科修士課程修了。首都大学東京大学院人文科学研究科博士後期課程修了（社会学博士）。専門は現代ファッション。1994年から現在まで、東京の原宿、渋谷、銀座の街頭でストリートファッションの定点観測を行っている。この調査に基づく若者文化、色彩、生活デザインの研究に従事。

〔著　書〕
『ストリートファッションの時代』（明現社）
『東京ファッションクロニクル』（青幻舎）
『時代をまとうファッション』（NHK出版）など。

ストリートファッション論
── 日本のファッションの可能性を考える ──　　〈検印廃止〉

著　者	渡辺明日香	Asuka Watanabe, Printed in Japan 2011.
発行者	坂本清隆	
発行所	産業能率大学出版部	
	東京都世田谷区等々力6-39-15　〒158-8630	
	（電話）03（6432）2536	
	（FAX）03（6432）2537	
	（振替口座）00100-2-112912	

2011年 4 月30日　初版1刷発行
2024年12月20日　 2 版2刷発行

印刷所／渡辺印刷　製本所／協栄製本

（落丁・乱丁本はお取り替えいたします）　　ISBN 978-4-382-05648-0　無断転載禁止